颐和园
史事人物
丛考

王道成——著

北京联合出版公司

2008 年 11 月 13 日，摄于北京北新桥中国照相馆，时年 75 岁

作者简介

王道成，男，汉族。1933年生，四川省高县人。清史专家，中国人民大学清史研究所教授。1955年7月，毕业于四川大学中文系。同年8月，分配到北京大学中文系任助教。1956年1月，调入中国人民大学，先后在新闻系、中国语言文学系从事中国现代文学、古代汉语、中国古代文学、中国古代文论的教学和研究。1963年，晋升讲师。1972年，调中国人民大学清史研究所，从事清代政治史、文化史的教学和研究。1983年，晋升副教授。先后任清史研究所清代后期教研室副主任和主任、清史研究所副所长、硕士研究生导师。1990年，晋升教授。1993年，任博士研究生导师。1993年10月，享受国务院政府特殊津贴。1999年，退休。主要社会兼职有：中国圆明园学会常务理事、学术委员会副主任，中国古都学会理事，北京市北京学研究基地顾问，《中国历史文化名城大辞典》(第二版)专家编委，《世界名人录》特约顾问编委，中共中央党校函授学院省部军级领导干部在职研究生班主导师。在清代历史研究方面卓有成就，著有《颐和园》(北京出版社，1978年)、《圆明园》(书目文献出版社，1986年)、《科举史话》(中华书局，1988年)、《垂帘兴风云：慈禧太后》(万卷楼图书公司，1999年)等专著，主编《近代京华史迹》(中国人民大学出版社，1985年)、《圆明园：历史·现状·论争》(北京出版社，1999年)、《圆明园重建大争

1

辩》(浙江古籍出版社，2007年)、"圆明园劫难记忆译丛"(28种，中西书局，2011，2013年)，并在国内外期刊上发表学术论文近百篇。是国内研究皇家园林史的专家，所著《颐和园》被誉为国内关于颐和园的最权威的著作，在圆明园研究领域是圆明园史研究的权威专家。在科举制度研究方面亦颇有造诣，所著《科举史话》一书起初在《文史知识》杂志开辟的专栏上连载，结集出版后广受学界欢迎，是史学研究领域中关于科举制度研究的重要著述。此外，在晚清史研究领域，有十几篇关于慈禧太后的论文，从其家族、家庭等方面进行史实纠正，为全面研究慈禧其人廓清思路和线索，其中《慈禧的家族、家庭和入宫之初的身份》(收入中国人民大学复印报刊资料《中国近代史》，1984年第9期)一文，堪称慈禧研究的奠基之作。

目 录

康乾盛世与清代皇家园林（代序）……………………………… 1
世界名园颐和园…………………………………………………… 7

一、史事篇

拨开迷雾　探实求真
　　——记《颐和园》一书的编写………………………… 33
颐和园历史考辨…………………………………………………… 38
昆明湖疏浚年代考………………………………………………… 51
西堤和东堤………………………………………………………… 56
颐和园修建年代考………………………………………………… 59
颐和园与海军衙门………………………………………………… 70
颐和园修建经费新探……………………………………………… 79
万寿山拆塔建阁之谜……………………………………………… 105
颐和园内永和轮…………………………………………………… 112
颐和园的第一盏电灯……………………………………………… 118

误将清漪作圆明
　　——圆明园老照片辨析…………………………………………… 120

二、人物篇

试论慈禧的出生地………………………………………………………… 129

凤凰窠外凤凰窠…………………………………………………………… 138

慈禧的家族、家庭和入宫之初的身份…………………………………… 144

咸丰帝留有密诏吗………………………………………………………… 176

北京政变谕旨探析………………………………………………………… 180

中日甲午战争与慈禧太后………………………………………………… 193

慈禧光绪的恩怨情仇
　　——兼论光绪之死……………………………………………… 207

慈禧太后…………………………………………………………………… 222

慈安太后…………………………………………………………………… 241

关于丽妃…………………………………………………………………… 245

隆裕太后…………………………………………………………………… 247

珍妃（附：瑾妃）………………………………………………………… 251

慈禧其人…………………………………………………………………… 254

凤凰卫视世纪大讲堂：慈禧……………………………………………… 261

三、杂缀篇

《颐和园》史实补正……………………………………… 277

圆明园外颐和园…………………………………………… 281

慈禧到底姓什么…………………………………………… 286

慈禧到底统治中国多少年………………………………… 289

慈禧为什么修改《天雷报》……………………………… 291

"实录"不实
　　——谈《御香缥缈录》中的慈禧坐火车…………… 293

园林题咏欣赏小议………………………………………… 298

康乾盛世与清代皇家园林（代序）

清代皇家园林，是中国古代建筑艺术和园林艺术发展的高峰，也是中国古代建筑艺术和园林艺术的光辉总结。它继承和发展了中国古代建筑艺术和园林艺术的优秀传统，把建筑、山水、花木有机地结合起来，创造出一个个各具特色、富有诗情画意的景区。其规模之大、数量之多、水平之高，前所未有。清代皇家园林之所以取得了如此辉煌的成就，是和中华民族历史发展的一个高峰期康乾盛世密不可分的。

一

满族崛起于白山黑水之间，长期主要以狩猎为生，与大自然结下了不解之缘。入关以后，统治者忍受不了北京夏天的炎热和潮湿，准备择地筑城避暑。顺治七年（1650）七月，摄政王多尔衮谕令户部加派直隶、山西、浙江、山东、江南、河南、湖广、江西、陕西九省地丁银249万余两，"输京师备工用"。同年十二月，多尔衮病死，筑城避暑的计划被搁置起来。由于连年战争，库款支绌，"终世祖之世，岁支常浮于入"，无力兴建皇家园林，仅将明代的南苑稍加修葺，"用备蒐狩"。

康熙二十年（1681），平定"三藩"，二十二年（1683），台湾归顺，清王朝的统治得到巩固，经济也有所恢复。一次，康熙来到北京西北郊的丹棱沜，"饮泉水而甘"，于是，在海淀明代皇亲武清侯李伟清华园的旧址上兴建了清代第一座皇家园林——畅春园，用以"避喧听政"。由于这个缘故，一些王公大臣和康熙的已成年的儿子们纷纷在畅春园的附近兴建自己的住所。康熙四十六年（1707），康熙将畅春园北一里许地名华家屯的一座园林赐给他的第四个儿子胤禛。康熙四十八年（1709），康熙为之题额：圆明园。这时的圆明园，占地面积600余亩。康熙六十一年（1722），胤禛继位，这就是雍正帝。雍正三年（1725），雍正在圆明园原有"亭台邱壑"的基础上进行扩建，"建设轩墀，分列朝署，俾侍值诸臣有视事之所。构殿于园之南，御以听政"，全园面积增至3000余亩，有风景建筑组群28处。从此，圆明园成为清朝五代皇帝（雍正、乾隆、嘉庆、道光、咸丰）经常居住和向全国发号施令的政治中心。

乾隆即位的时候，清王朝建立已经将近100年。国家的统一，政权的巩固，特别是经济的恢复和发展，为乾隆的大兴土木奠定了雄厚的物质基础。乾隆认为："泉货本流通之物，财散民聚，圣训甚明，与其聚之于上，毋宁散之于下。"他以"物给价，工给值"的方式，将国库的存银散到民间。从乾隆三年（1738）开始，他就大规模地修建圆明园。乾隆九年（1744），建成圆明园四十景。接着又在圆明园的东邻修建长春园，并沿着长春园的北墙修建一组欧式建筑——西洋楼。后来，又将圆明园东南邻的两座赐园并入，称为绮春园，从而形成了圆明三园的格局。与此同时，又先后改建和扩建了玉泉山的静明园、香山的静宜园，并借疏浚西湖的机会兴建了万寿山的清漪园，加上畅春园、圆明园（包括长春园、绮春园），这就是人们常说的"三山五园"。

"三山五园"虽相去不远，但各有分工。乾隆在《清漪园记》中说："畅春以奉东朝，圆明以恒莅政，清漪、静明，一水可通，以为敕几清暇散志澄怀之所。"

这就是说，畅春园，是用来侍奉生母崇庆皇太后的；圆明园，是用来处理国家大事的；清漪园和静明园，是用作公余之暇放松身心的。这里，没有讲到静宜园，但它的功能和清漪园、静明园是一样的。所以，畅春园、圆明园（包括长春园、绮春园）都各有一位内务府大臣管理，而清漪、静明、静宜三园则由同一位内务府大臣管理。

二

长城以北，还有一座规模宏伟的皇家园林——承德避暑山庄。

康熙二十年（1681）平定"三藩"之后，康熙把工作重点转向北方。为了巩固边疆和提高八旗官兵的战斗力，建立了以"习武绥远"为目的的"木兰秋狝"制度。从康熙四十一年（1702）开始，在北京和木兰围场之间，先后兴建了许多行宫，其中的一个，就在热河上营。这里环境幽美，既有西北山川的雄奇，又有东南山川的幽曲，与北京、蒙古都相距不远，因而得到康熙的赞赏。于是这座行宫就在众多行宫中脱颖而出，规模不断扩大。康熙五十年（1711），康熙在澹泊敬诚殿前内午朝门上题写了"避暑山庄"四字，从此，这座行宫正式命名为"避暑山庄"。这年，康熙写了《避暑山庄记》，讲述他选择热河上营兴建避暑山庄的经过，并将以"烟波致爽"为首的三十六个景区分别以四字题名，称避暑山庄三十六景。

乾隆即位以后，继续营建避暑山庄。从乾隆六年（1741）到五十七年（1792），又建成以三字题名的三十六景。乾隆一朝，是康乾盛世的顶峰，这一时期避暑山庄的工程，也达到了皇家园林建设的最高水平。

宗教建筑，是清代皇家园林的重要组成部分。被称为"万园之园"和"一切造园艺术的典范"的圆明园中，不仅有佛教建筑，也有道教建筑。避暑山庄的佛教建筑中，不仅有汉传佛教的建筑，而且有藏传佛教甚至古代印度佛教的建筑。恢宏的寺庙，排列在避暑山庄的东面和北面，都面向朴素典雅的避暑山庄，有如众星拱月，象征着各民族对中央政府的向心力，也象征着清代多民族国家的统一和巩固。避暑山庄和周围寺庙，是康熙、乾隆处理边疆民族问题的重要场所，是清王朝的第二个政治中心。

三

清代皇家园林的兴建主要是在乾隆时期。乾隆为什么如此热衷于兴建皇家园林？人们往往用乾隆自己的话"山水之乐不能忘于怀"来解释。我认为，乾隆这样做还有更高的追求。

清漪园，是"三山五园"中最后建成的一座皇家园林，按照乾隆的习惯，每一座皇家园林建成后，他都要写一篇记。清漪园是在乾隆二十九年（1764）建成的，建成之后，却迟迟没有作记。一个重要的原因是乾隆九年（1744）圆明园建成后，他在《圆明园后记》中曾经说过："后世子孙，必不舍此而重费民力以创建苑囿。"清漪园的兴建，就是自食其言，于心有愧，但是，当他想到一个人有了错误，自己不讲，别人也会讲的时候，终于写了一篇《清漪园记》。记中提到一个故事。西汉高祖八年（前199），萧何在长安修建未央宫，立东阙、北阙、前殿、武库、太仓，颇为壮丽。刘邦见后，非常生气，批评萧何说："天下匈匈，劳苦数岁，成败未可知，是何治宫室过度也？"萧何回答说："天下方未定，故可因以就宫室。且夫天子以四海为家，非令壮丽无以重威，且亡令后世有以加也。"刘邦听后，转怒为喜。乾隆对萧何的议论非常赞赏。他在《清漪园记》中写道："萧何所谓无令后世有以加者，意在斯乎！意在斯乎！"以后人无法超越的宏伟壮丽的园林表现至高无上的皇家气派，这就是乾隆刻意追求的目标。

有人认为，清统治者大规模地兴建皇家园林，造成清王朝国库空虚、国势衰落。这个看法未必符合实际。清统治者修建北京的"三山五园"和承德避暑山庄究竟用了多少白银？由于史料缺乏，很难得出一个准确的数字。但是清漪园的修建经费，却是有案可查的。乾隆三十二年（1767）七月十七日，大学士、总管内务府大臣傅恒等在《查核万寿山等工用过银两折》中说：

> 总管内务府谨奏：为遵旨查明具奏事。据内务府大臣三和等奏称，万寿山自乾隆十五年兴修起，至二十九年工竣，通共领收过银五百六十九万五千六百三十九两六钱八分五厘。万寿山修建工程用过银四百八十九万七千三百七十二两三钱四分六厘，内除各项木植旧料抵银四十九万四千五百二十两三钱九分三厘，实净销银四百四十八万二千八百五十一两九钱五分三厘。

清漪园，是乾隆为庆祝生母崇庆皇太后60岁生日而兴建的一座皇家园林，占地3500余亩，是畅春园的三倍多，仅次于圆明三园，精心设计，精心施工，一气呵成，充分体现了乾隆的造园思想。乾隆对清漪园的景色也十分欣赏。他在《昆明湖泛舟》一诗中说："何处燕山最畅情？无双风月属昆明。"它是乾隆时期皇家园林的重点工程，这是毫无疑问的。从清漪园的修建经费，可以推定"三山五园"的修建经费，不会超过1500万两，避暑山庄和周围寺庙的修建经费，也不可能超过这个数字。

尤其重要的是，康乾盛世的土木工程并不只是皇家园林。乾隆在《日下旧闻考》的《题词》注中说："余临御四十余年，凡京师坛庙、宫殿、城郭、河渠、苑囿、衙署，莫不修整。"这一时期，北京出现了一个城市建设的高潮，承德更是一个新兴的城市，全国各地都不同程度地进行建设。尽管如此，国库的存银，却由乾隆即位时的不过3000多万两增加到四十六年（1781）的7000多万两，增加了一倍多，这一数字相当于全国两年多的财政收入。这时，皇家园林的建设已接近尾声了。说清统治者大修皇家园林导致国库空虚、国势衰落，是缺乏根据的。

　　法国伟大作家雨果认为，世界上的艺术可以分为两类：一类是东方艺术，一类是西方艺术。东方艺术是梦幻艺术，西方艺术是理念艺术。东方艺术的代表是圆明园，西方艺术的代表是帕提侬神庙。他盛赞圆明园"不但是一个绝无仅有、举世无双的杰作，而且堪称梦幻艺术的崇高典范"。雨果所说的梦幻艺术，就是我们所说的诗情画意。其实，梦幻艺术是中国古典园林共有的特征。清代皇家园林是中国古典园林的杰出代表，是中国人民为人类文明做出的重要贡献，也是我国极其珍贵的文化遗产。作为中国人，我们应该为此感到自豪。

（原载《中国政协》2011年第18期）

世界名园颐和园[1]

北京西北郊,有一座以湖光山色著称的古典园林,这就是中外知名的颐和园。

颐和园由万寿山、昆明湖两大部分组成,面积4350亩(290公顷)。其中水面约占3/4。园内建筑,以雄踞万寿山上、高41米的佛香阁为中心,山前山后、湖畔湖中因地制宜地点缀着各种形式的殿、堂、楼、阁、廊、榭、亭、桥。优美的自然景色、杰出的建筑艺术和园林艺术,使它成为享誉世界的名园。

一、颐和园的前身

颐和园是一座历史悠久的古典园林,它是在自然山水的基础上兴建起来的。

万寿山原名瓮山,这个名称早在元代之前就有了,它的得名,是因为它的形状像瓮。[2]瓮山的南面,地势比较低洼,附近的玉泉、龙泉的泉水都汇集在这里,形成一个湖泊,人们称之为瓮山泊或大泊湖。元世祖忽必烈统一中国后,大都(北京)成为全国的政治中心。当时,每年

---

[1] 本文系与中国第一历史档案馆研究馆员、《历史档案》总编辑王澈合作。
[2] 王嘉谟:《石瓮记》:"山麓魁然而大,凹而秀者,瓮之属也。"(孙承泽:《天府广记》卷三十五《岩麓》,北京古籍出版社,1982年,第488页。)

要从南方调来数以百万石计的粮食。为了解决粮食的运输问题，杰出的科学家郭守敬建议并亲自主持引白浮、瓮山诸泉作为通惠河的水源。在瓮山的前面修筑了一道十里长堤，将东流之水改为向南，流入长河。到了明代，瓮山泊的周围开辟了大量的水田，瓮山泊里种植荷、蒲、菱、芡。弘治七年（1494），助圣夫人罗氏在瓮山兴建圆静寺。十里长堤上还有一座龙王庙掩映在绿柳荫中。它们和峰峦重叠的西山形成了北京西北郊有名的风景区。明代的一些诗文，常常把这里的景色和江南相比，说它"酷似江南风景"[1]。画家文征明在他的一首诗中写道："春湖落日水拖蓝，天影楼台上下涵。十里青山行画里，双飞白鸟似江南。"因为瓮山泊在北京城的西面，于是人们借用杭州西湖的名称，称之为西湖，出现了"西湖十景"的名称[2]，获得了"一郡之胜观"的美誉[3]。四月游西湖，成为当时北京的风俗[4]。到了夏天，荷花盛开的时候，西湖的游人更是熙熙攘攘。文学家袁中道在《西山十记》中说："每至盛夏之月，芙蓉（荷花）十里如锦，香风芬馥，士女骈阗，临流泛觞，最为胜处矣。"当时西湖的盛况，可以想见。

由于西湖景色优美，封建统治者也到这里游幸。明宣宗朱瞻基在玉泉山上修建望湖亭以观赏西湖风景。明武宗朱厚照在西湖边修筑钓台钓鱼取乐。万历十六年（1588），明神宗朱翊钧在西湖举行了一次规模盛大的"水猎"。蒋一葵在《长安客话》中写道：

万历十六年，今上谒陵回銮，幸西山，经西湖，登龙舟，后妃

---

[1] 蒋一葵：《长安客话》卷四，北京古籍出版社，1980年，第73页。
[2] "西湖十景：泉液流珠、湖水铺玉、平沙落雁、浅涧立鸥、葭白摇风、莲红坠雨、秋波澄碧、月浪流光、洞积春云、壁翻晓照，相传名为十景。"（沈榜：《宛署杂记》卷二十《志遗八》，北京古籍出版社，1980年，第298页。）
[3] 《记纂渊海》卷二十二："西湖在玉泉山下，环湖十里，为一郡之胜观。"（《日下旧闻考》卷八十四，北京古籍出版社，1981年，第1409页。）
[4] "四月，赏西湖景。"（沈榜：《宛署杂记》卷十七《民风一》，第191页。）

嫔御皆从。先期,水衡于下流闭水,水与崖平,白波淼荡,一望十里。内侍潜系巨鱼水中,以标识之。方一举网,紫鳞银刀,泼剌波面,天颜亦为解颐。是时,舻艒青雀,首尾相衔,锦缆牙樯,波翻涛沸,即汉之昆明、太液,石鲸鳞甲,殆不过是。①

但是,在明代,这里并没有兴建皇家园林,只有一些皇亲国戚和达官贵人的私家园林。在离西湖不远的南、北海淀先后出现的武清侯李伟的清华园和水曹郎米万钟的勺园,就是这些园林中最负盛名的两座。

明末农民大起义推翻了明王朝的统治,南、北海淀的私家园林也在明清之际的战乱中成为一片废墟。

满族统治者入关之后,摄政王多尔衮曾有择地筑城避暑的计划,并筹措了一笔专门的款项。但是,由于多尔衮的病逝,这个计划成为泡影。更为重要的是,清初全国许多地方反对清王朝的斗争风起云涌,清统治者不得不以主要精力进行战争。据史料记载,顺治一朝,清政府的财政状况是"一岁所入,不足供一岁之出"②。所以,顺治一朝没有兴建皇家园林,仅把明代的南苑稍加修葺,"用备蒐狩"③。康熙中叶,情况有所好转,于是在明武清侯李伟清华园的旧址上修建了清代第一座皇家园林畅春园,作为康熙"避喧听政"的场所。并在玉泉山修建澄心园(后改静明园),在香山修建行宫(后改静宜园),在热河修建避暑山庄。康熙四十八年(1709),康熙将畅春园北一里许地名华家屯的一座园林赐给他的第四个儿子胤禛,并亲题园额曰"圆明园"。康熙六十一年(1722),康熙病死,胤禛即位,是为雍正。雍正三年(1725),雍正在圆明园原有"亭台邱壑"的基础上加以扩建,"建设轩墀,分列朝署,

---

① 蒋一葵:《长安客话》卷三,第50页。
② 《清世祖实录》卷四十四。
③ 《日下旧闻考》卷七十四,第1231页。

俾侍值诸臣有视事之所。构殿于园之南，御以听政"①。从此，圆明园就成为清统治者经常居住和处理朝政的地方。

乾隆即位的时候，清王朝已经建立了将近100年。国家的统一，政权的巩固，特别是经济的恢复和发展，清王朝进入了它的全盛时期。乾隆元年（1736），户部库存银已有3000余万两。乾隆四十九年（1784），更增至7000余万两，相当于清政府两年多的财政收入。乾隆认为："泉货本流通之物。财散民聚，圣训甚明。与其聚之于上，毋宁散之于下。"②而他散财的办法，就是大兴土木。所以，乾隆年间，北京出现了一个建设高潮。乾隆在《日下旧闻考》的《题词》中说："余临御四十余年，凡京师坛庙、宫殿、城郭、河渠、苑囿、衙署，莫不修整。"为了追求"山水之乐"，他对苑囿的兴建具有浓厚的兴趣。他即位以后，就先后改建和扩建了康熙、雍正年间在北京西北郊兴建的畅春园、圆明园、静明园、静宜园。对圆明园的经营更是不遗余力。他在《圆明园后记》中说："圆明园规模之宏敞，邱壑之幽深，风土草木之清佳，高楼邃室之具备，亦可称观止。"他郑重宣告："后世子孙必不舍此而重费民力以创建苑囿。"但是，文章的墨迹未干，清漪园的工程就开始了。

对于清漪园的兴建，乾隆曾做过这样的解释。他说："湖之成以治水，山之名以临湖，既具湖山之胜概，能无亭台之点缀？事有相因，文缘质起。"③似乎清漪园的出现完全是偶然的。当然，疏浚西湖，使它的广度和深度比原来增加了两倍，对于防洪抗旱、漕粮运输、京城用水和海淀水田的增辟都是有积极作用的。但是，清漪园的兴建却并不像乾隆所说的事前并没有想到。

---

① 雍正：《圆明园记》，《日下旧闻考》卷八十，第1322页。
② 《清高宗实录》卷一千一百四十一。
③ 乾隆：《万寿山清漪园记》，《日下旧闻考》卷八十四，第1393页。

在疏浚西湖之前，瓮山之上"童童无草木"①，瓮山的前面，一道十里长堤由后来的十七孔桥前的东堤岸边起，先向西，又向南经南湖岛，再向西北呈弧形展开，经石舫至青龙桥止。青龙桥是西湖的北界，南湖岛是西湖的南界，距玉泉山一里许的地方则是西湖的西界，西湖的形状像半轮明月。②山和水的关系也很不协调。兴建清漪园之前，乾隆派人到江南进行考察。乾隆十四年（1749），任命内务府大臣三和负责修建工程。这年冬天，动员了上万的民工，用了近两个月的时间疏浚西湖。原来的十里长堤，除龙王庙保留下来成为水中之岛外，其他部分全部挖去，将湖面东扩至畅春园西墙外为保卫畅春园而设的西堤，同时，在湖中另筑一道西堤，于是，原来的西堤就成为东堤了。③湖中挖出的泥土则堆在瓮山的东麓。经过疏浚，瓮山的南麓就全部面对开阔的湖面，联属成一个整体，又将西湖的西北角沿瓮山西麓往北伸延兜转开凿后湖，使瓮山的北麓绿水萦回，这里的湖山都按建园林的要求重新安排了。

乾隆十六年十一月二十五日是乾隆的生母崇庆皇太后六十岁生日。为了祝寿，乾隆在改西湖为昆明湖的同时，改瓮山为万寿山，并在圆静寺的旧址建造了大报恩延寿寺。这年七月，清漪园的名称就正式出现了。据记载：清漪园自乾隆十五年开始兴修，乾隆二十九年工竣，历时15年，共用银四百四十万二千八百五十一两九钱五分三厘。④事实证明，清漪园的修建，完全是有目的、有计划、有步骤地进行的。乾隆也不得

---

① 刘侗、于奕正：《帝京景物略》卷七，北京古籍出版社，1980年，第307页。
② "径寺登乎山，望西湖，月半规。"（刘侗、于奕正：《帝京景物略》卷七《玉泉山》，第296页。）袁中道：《裂帛湖记》："其上为望湖亭，见西湖，明如半月。"（《天府广记》卷三十五，第492页。）
③ 乾隆《西堤诗》"西堤此日是东堤"句自注："西堤在畅春园西墙外，向以卫园而设。今昆明湖乃在堤外，其西更筑堤，则此为东矣。"（《日下旧闻考》卷八十四，第1405页。）
④ 中国第一历史档案馆藏，傅恒等折，乾隆三十二年七月十七日。按原折：万寿山兴建工程实净销银为"四百四十八万二千八百五十一两九钱五分三厘"，但后文却为四百四十万二千八百五十一两九钱五分三厘。经核算，应为后者，"八"字系笔误，今改正。

不承认"虽云治水,其谁信之"①了。

畅春园、圆明园以及万寿山的清漪园、玉泉山的静明园、香山的静宜园,这就是人们所说的"三山五园"。在三山五园中,圆明园是首屈一指的皇家园林,乾隆曾得意地夸耀说:"天宝地灵之区,帝王豫游之地,无以逾此。"②但是,清漪园的景色,却在其他诸园之上。"何处燕山最畅情?无双风月属昆明。"③清漪园在乾隆心目中的地位可以想见。

从文献资料看,清漪园的规模比后来的颐和园要大。当时,仅北面由文昌阁至西宫门一带筑有围墙,其东、南、西三面则利用昆明湖作为天然屏障。光绪十七年(1891)修筑颐和园围墙的时候,就将原来属于清漪园的一些地方划到园外去了。但是,清漪园的主要部分,特别是整个园林的布局,和今天的颐和园却大体相似。从今天的颐和园还可以看出当年清漪园的轮廓。

万寿山前山的建筑,经过帝国主义的两次破坏和光绪时的两次兴建,我们看到的已经不是清漪园原来的面貌。然而,高耸入云的佛香阁,金碧辉煌的排云殿,濒临湖滨的玉澜堂,背山面水的乐寿堂,转轮藏前的石碑,五方阁里的铜亭,"不依汀傍岸"的石舫,宛如彩带的长廊,其布局和当年的清漪园基本一样,只是有的建筑物的形状和名称已经改变。

变化最大的是万寿山的后山。清漪园时期,后山除惠山园(今谐趣园)外,在四大部洲、香岩宗印之阁、须弥灵境这条中轴线的两侧,还分布着许多建筑群。这里有景色清幽的清可轩、赅春园,有依山傍水的澹宁堂、绘芳堂、构虚轩、绮望轩,河的北岸还有嘉荫轩和看云起

---

① 乾隆:《万寿山清漪园记》,《日下旧闻考》卷八十四,第 1393 页。
② 乾隆:《圆明园后记》,《日下旧闻考》卷八十,第 1323 页。
③ 乾隆:《昆明湖泛舟》,北京市颐和园管理处编《清代皇帝咏万寿山清漪园风景诗》,中国旅游出版社,2010 年,第 48 页。

时。长桥两侧夹水而建的买卖街，可以知道名字的商号有数十家之多。可是，这些建筑都因英法联军的破坏而成为废墟，当年的遗物，只有那挺立于苍松翠柏之中的多宝琉璃塔以及残存的云会寺和善现寺了。我们现在看到的四大部洲、苏州街、绘芳堂、嘉荫轩、澹宁堂等建筑，都是1980年以后陆续重建的。

昆明湖是清漪园的重要组成部分。漫长的西堤和与它相连接的短堤，把昆明湖分为几个水域。广阔的湖面上，散布着几个大小不一的岛屿，建造着不同形式的亭台楼阁。其中有结构精巧的藻鉴堂（藻鉴堂在昆明湖西南湖中岛上），有以铜凤为装饰的凤凰楼（凤凰楼在凤凰墩上），有矗立于团城之上的三层高阁治镜阁，这些岛屿和建筑，或远或近，浮现于碧波浩淼的昆明湖中，构成封建统治者刻意追求的海上仙山。由于英法联军的破坏，团城岛上仅存废墟。南湖岛上的建筑重建于光绪年间。藻鉴堂、凤凰墩的修缮更是在新中国成立之后了。

清漪园内的景物，有许多是模仿江南。昆明湖的名称，虽然来源于汉武帝刘彻为了进攻云南滇池之滨的昆明国而在长安开凿的昆明池，但是，它的形状却像杭州的西湖。建有六桥的西堤，也和西湖的苏堤相似。乾隆曾经说过："明湖仿浙西。"[1] 又说："六桥一带学西湖。"[2] 甚至作为"借景"的西山，也被当作了西湖边的北高峰。[3]

万寿山东麓的惠山园（今谐趣园），是模仿无锡惠山秦家的寄畅园建造的。尽管这两座园林后来都发生了不同程度的变化，但是，如果把今天的谐趣园和寄畅园加以比较，我们还可以看到它们的相似之处。其他如耕织图是模仿江南的水乡，买卖街则是模仿江南的城镇，所以，后

---

[1] 乾隆：《万寿山即事》，《清代皇帝咏万寿山清漪园风景诗》，第13页。
[2] 乾隆：《荇桥三首》，《清代皇帝咏万寿山清漪园风景诗》，第223页。
[3] 乾隆：《昆明湖上作》："西山影写北高峰。"（《清代皇帝咏万寿山清漪园风景诗》，第48页。）

来人们干脆叫它苏州街，买卖街的名称反而被遗忘了。

但是，清漪园的景物又并不局限于江南。南湖岛上的望蟾阁和西堤界湖桥（今柳桥）北的景明楼，就是分别仿照武昌的黄鹤楼和洞庭湖畔的岳阳楼建造的。景明楼的名称，还是从宋代范仲淹《岳阳楼记》"春和景明，波澜不兴，上下天光，一碧万顷"中来的呢。

后山中轴线上的一组包括四大部洲、香岩宗印之阁、须弥灵境在内的建筑，是模仿西藏的三摩耶式的寺庙，和建于同一时期的承德避暑山庄外八庙中的普宁寺形式完全一样。由于英法联军的破坏，所有的木构建筑都遭到焚毁。现在的香岩宗印之阁，是慈禧为了修建排云殿，迁走大报恩延寿寺中的佛像而兴建的，原来的三层高阁，已改为一层的殿堂。普宁寺则至今还保存完好。从普宁寺的规模，我们可以想象后山这一组建筑在当时是何等宏伟壮丽。

把全国许多地方的风景名胜仿建在清漪园中，从乾隆来讲是为了夸耀自己是整个中国的统治者，"薄海之内，均予户庭"[①]。但是，在客观上，却表现了我国各族劳动人民高度的智慧和无穷的创造力。

清漪园是被英法联军焚毁的。咸丰六年（1856），英法两国政府为了从中国攫取更多的利益，分别以"亚罗号事件"和"马神甫事件"为借口，发动了侵略中国的第二次鸦片战争。咸丰十年八月（1860年9月）英法联军进犯北京，咸丰带领皇后、妃嫔、子女和一些贵族官僚逃往热河避暑山庄。10月5日，侵略军占领海淀，6日占领圆明园。从第二天开始，军官和士兵就成群结伙疯狂抢劫圆明、畅春、清漪、静明、静宜等皇家园林。"每个人都是腰囊累累，满载而归。""遇珍贵可携者则攫而争夺，遇珍贵不可携则以棒击毁，必至粉碎而后快。"[②]为了迫使清政府就范，英国公使额尔金、英军统帅格兰特以巴夏礼等37名英

---

① 乾隆：《安澜园记》，《日下旧闻考》卷八十二，第1366页。
② 斯文候：《1860年华北战役纪要》。

法俘房曾在圆明园遭受虐待为借口，命令米启尔中将的一个师和骑兵的大半部分约3500人于10月18日将圆明、畅春、清漪、静明、静宜等皇家园林一起纵火焚烧。"京城西北，黑烟弥天，竟日不绝。"[①] 就这样，凝结着中国人民智慧和血汗的三山五园，被帝国主义侵略者烧成一片废墟。

经过这次浩劫，清漪园的珍宝被洗劫一空，清漪园的建筑，除宝云阁、智慧海、多宝琉璃塔等因纯系铜筑或砖石建造得以幸存外，其余的木构建筑焚毁殆尽。"玉泉悲咽昆明塞，唯有铜犀守荆棘。青芝岫里狐夜啼，绣漪桥下鱼空泣。"[②] 就是清漪园被焚后荒凉景象的真实写照。现在颐和园的后山，还保存着许多清漪园时代建筑物的遗址，这些断墙残壁，荒台废基，就是当年英法侵略军野蛮破坏清漪园的历史见证。

二、颐和园和慈禧

讲到颐和园，人们就会很自然地想到慈禧。正是她，在民族危机空前严重的情况下，挪用海军经费，在清漪园的废墟上兴建了颐和园。颐和园不仅是她颐养天年的皇家园林，也是她从事政治活动的重要场所。中国近代史上的许多重大事件，和颐和园都有着密切的关系。

慈禧（1835—1908），那拉氏，祖居叶赫，故称叶赫那拉。满洲镶蓝旗人。她的父亲惠征，曾任安徽宁池太广道道员。咸丰元年（1851），诏选秀女。咸丰二年（1852），她被选入宫，封兰贵人。咸丰四年（1854），晋封懿嫔。咸丰六年（1856）三月，生皇长子载淳，晋封懿妃。咸丰七年（1857）正月，晋封懿贵妃。从此，她在宫中的地位，就仅次于咸丰的皇后钮钴禄氏。由于得到咸丰的宠幸，"时时披览各省章

---

① 刘毓楠：《清咸丰十年洋兵入京之日记》，载孟森《明清史论著集刊》，中华书局，1984年，第604页。

② 王闿运：《湘绮楼自书圆明园词》，1921年10月影印本，中国近代史资料丛刊《第二次鸦片战争》（二），上海人民出版社，1978年，第519—520页。

奏"①，开始干预朝廷政事。咸丰十年（1860）八月，英法联军进攻北京，她跟随咸丰逃往热河避暑山庄。咸丰十一年（1861）七月，咸丰病死，载淳继位，这就是同治。她被尊为圣母皇太后，不久，加徽号慈禧，所以叫慈禧太后，俗称西太后。在帝国主义和以恭亲王奕䜣为首的贵族官僚的支持下发动政变，罢免并处死咸丰临死时亲自任命的载垣、端华、肃顺等赞襄政务王大臣，与皇后钮祜禄氏（徽号慈安，俗称东太后）一起垂帘听政，开始了她对中国长达47年的统治。

清代帝后，喜欢园居。但是，咸丰十年北京西北郊的三山五园全部被英法联军焚毁，慈禧不得不住在紫禁城里。在清政府勾结帝国主义镇压太平天国和捻军之后，慈禧就想修复圆明园。

同治十二年（1873）正月，载淳亲政。这年九月，在慈禧的授意下，同治以奉养两宫为借口，下令修治圆明园。由于国库空虚，民生凋敝，阶级矛盾十分尖锐，统治集团内部在这个问题上发生了分歧。御史沈淮、游百川等纷纷上疏，请求缓修。翰林院侍讲学士、南书房行走李文田的奏折更尖锐地指出："使自来为人君者日朘削其民而无他患，则唐宋元明将至今存，大清何以有天下乎？"不久，经办圆明园工程的商人李光昭谎报木价的事实被揭发出来，反对修治圆明园的呼声更加高涨。在一片反对声中，同治不得不宣布停止修治圆明园。

同治十三年（1874），同治病死。慈禧选择醇亲王奕譞的儿子载湉为皇位继承人，这就是光绪。这时的载湉年仅4岁，慈禧和慈安又一次垂帘听政。光绪七年（1881），慈安暴死。光绪十年（1884）中法战争期间，慈禧以恭亲王奕䜣"因循委靡，决难振作"为借口，免去他的一切职务，撤去恩加双俸，家居养疾。宝鋆、李鸿藻、景廉、翁同龢等四位军机大臣也全部罢免。令礼亲王世铎在军机大臣上行走，庆郡王奕劻

---

① 濮兰德、白克好司：《慈禧外纪》，中华书局，民国六年（1917），第7页。

管理总理各国事务衙门事务,结束了北京政变以来"办夷之臣即秉政之臣"的局面。世铎、奕劻才具平庸,唯慈禧之命是听,慈禧的权力得到了进一步加强。

光绪十一年(1885)九月,设立海军衙门,以醇亲王奕譞总理海军事务,庆郡王奕劻、大学士直隶总督李鸿章为会办。慈禧鉴于圆明园工程因遭到反对而停止,就借办海军的名义修治颐和园。光绪十二年(1886)十月二十四日,翁同龢在《日记》中写道:"庆邸(奕劻)晤朴庵(奕譞),深谈时局,嘱其转告吾辈,当谅其苦衷。盖以昆明(湖)易勃海,万寿山换滦阳也。"勃海,就是渤海;滦阳,就是地处滦河以北的热河避暑山庄。以办海军之名行修清漪园之实,不就是以昆明湖代替渤海、万寿山代替滦阳吗?为了掩人耳目,恢复了昆明湖水操,并设水师学堂于昆明湖。水师学堂,也就是水操内学堂和水操外学堂。水操内学堂于光绪十三年十二月十五日(1888年1月27日)午刻开学,这天的未刻,主持水操内学堂开学典礼的官员,又主持了排云殿的上梁仪式。整修清漪园的工程全面展开。由于西苑(三海)和清漪园大兴土木,人们纷纷传说圆明园工程也将接着开工。为了争取主动,光绪十四年二月初一日(1888年3月13日),慈禧以光绪的名义发布上谕,将清漪园工程公开,并取"颐养冲和"的意思,将清漪园改名颐和园。这篇上谕,千方百计为早已进行的西苑工程和万寿山工程辩解,说什么慈禧自同治以来20余年"为天下忧劳,无微不至,而万机余暇,不克稍资颐养。抚衷循省,实觉寝馈难安"。西苑密迩宫廷,康熙曾经在那里驻跸,"殿宇一切,尚多完整"。万寿山大报恩延寿寺是乾隆为他的生母崇庆皇太后三次祝寿的地方,"敬踵前规,尤臻祥洽"。为了欺骗舆论,上谕竭力缩小西苑和颐和园工程的规模,甚至将大报恩延寿寺与清漪园等同起来。一面宣布兴修颐和园,一面宣布西苑工程已"次第告竣",四月初十日,她就要前往"驻跸"了。

在经费来源问题上，上谕更撒了一个弥天大谎。说什么修建经费"悉出节省羡余，未动司农正款，亦属无伤国计"。实际情况却与此完全相反。修建颐和园的时候，清王朝的经济已经十分困难，尽管这时的财政收入已由乾隆以前的每年3000多万两增加到7000多万两，①仍然入不敷出。为了付赔款、办洋务，清政府向列强借了大量外债，哪里有什么"节省羡余"？修建颐和园，虽然没有由户部拨款，但是海军经费难道不是"司农正款"？事关国家安危，怎么能说是"无伤国计"呢？

按照清朝的制度，修建皇家园林，应由内务府奉宸苑负责。颐和园工程，却是由海军衙门"承修"。每一项工程，都是由海军衙门出面包给商人。完工后，由海军衙门派官员验收，然后移交颐和园管理大臣。修建经费，也由海军衙门"筹画"。根据现有材料，颐和园开工以后，海军衙门每年由海军经费中腾挪30万两，拨给颐和园工程处。光绪十四年十二月，奕譞、李鸿章以"备海军要需"的名义，由各省总督、巡抚认筹白银260万两，于四年内分批解存天津生息，所得息银，全部用于颐和园。光绪十五年开办的海防新捐，"以常年通计，每年约收银一百七八十万两"，当颐和园工程需款的时候，"即由新海防捐输项下暂行挪垫"。由此可见，颐和园经费和海军经费是很难截然划分的。

光绪十四年十二月十五日（1889年1月17日），紫禁城贞度门失火，延烧太和门及库房等处。这样的事件，在封建社会总是被看作上天对统治者提出的警告，这就为反对兴修颐和园的人提供了新的理由。慑于舆论的压力，慈禧发布一道"懿旨"，说什么贞度门失火，虽然是由于管理人员不小心，但是"遇灾知儆，修省宜先。所有颐和园工程，除佛宇及正路殿座外，其余工作一律停止"②。表面上说停止一部分，实际

---

① 管廷献奏折："我朝岁入之款，乾隆以前不过三千余万，今则税厘加征，增至七千余万矣。"（《光绪朝东华录》，光绪二十一年闰五月，中华书局，1958年，第3626页。）

② 《光绪朝东华录》，光绪十四年十二月丁酉（二十日），第2552页。

18

上是照常进行。光绪十六年（1890）九月，御史吴兆泰奏请"节省颐和园工程"。慈禧勃然大怒，以光绪的名义发布上谕，对吴兆泰进行严厉的申斥，除了重复"造园上谕"中的理由而外，就是指责吴兆泰"冒昧已极"，"着交部严加议处"。这就是说，欺骗已不能解决问题，于是使出她的另一张王牌，以封建专制的淫威杀一儆百，使别人不敢再阻止她兴修颐和园了。

但是，慈禧修颐和园毕竟是不得人心的，为了使别人不再提兴修颐和园的事，于光绪十七年（1891）四月二十日，以光绪的名义发布上谕说，颐和园工程"即将告竣"，四月二十八日，她就要"幸颐和园，即于是日驻跸，越日还宫"。从此，她就要"往来游豫"，在这里"颐养冲和"了。① 既然颐和园工程即将结束，反对兴修颐和园的议论也就可以从根本上杜绝了。

此后，慈禧常有去颐和园的活动，因此有的记载也说，光绪十七年"颐和园蒇工"了。其实，颐和园工程，在光绪十七年不但没有"即将告竣"，相反，正在大规模地进行。一些大的工程如佛香阁、大戏楼、谐趣园等还刚刚开始。为了在颐和园举行六旬庆典，慈禧对兴建工作抓得非常之紧，主管修建的官员，每五天要用书面形式向她作一次工程进度的报告。为了加快进度，甚至春节期间也不让工人休息。所谓"即将告竣"，完全是骗人的。

光绪二十年（1894）十月初十日，是慈禧的60岁生日，准备在颐和园大规模进行庆祝。光绪十八年十二月，就委派礼亲王世铎、庆郡王奕劻等总办万寿庆典。光绪十九年春，又成立庆典处，专门办理庆典事宜。仿照乾隆年间为崇庆皇太后祝寿的成例，自紫禁城西华门至颐和园东宫门跸路所经分设60段点景，建造各种不同形式的龙棚、经坛、戏

---

① 《光绪朝东华录》，光绪十七年四月癸丑（二十日），第2893页。

台、牌楼和亭座。每段点景约需银4万两。为了祝寿，令江南、苏州、杭州三个织造衙门特制彩绸10万匹，以供庆典之需。颐和园仁寿殿前的一座彩棚，所需的各色彩绸就是17500匹。如果把这些彩绸连接起来，总长233公里，可以从北京到天津拉一个来回了。

正当慈禧一心一意准备祝寿的时候，中日战争爆发了。中外舆论都认为中国必胜。光绪一力主战，慈禧亦主战，"不准有示弱语"。但是，当有人建议停止颐和园工程、停办点景移作军费的时候，慈禧却非常生气，说："今日令吾不欢者，吾亦将令彼终身不欢。"① 后来，清军在朝鲜战场上接连失利，北洋海军又在黄海之战中受到严重挫折。慈禧为了不影响自己的万寿庆典，转而支持李鸿章避战求和的方针，幻想外国出面调停。由于形势日益紧张，慈禧被迫宣布："所有庆辰典礼，着仍在宫中举行，其颐和园受贺事宜，即行停办。"② 在大连陷落、旅顺危急的情况下，慈禧在紫禁城内的宁寿宫度过了她的60岁生日。慈禧这次在颐和园祝寿虽然取消了，但是，以后曾四次在这里举行。特别是光绪三十年（1904）慈禧的七旬庆典，规模尤为盛大。现在，排云殿内的许多陈设，上面还贴有"奴才某某敬献"之类的黄色纸条，就是当年贵族官僚们献给慈禧礼品的一部分。

光绪二十一年（1895）正月十三日，刘公岛陷落，北洋海军全军覆灭。慈禧派遣李鸿章前往日本议和，与日本政府签订了割地赔款、丧权辱国的《马关条约》。由于海军衙门的裁撤，颐和园工程也随之停止。从现有资料看，慈禧原来还想把万寿山后山稍加修整，因为没有经费来源，只好作罢。颐和园的工程，可以说是和海军衙门相始终，有人说，海军衙门是"颐和园的工程司"，是有道理的。

慈禧修颐和园用了多少白银，历来众说纷纭：有人说8000万两，

---

① 转引自王芸生《六十年中国与日本》第二卷，中华书局，1979年，第222页。
② 《光绪朝东华录》，光绪二十年八月庚午（二十六日），第3465页。

有人说6000万两，有人说约3000万两，有人说2000余万两，有人说800万两，最高的数字和最低的数字相差至10倍之多。但是，根据当时承办工程的机构——算房对颐和园56项工程的核算，共需银318万余两。其中，佛香阁等工需银78万两；德和园大戏楼等工需银71万两；谐趣园等工需银35万两。这56项工程，都是光绪十四年以后兴建的，约占颐和园工程的一半以上。由此推算，颐和园修建经费，当在500万至600万两之间。

颐和园建成时，光绪虽然早已亲政，但是，朝政大权仍然掌握在慈禧的手中。颐和园就是她向全国发号施令的重要场所。

中日甲午战争之后，帝国主义掀起了瓜分中国的狂潮，民族危机空前严重。在维新运动的影响下，光绪锐意变法，遭到了守旧势力的激烈反对。这场变法和反变法的斗争，给颐和园留下了深刻的印记。

光绪二十四年（1898）春，光绪对庆亲王奕劻说："太后若仍不给我事权，我愿退让此位，不甘作亡国之君。"奕劻转告慈禧，慈禧非常生气，说："他不愿坐此位，我早已不愿他坐之！"奕劻再三劝说，慈禧才表示同意："由他去办，俟办不出模样再说。"[1] 四月二十三日，慈禧面告光绪："前日御史杨深秀、学士徐致靖言国事未定，良是，今宜专讲西学，明白宣示。"[2] 于是，光绪发布了由翁同龢起草的《明定国是诏》。四月二十五日，诏命康有为等于四月二十八日进见。四月二十七日，慈禧却迫使光绪下诏，将光绪的老师、协办大学士、户部尚书翁同龢开缺回籍。四月二十八日，光绪在颐和园仁寿殿召见康有为，进行了两个多小时的谈话，对于康有为的议论十分赞赏，即命康有为在总理衙门章京上行走，并许其专折奏事。慈禧却接连发布几道上谕：命王文韶来京陛见，以荣禄暂署直隶总督；嗣后在廷臣工，如蒙皇太后赏加品级

---

[1] 苏继祖：《清廷戊戌朝变记》，《史说慈禧》，辽沈书社，1994年，第200页。
[2] 《翁同龢日记》，光绪二十四年四月二十三日，中华书局，1998年，第3132页。

及补授满、汉侍郎以上各官，均着于具折后诣皇太后前谢恩，各省将军、督抚、提督等官亦着一体具折奏谢。并寄谕荣禄：定于本年秋间恭奉太后由火车路巡幸天津阅操。五月五日，王文韶授户部尚书，在军机大臣上行走；荣禄补授直隶总督，兼充办理通商事务北洋大臣，节制北洋三军；崇礼补授步军统领。慈禧将人事、财政和军事大权牢牢掌握在自己手里。

当变法的诏书联翩而下的时候，守旧势力非常惶恐。满洲大臣及内务府官员纷纷到颐和园跪请慈禧出面禁止，慈禧笑而不言。有人再三要求，慈禧笑着说："汝管此闲事何为乎？岂我之见事犹不及汝耶？"七月二十日，光绪赏给谭嗣同、杨锐、刘光第、林旭四人四品卿衔，在军机章京上行走，参与新政事宜。康有为建议仿先朝开懋勤殿故事，选举英才，并延请东西洋专门政治家日夕讨论，讲求治理。七月二十九日，光绪去颐和园向慈禧请求开设懋勤殿，"太后不答，神色异常"①。光绪感到自己的处境非常危险，召见杨锐，赐给密诏，要他与林旭、刘光第、谭嗣同诸人妥速筹备良策。谭嗣同建议争取正在天津小站练兵的直隶按察使袁世凯的支持。八月初一日，光绪在颐和园玉澜堂召见袁世凯，着开缺以侍郎候补，专办练兵事务。八月初三日，谭嗣同夜访法华寺，劝袁世凯于八月初五日进见时，请光绪面付朱谕一道，令其带领本部兵赴天津，见荣禄，出朱谕宣读，立即正法，即以袁某代为直隶总督，传谕僚属，张挂告示，宣布荣禄大逆罪状，即封禁电局铁路，迅速派所部兵入京，"派一半围颐和园，一半守宫"。袁世凯表示同意，并满有把握地说："诛荣禄如杀一狗耳！"但是，守旧势力并没有睡觉。早在七月二十日以后，怀塔布、立山、杨崇伊等就先后前往天津与荣禄密谋。袁世凯奉诏入京之后，荣禄即假称有英国兵船数只游弋大沽海口，

---

① 苏继祖：《清廷戊戌朝变记》，《史说慈禧》，第 210 页。

传令各营准备听调。令聂士成带兵十营来津,驻扎陈家沟,以断袁军入京之路,并派人给袁送信,要他立即回防。八月初三日,御史杨崇伊通过庆亲王奕劻呈递密折,指控维新派"蛊惑人心,紊乱朝政,引用东人,贻误宗室",并"吁恳皇太后即日训政,以遏乱谋"。这天,奕劻、载漪同赴颐和园,哭请太后训政,并说:"伊藤已定于初五日觐见,倘见,中国事机一泄,恐不复为太后有矣!"①慈禧立即决定,改变原定计划,提前于八月初四日由颐和园还宫。慈禧直入光绪寝宫,抄走了所有的奏折,并将光绪召来,怒斥道:"我抚养汝二十余年,乃听小人之言谋我乎!"光绪战栗,不发一语,过一会儿,才结结巴巴地说:"我无此意。"慈禧唾之曰:"痴儿,今日无我,明日安有汝乎?"②当即令人将光绪送往瀛台。从此,光绪失掉了人身自由,颐和园的玉澜堂就成为慈禧居住颐和园期间囚禁光绪的地方。谭嗣同等六人被杀,康有为、梁启超逃亡国外,许多主张变法维新的人士遭到迫害,一切新政全被废除。一场自上而下的救亡图存的维新运动,被以慈禧为首的守旧势力扼杀了。

义和团刚刚在山东兴起,开展"灭洋仇教"的反帝斗争的时候,慈禧是一意主剿的。她曾多次谕令地方督抚,"实力搜剿,毋得养痈贻患"。③从1900年4月6日到6月9日这两个多月中,慈禧以光绪的名义从颐和园发出的镇压义和团运动的上谕就有20多道。随着义和团运动的发展和帝国主义侵略的加深,慈禧对义和团的态度也发生了变化。戊戌政变的时候,慈禧废光绪立溥儁的计划,因帝国主义的干涉未能实现,早就耿耿于心。光绪二十六年(1900)五月,义和团大规模进入北

---

① 苏继祖:《清廷戊戌朝变记》,《史说慈禧》,第212页。
② 恽毓鼎:《崇陵传信录》,《近代稗海》第十三辑,四川人民出版社,1989年,第491页。
③ 中国第一历史档案馆藏,《电寄档》,光绪二十二年五月二十七日。

京时，慈禧又听说外国人要她"归政"，更是气得暴跳如雷，决定下诏宣战。但是，当俄、英、美、日、德、法、意、奥等八个帝国主义国家组成的联军攻入北京的时候，慈禧就带着光绪、皇后、瑾妃、溥儁等从紫禁城仓皇出走了。尽管如此，慈禧仍念念不忘她收藏了许多珍宝的颐和园。她化装成汉族妇女，穿一件蓝布衣服，坐一辆普通的骡车，跑到颐和园。这种异常的行动，使得在颐和园值班的官员无人敢认。她一进园，就吩咐她的亲信把颐和园的珍宝运往热河。但是，帝国主义侵略军已经逼近，颐和园的珍宝无法运走。据说，她在这里喝了几口仁寿殿北边的延年井的水，又匆匆忙忙起程逃往山西，后来又逃到西安去了。

帝国主义侵略军进入北京之后，就大肆烧杀掳掠。8月15日，沙俄侵略军首先进入颐和园，在疯狂抢劫的同时，又野蛮地进行破坏，把许多东西"打成粉碎"。沙俄侵略军刚刚撤走，英国和意大利的侵略军又进入颐和园，在这里盘踞了近一年之久。这次，颐和园虽然没有被烧毁，也被糟蹋得不成样子了。今天我们看到的智慧海墙上的无头佛像，就是被八国联军砸毁的。

慈禧逃跑之后，指派奕劻、李鸿章出面与侵略者进行谈判，要他们"量中华之物力，结与国之欢心"。为了求得帝国主义的谅解，又大规模地屠杀义和团，惩办支持过义和团的官员，并和外国侵略者签订了空前屈辱的卖国条约——《辛丑条约》。

条约签订后，慈禧从西安回到北京。光绪二十八年（1902），慈禧又动用巨款将残破的颐和园进行修复。

八国联军之后，慈禧进一步向帝国主义投降，颐和园就成为她进行媚外外交的场所。每当春秋佳日，她都要在这里设宴招待各国的使臣和他们的夫人，陪他们赏花、游湖。甚至恬不知耻地说："外人皆极尽情理。从前大臣不让我见他们，使早能如此，必无庚子之祸。"为了使客人们满意，不但设西餐，奏西乐，连使用的家具也按洋式配备了。

光绪三十年（1904）二月，日俄两国因争夺在我国的势力范围，在我国东北地区进行战争。清政府竟然把这两个蹂躏我国领土、残杀我国人民的帝国主义国家说成"友邦"。二月十二日，慈禧在颐和园以光绪的名义一连发了三道上谕，说什么日俄两国"均系友邦"，中国"应按局外中立之例办理"。凡有通商口岸及各国人民财产，要"一体认真保护"，"以笃邦交"。后来，日本战胜了沙俄，沙俄公然无视中国主权，擅自将其在我国东三省特权，包括旅大租借地、南满铁路和有关势力范围转让日本。这场肮脏的政治交易，清政府竟然予以承认。

慈禧一伙的言行，充分暴露了清政府是帝国主义走狗的真面目。人民更加觉醒，革命浪潮更加高涨。波澜壮阔的革命运动，强烈地震撼着颐和园。光绪三十一年九月二十四日（1905年8月26日），革命党人吴樾在北京火车站投掷炸弹、袭击清王朝出洋考察五大臣事件发生后，统治集团惊恐万状，不仅立即征调工匠，将颐和园的围墙增高三尺，在颐和园附近增派驻军，并增设电话，通达警部，以便消息灵通，"慎重巩卫"。光绪三十四年（1908）十月二十一日，光绪在瀛台涵元殿含恨死去。第二天未正三刻，慈禧的长达47年的统治也随着她生命的终结而结束了。

慈禧临死前，又将光绪的同父异母弟醇亲王载沣之子、年仅三岁的溥仪立为皇位继承人，这就是宣统。尊光绪的皇后隆裕为皇太后，授载沣为摄政王。这时的清王朝，已经"日薄西山，气息奄奄"了，隆裕不得不停止游幸颐和园。1911年10月10日，武昌起义爆发，革命形势迅速发展，1912年2月12日，隆裕皇太后宣告"逊位"，统治中国268年的清王朝在中国人民反帝反封建浪潮的冲击下，彻底崩溃了。

三、颐和园历史的新篇章

辛亥革命推翻了清王朝的统治，结束了颐和园皇家园林的历史。但是，颐和园并没有回到人民的怀抱。根据《优待清室条件》的规定，颐和园仍为已经退位的末代皇帝溥仪所有。1914 年，颐和园作为溥仪的私产售票开放。1924 年，溥仪被驱逐出紫禁城之后，颐和园先后在北洋军阀、日本帝国主义和国民党反动派统治之下度过了 25 年。在这漫长的岁月中，颐和园的一些院落，被军阀、官僚、汉奸、政客据为私人寓所。颐和园的一些陈列品被他们掠夺。军阀和国民党的军队，随意进出园门，损坏游船，砍伐树木，盗窃文物。一些外国军人更是横行无忌，在颐和园里酗酒闹事，为所欲为。他们踢毁殿门，折断栏杆，推倒山石，甚至将园内的工人扔到刚刚解冻的昆明湖中。

由于国内外反动派的破坏，颐和园日益残破。有的建筑物地基下沉，梁柱倾斜；有的屋顶漏雨，木植糟朽。向以雄伟著称的佛香阁，木架走散，破烂不堪；精致的画中游，也因有倒塌危险而禁止游览。至于油漆脱落，彩画模糊，更是触目皆是。殿堂里面杂乱无章的陈设，覆盖着厚厚的尘土；沿湖的汉白玉雕栏摇摇欲坠；湖床淤积，垃圾遍地，花木凋零，杂草丛生。园内职业导游，衣衫褴褛，形容憔悴。当年的游记为我们留下了颐和园的凄凉景象。

1948 年 12 月 13 日，沐浴在新中国曙光中的颐和园承担了一项光荣的使命，和平解放北平的谈判先后在万寿山东部的益寿堂和景福阁进行。从此，颐和园就和中国人民特别是北京市人民的生活紧密地联系在一起了。

1949 年 3 月 24 日，毛泽东主席从石家庄乘飞机来到刚刚解放不久的北平。当晚，在颐和园益寿堂设宴招待当时聚集在北平的爱国民主人士。①4月29日，毛泽东主席在七律《和柳亚子先生》中写下了"莫道昆明池水浅，观鱼胜过富春江"的诗句，赋予了昆明湖以新的含意。

中国共产党和人民政府非常重视祖国的文化遗产。新中国成立以后，就拨出专款，对满目疮痍的颐和园逐步进行修缮。1951年，加固了湖边的石砌雕栏，清除了积存多年的垃圾。接着，修缮了佛香阁、德和园、听鹂馆、涵虚堂、排云殿等主要建筑。为了迎接建国10周年，又对颐和园进行了大规模的修缮，一条用约8000幅人物、山水、花鸟等彩画装饰起来、堪称世界之最的长廊，就是在1959年修缮的。

1960年，数以千计的园林工人、机关干部、学校师生参加了疏浚后湖、修整和美化后山的义务劳动。对谐趣园也进行了修缮。工人们疏浚了荷池，修整了泊岸，垫起下沉的亭榭。曾经巧手油饰了长廊的工人又为谐趣园的楼、堂、廊、榭披上了新装。经过10多年的整修，颐和园的面貌焕然一新。1961年，国务院公布颐和园为第一批全国重点文物保护单位。

此后，颐和园又大修了景福阁、写秋轩、听鹂馆、云松巢、邵窝、龙王庙、石舫等建筑。从20世纪80年代开始，颐和园着手整治荒废多年的西堤，重建了后山的四大部洲、苏州街、绘芳堂、嘉荫轩、澹宁堂以及西堤柳桥以北的景明楼等清漪园时期的建筑，使它们重现当年的风采。

颐和园是一座博物馆性质的公园。它不仅有多种形式的古典建筑，而且有大量的文物。其中有铸造精美、代表我国商周时代文明的青铜

---

① "三月二十五日，毛主席自石家庄至北平，余从李锡老、沈衡老、陈叔老、黄任老、符宇老、余寰老、马尹老之后赴机场迎迓，旋检阅军队，阵容雄壮，有凛乎不可犯之概。是夜，宴集颐和园益寿堂，归而赋此。"（《柳亚子诗词选》，人民文学出版社，1959年，第194页。）

器；有色鲜釉润、造型优美的古代名窑瓷器；有色彩斑斓、图案古朴的景泰蓝和漆器；有精雕细刻、惟妙惟肖的玉雕和牙雕；有巧夺天工、品种繁多的织绣品；有用珍珠、宝石、翡翠、珊瑚、玛瑙镶嵌的各种各样的宫廷陈设，还有用沉香、紫檀、红木、乌木、花梨、金丝楠等贵重木材制作的家具。有的精雕细刻，有的朴素大方，具有高度的艺术水平。这些珍贵的文物，有的按清代宫廷的原状陈列在仁寿殿、乐寿堂、排云殿、玉澜堂、德和园等处，许多精品则陈列在2000年刚刚建成的展示颐和园文物的文昌院中。通过这些展品，我们可以更深刻地感受到中华民族悠久的历史和灿烂的文化。

古语说："名园花好。"但是，在解放前夕，颐和园的花却已寥寥无几，全园的牡丹只剩下七丛，所谓的"国花台"，可以说是有名无实。其他花草，也只剩下18种280多盆了。新中国成立后，颐和园的职工为了使这座名园更加美丽，精心培植了各种花木。当春风吹绿了柳枝的时候，颐和园的群芳就相继开放了。碧桃、红杏、玉兰、榆叶梅、西府海棠、丁香……真是万紫千红，争妍斗艳。春末夏初，被人们誉为"国色天香"的数百丛牡丹，又以它特有的风姿迎接游人。牡丹花谢，芍药又含苞欲放了。颐和园的荷花，是久负盛名的。每年夏天，昆明湖上，谐趣园中，翠盖红裳，袅袅婷婷。为了使颐和园的荷花品种更加多样，1976年5月，还把清代另一座皇家园林承德避暑山庄的优良品种傲汉莲移植到昆明湖中。秋风送爽，天朗气清，又是菊花和西番莲开放的季节了。特别是新中国成立后移来园中的数十株上百年历史的桂花，清香四溢，给游人增添了不少兴味。

颐和园的树木，解放前也遭到了严重破坏。解放时，全园树木只剩下5000多株。中华人民共和国成立后，颐和园的职工大力进行绿化。从1991年开始，用了3年的时间完成了万寿山的山体绿化调整工程。按照尚可依循的清漪园时期花木规划的轮廓进行布局。在保护好1600

余株古树名木的前提下，又种植了10万株树木，并在全山铺上了草皮，使万寿山更加葱茏苍翠，生机勃勃。

昆明湖是颐和园的重要组成部分，它不仅占全园面积的3/4，而且是颐和园诸多景观的基础。但是，在清漪园时期，昆明湖的水源主要是来自玉泉山以及用石槽引来的香山、樱桃沟的泉水。到了清末，石槽遭到破坏，香山、樱桃沟的泉水出量甚微，以致"护城河因无水冲刷，臭秽不堪，三海名胜，日渐干涸"。[①]北平市政府于1928年派员查闭昆明湖出水涵洞，减少对颐和园周围水田供水之后，又于1946年明令将高水、养水两湖水田限期撤销。新中国成立后，为了给北京市人民提供生活用水和工农业生产用水，北京市人民政府于1960年启动了京密引水工程。其中从西崔村至颐和园一段，于1965年10月开工，1966年5月1日，密云水库的水源源不断地流入昆明湖中，成为昆明湖的重要水源。

昆明湖自乾隆十四年以后，为了保证行船，曾于光绪年间和1952年两次深挖航道。1965年，为了引密云水库之水入昆明湖，又于昆明湖西部疏浚了一条河道。由于湖底泥沙淤积年久，1972年，水位降至48.87米（高出湖水标高0.5米）。1980年，昆明湖东北50至60米处旱裂。1982年2月8日，出现了昆明湖历史上的全湖干涸。为了保护这座世界名园，1990年，北京市人民政府决定组织力量对昆明湖进行240年以来的首次全面清淤。这项工程，从1990年11月28日开始至1991年3月10日结束，清挖面积120万平方米，平均深挖57厘米。清淤后的昆明湖再现了清漪园时期湖水清澈、碧波浩森的景观。[②]

变化最大的是颐和园的游人。清漪园时期，只是北面由文昌阁到西

---

① 北平公务局：《整理西郊水田案》，民国三十五年（1946）。
② 翟小菊：《昆明湖三千年历史变迁》，载《京华园林丛话》，北京科学技术出版社，1996年，第260页。

宫门一带筑有围墙，一般的老百姓还可以到东堤上观赏铜牛以及昆明湖的万顷烟波和各式各样的楼台亭阁。嘉庆年间，得硕亭在《草珠一串》中写道："昆明堤上看铜牛，万顷烟波百样楼。我爱西湖未曾见，自疑身已到杭州。"[1]自从光绪十七年颐和园全部用高墙围起来之后，一般的老百姓就连这样的机会也没有了。清王朝覆灭后，颐和园虽然不再是皇家园林，但是，由于门票昂贵以及交通不便等原因，一般的老百姓也是无缘问津的。[2]据统计，解放前游人最多的一年才6万余人。新中国成立后，随着祖国经济建设的发展和人民生活水平的不断提高，颐和园的游人日益增多。1949年，游园人数有20多万，1974年，增至450多万。改革开放以来，前往颐和园参观游览的不仅有来自祖国各地的人民群众，还有来自世界五大洲的国际友人。2000年，颐和园的游人已达1000万之多。这座世界名园以它特有的魅力吸引着越来越多的中外游人。1998年12月，颐和园以"世界几大文明之一的有力的象征"的高度评价，被联合国教科文组织列入世界文化遗产名录。

（原载国家清史编纂委员会主办《史苑》第7期，2004年12月）

---

[1]《清代北京竹枝词（十三种）》，北京古籍出版社，1982年，第56页。
[2] 1924年溥仪被驱逐之后，颐和园由北平市政府接管，改为公园。当时，颐和园的门票是大洋一元，加以离城较远，交通不便，来往的交通工具主要是毛驴和马车，一个人游一次颐和园至少要花费大洋五元，而一元大洋就可以买一袋（50斤）面粉。

一、史事篇

拨开迷雾　探实求真
——记《颐和园》一书的编写

1972年4月,我从中国人民大学语文系调到新组建的清史研究小组。由于中国人民大学停办,1973年,清史研究小组成建制地分配到北京师范大学。

1975年春,北京出版社约请颐和园管理处写一本《颐和园》。颐和园领导认为,仅靠自己的力量很难完成任务。颐和园党委书记俞英给北京师范大学党委书记高沂写信,希望与清史研究小组合作。高沂同志将此信批转清史研究小组,经组领导研究,决定派我参加。当颐和园西府海棠繁花似锦的时候,我到了颐和园,与文物组组长叶捷春、文物组工作人员耿刘同等3人组成《颐和园》编写组。

编写组成立后,叶捷春同志告诉我一件事:1971年,日本一个代表团访华,周恩来总理接见他们。谈话中,讲到颐和园。代表团的一位成员说,中国的学者认为,慈禧太后修颐和园用了3000万两白银,但根据我们的研究,只有500万两。周总理听后,很有感慨。他说颐和园是我们的,为什么日本人比我们还清楚。为此,新华社发了一个"内参"。这时,江青住在颐和园,她要求颐和园组织力量,查清慈禧太后修颐和园用了多少银子。查了几个月,没有结果,只好不了了之。

听了她的话,我深感编写组责任重大。颐和园是中国的,中国的学者应该最有发言权。我们编写组应该交出一份让人民满意的答卷。

《颐和园》一书的责任编辑是赵洛同志，他要求本书按《定陵》的模式来写。《定陵》一书由4个部分组成：一、定陵是用劳动人民血汗和才智建造的；二、定陵是封建帝王罪恶统治的象征；三、丰富文物表现了工匠的精工巧艺，又是封建帝王腐朽生活的缩影；四、人民埋葬封建王朝的历史见证。我认为，写这样的书比较容易，几个月就可以完成。但是，这样的书不可能有生命力，它问世之日，也就是它生命终结之时。我们的《颐和园》，不应该再走这一条路。

　　《颐和园》应该怎么写？我建议到群众中去进行调查。我们用一个星期的时间和群众一起游园，了解他们到颐和园究竟希望知道哪些东西。从调查中我们发现，群众关心的问题主要有4个方面：颐和园是怎样修起来的？修颐和园之前这里是什么样子？颐和园建成后，这里发生了哪些事情？颐和园的建筑和园林有什么特点？这些问题涉及历史、地理、古建、园林、文学、艺术等多门学科，以编写组当时的知识结构，无疑是难以胜任的。

　　面对困难，我们没有退却，决心向专家学习，向书本学习，力求使自己懂得更多的东西。我们拜访了北京大学著名学者侯仁之教授，请他给我们讲海淀的历史地理。侯先生热情地接待我们，并把我们介绍给他的好朋友、清华大学著名建筑学家吴良镛先生，请他给我们讲园林和建筑。故宫博物院著名古建专家单士元先生，为了使我们对古建园林有更多的了解，亲自带领我们参观当时尚未对外开放的故宫乾隆花园、北海镜清斋和恭王府，并一一进行讲解。建筑大师梁思成先生的助手、清华大学建筑系教授莫宗江，不仅应邀到颐和园给我们讲课，而且带着我们游览颐和园，告诉我们如何欣赏这一世界名园的建筑艺术和园林艺术。在他们的帮助下，我们对颐和园的认识大大提高。

　　向专家学者请教的同时，我们到北京市的各大图书馆查阅有关颐和园的文章和著作。我们发现，许多颇为流行的说法，其实是不可靠的。

拨开迷雾　探实求真

许多人认为，颐和园这个地方，金代是金山行宫，明代是好山园，清初是瓮山行宫，乾隆时是清漪园。1860年，清漪园被英法联军焚毁。光绪年间，慈禧太后挪用海军经费进行重建，并改名颐和园。但是，万寿山的前身瓮山，在历史上不曾叫过金山。明代人的著作中，从来没有好山园的记载。清代初年，瓮山只有马厩，太监犯了错误，就罚往瓮山铡草。文献资料证明，清漪园以前这段历史是不存在的。慈禧太后挪用海军经费修建颐和园用了多少白银？历来众说纷纭：有人说800万两，有人说2000万两，有人说3000万两，有人说6000万两，有人说8000万两。最高数字和最底数字竟相差10倍之多。3000万两之说颇为流行，但是，根据是什么？谁也说不清楚。至于说佛香阁是九层的大报恩延寿塔被英法联军炮击后的残留部分，更是令人无法相信。经过近半年的研究，初步形成了我们对颐和园的看法，写出了《颐和园》一书的征求意见稿。

在征求意见稿中，我们写了5个问题：一、颐和园的前身；二、颐和园与慈禧太后；三、解放后的颐和园；四、颐和园是劳动人民智慧和血汗的结晶；五、颐和园主要景物介绍。责任编辑赵洛同志看后，不以为然。他说："搞历史的就是有历史癖，工农兵对历史是不感兴趣的。"

1975年10月，在颐和园仁寿殿的北配殿开审稿会，由颐和园党委书记俞英主持。参加审稿会的有北京大学的侯仁之、商鸿逵、陈庆华，故宫博物院的单士元、朱家溍，清华大学的莫宗江，国家文物局的罗哲文，中国历史博物馆的王宏钧等古建、园林、历史、文物、博物馆等方面的专家学者20余人，北京出版社文史组组长匡继先、责任编辑赵洛也参加了会议。在审稿会上，我代表编写组汇报了征求意见稿编写的情况和两种不同的写作方案，请专家学者们指正。专家学者一致肯定我们的征求意见稿，认为我们的方案是正确的。匡继先同志也赞同我们的做法。由于我们和责任编辑之间存在着严重分歧，只好另派左步青同志担任本书的责任编辑。

经过这次审稿会,《颐和园》一书的指导思想、基本内容和写作框架得以确定下来。为了把《颐和园》写成一本经得住时间考验的著作,我们除了继续查阅历史文献、进行实地考察之外,还到中国第一历史档案馆查阅清代档案,到北京图书馆(今国家图书馆)查阅样式雷家藏资料。从历史文献和档案资料中,我们发现了大量的关于颐和园的第一手资料。其中有明代文人讲述瓮山和西湖的诗文,有乾隆描写清漪园景物的题咏,有大学士傅恒等查核清漪园工程的奏折,有光绪十四年(1888)二月初一日"造园上谕"发布前修复清漪园的工程清单,有"造园上谕"发布后颐和园56项工程的《做法钱粮底册》或《工料银两细册》,有样式房绘制的各式各样的颐和园工程图。这些极其珍贵的史料,使我们拨开了重重迷雾,看到了颐和园真实的历史。历时两年半,终于写成了一部别开生面的《颐和园》。

1978年8月,在《颐和园》即将出版的时候,中央决定恢复中国人民大学,清史研究小组返回原校并改名清史研究所。经双方领导研究,《颐和园》一书,由两个单位署名,即北京市颐和园管理处和中国人民大学清史研究所,成为中国人民大学复校后以清史研究所名义出版的第一本书。

《颐和园》虽然列入"北京史地丛书",但是它的性质仍然是通俗读物。许多问题只能讲我们研究的结论,而不能讲我们根据什么得出这样的结论。1978年11月,《颐和园》出版后,我将书中的一些结论陆续写成《颐和园历史考辨》《颐和园修建年代考》《颐和园与海军衙门》《慈禧太后与中日甲午战争》等论文10余篇在报刊上发表。发表于《清史研究》1993年第1期、长达2万余字的《颐和园修建经费新探》,以大量的、确凿的史料证明,以往关于颐和园修建经费的种种说法都是没有根据的。但是,也不像当年日本代表团那位朋友所说的只有500万两,而是 500 万至 600 万两之间。遗憾的是，在我交出这份答卷的时候，周恩来总理离开我们已经整整 17 年了。

（原载《踏遍青山——中国人民大学七十周年校庆纪念文集》，2007 年 11 月）

颐和园历史考辨

长期以来，有一种颇为流行的说法：颐和园是金代以来历代封建皇帝的行宫花园。一些文章和专著更加以具体介绍说：颐和园这个地方，在金代是金山行宫，明代是好山园，清初是瓮山行宫，乾隆时是清漪园，清漪园被英法联军焚毁后，慈禧又挪用海军经费重建，改名颐和园。[①]

根据历史文献和图书档案资料，从清漪园到颐和园这段历史是真实的。而清漪园以前的金山行宫、好山园、瓮山行宫，则是事出有因，查无实据。这段历史，是并不存在的。

主张颐和园在金代是金山行宫的同志认为：万寿山，在金代叫作金山。所以，金朝的皇帝在这里修的行宫，称为金山行宫。

万寿山，原名瓮山，这是大家公认的事实。问题的关键是：在瓮山这个名字之前，是否曾经叫过金山。

刘侗、于奕正在《帝京景物略》中写道：

[①] 白宇：《颐和园》，《人民画报》1951年10月号。
张恨水：《春游颐和园》，《北京文艺》1956年4月号。
罗哲文：《园林谈往》，《文物参考资料》1957年第6期。
狄源沧：《颐和园》，上海文化出版社，1957年，第1—4页。
建筑工程部建筑科学研究院建筑理论及历史研究室中国建筑史编辑委员会编《中国建筑简史》，中国工业出版社，1961年，第282页。
《北京游览手册》，北京出版社，1963年，第104—106页。
《北京游览图》，地图出版社，1972年。
《辞海》，"颐和园"条，上海辞书出版社，1979年，第4234页。

山初未名瓮也。居此一老父语人曰：山麓魁大而凹秀，瓮之属也。凿之，得石瓮一，华虫雕龙，不可细识。中物数十，老父则携去，留瓮置山阳。又留谶曰：石瓮徙，贫帝里。嘉靖初，瓮忽失，嗣是物力渐耗。①

按照这种说法，瓮山并不是原来的名字。它的得名，是因为有一老父在山上凿得一个石瓮。嘉靖，是明世宗朱厚熜的年号。瓮山的得名，应该是在明代。这种说法，来源于明代王嘉谟的《石瓮记》：

　　燕之西山，有瓮山焉。纯卢土，中多杏、楠、榆、柳之属。余尝游其间，其南岩若洞而圮者，一樵人曰：此少鬲仙室也。久之，游丁公潭，问于渔父。渔父曰：瓮山盖市中之异域。云：昔吾大父尝闻山中有老父能缮生，久而去之，俄而来，云：山麓魁然而大，凹而秀者，瓮之属也。因凿之，得石瓮一，倍于常瓮。华虫雕凿，不可辨。中有物数十种，老父悉携以去，置瓮山西，因为谶曰：石瓮徙，贫帝里。人不之信也。嘉靖初，瓮不知所存。仆老矣，睹吾里中之世变习矣，夫瓮何为！余喟然而叹曰：有味乎老父之言，老父何用识之！②

但是，王嘉谟并没有说"瓮山初未名瓮也"，因为这个老父凿得石瓮才改名瓮山，更没有说瓮山原名金山。而文中的一句话，却值得我们很好的注意。"山麓魁然而大，凹而秀者，瓮之属也"，不是清楚地告诉我们瓮山的形状像一个瓮吗？现在的万寿山，在乾隆十四年（1749）开拓西湖的时候，把挖出的泥土堆在山上，按照园林的要求加以改造，我们今天看到的已经不是瓮山的原貌，王嘉谟这句话，却留下了当日瓮山

---

① 刘侗、于奕正：《帝京景物略》卷七，北京古籍出版社，1980年，第307—308页。
② 孙承泽：《天府广记》卷三十五，北京古籍出版社，1982年，第488页。

的轮廓。一个山，因形似某物而得名，本来是极普通的事。牛头山的得名，是因为它形如牛头；马鞍山的得名，是因为它形如马鞍。瓮山之名为瓮山，亦不过因为其形似瓮而已。只要我们仔细看看《石瓮记》的全文，就不难看出，所谓老父凿得石瓮云云，是有所为而发的。我们如果信以为真，那就大错特错了。

瓮山的得名，并不是由于那个关于石瓮的传说，这个名称，也并不开始于明代。《元史·河渠志》说："通惠河，其源出于白浮、瓮山诸泉水。"[①]这条通惠河，就是元代初年，我国杰出的科学家郭守敬建议并亲自主持开凿的。可见，瓮山这个名称，至迟在元代初年就有了。

有的同志认为：万寿山的附近，有一条金河，昆明湖的前身西湖，一称金海，金河和金海，就是瓮山曾经叫作金山的明证。这个证据，是不能说明问题的。

不错，万寿山的附近有一条金河，昆明湖的前身西湖，也曾被称为金海。但是，这并不能证明瓮山曾经叫作金山。因为，问题不在于金河和金海是否存在，而在于金河和金海与金山究竟有什么关系。让我们看看金河和金海是什么时候，在什么情况下出现的吧。

乾隆年间，由大学士于敏中等人奉旨编纂，最后由乾隆"钦定"的《日下旧闻考》，在谈到玉泉山静明园的影湖楼时有一段按语：

> 影湖楼，在高水湖中。东南为养水湖，俱蓄水以溉稻田。复于堤东建一空闸，泄玉泉诸水流为金河，与昆明湖同入长河。[②]

乾隆二十四年（1759），乾隆在《影湖楼》一诗的序中说：

> 迩年开水田渐多，或虞水不足，故于玉泉山静明园外接拓一湖，

[①]《元史》卷六十四《河渠志一》。
[②]《日下旧闻考》卷八十五，北京古籍出版社，1981年，第1427页。

俾蓄水上游以资灌注。湖之中筑楼五楹，惟舟可通。适因落成，名之曰影湖而系以诗。①

于敏中等人的按语和乾隆的诗序告诉我们：由于海淀一带新开辟的水田日益增多，昆明湖、养水湖的蓄水已不足灌溉，于是在"玉泉山静明园外接拓一湖"（高水湖），"复于堤东建一空闸，泄玉泉诸水流为金河"，可见，金河的出现，是在乾隆接拓高水湖之后，它的得名，并不是由于金山而是由于玉泉。因为，在乾隆十五年（1750）瓮山就改名万寿山了。

西湖一称金海，能不能证明瓮山原名金山呢？不能。

金海这个名字，在乾隆以前的著作中并没有出现过，在乾隆笔下也是非常罕见的。

乾隆十四年（1749），乾隆在考察了西湖水系之后，曾写过一篇文章，因为"勒碑于麦庄桥"，所以称之为《麦庄桥记》。文中说："玉泉汇而为西湖，引而为通惠，由是达直沽而放渤海。"又说："（玉泉）东流而为西湖，则以居京师之西。又明时有'西湖景'之称，乃假借夫余杭而倡说于趙竖耳。"② 乾隆十六年（1751），乾隆在开拓昆明湖之后，又写了一篇《万寿山昆明湖记》。文中说："命就瓮山前芰苇菱之丛杂，浚泥沙之隘塞，汇西湖之水，都为一区。""湖既成，因赐名万寿山昆明湖。"③ 这两篇文章，是研究昆明湖历史的重要文献，但是，都没有谈到金海这一名称。乾隆十五年（1750），乾隆写了一首题为《西海名之曰昆明湖而记以诗》的五言律诗，却把西湖称为西海④，大约在这同时发

---

① 《日下旧闻考》卷八十五，第1427页。
② 《日下旧闻考》卷九十九，第1638页。
③ 《日下旧闻考》卷八十四，第1392页。
④ 《日下旧闻考》卷八十四，第1393页。

布的上谕，又说"金海着称名昆明湖"了。①

同是一个昆明湖的前身，在乾隆的笔下为什么会有西湖、西海、金海三个不同的名称呢？我认为，西湖是本来的名称，西海和金海的出现，则是由于修辞的缘故。"西湖名之曰昆明湖"，自然不如易"西湖"为"西海"。古人又常常以"五行"（金、木、水、火、土）与东、西、南、北、中相配，西方属金，所以"西海"又成为"金海"了。

总之，金河、金海，都是乾隆十四年（1749）开拓西湖以后才出现的名字，几百年以后的金河、金海，怎么能证明几百年之前的瓮山原名金山呢？

迄今为止，没有任何材料证明瓮山原名金山，却有材料证明金山与瓮山同时存在。《青溪漫稿》中讲得非常清楚：

> 瓮山在都城西三十里，玉泉之东，西湖当其前，金山拱其后。山下有寺曰圆静，寺后石壁百尺，步蹬而上，晶庵在焉。②

这里所说的金山，离万寿山大约有三四里。明王朝的时候，那里有一座很有名的庙宇叫作金山寺，那里还埋葬着明代的景泰皇帝朱祁钰以及一些妃嫔和夭殇的诸王公主。③在这段文字中，金山和瓮山同时出现，它们的位置又是如此明确，怎么能说瓮山原名金山呢？瓮山既然没有叫过金山，所谓金代的金山行宫也就无从谈起了。

主张颐和园在明代是好山园的一些同志认为，好山园是明武宗朱厚照修的，到明熹宗朱由校的时候，成了宦官魏忠贤的私产。有人还说，今日的南湖岛，就是当年魏忠贤操纵的特务机构东厂囚禁人民的水牢。

---

① 《清高宗实录》卷三百六十，乾隆十五年三月丙辰。
② 《日下旧闻考》卷八十四，第1408页。
③ 蒋一葵：《长安客话》卷五，北京古籍出版社，1980年，第86—87页。沈榜：《宛署杂记》卷二十，北京古籍出版社，1980年，第253页。朱孟震：《游西山诸刹记》，北京古籍出版社，1980年，第268页。

但是，能够证明好山园存在的材料，就只有乾隆十五年（1750）乾隆写的《题耶律楚材墓》诗序：

> 墓在瓮山好山园之东，昔年营园时，以其逼近园门，故培土为山其上以藏之。闻其为楚材之墓久矣，使阅时而湮没无传，岂所以襃贤劝忠之道哉。因命所司，仍其封域之制，并为之建祠三间，使有奠馈申酹之地，并命汪由敦为之碑记而题之诗如左。①

在这里，乾隆讲了"昔年营园"，但是，并没有说营园的究竟是谁。因此，对于这个营建好山园的人很难做出判断。不过，乾隆既然说耶律楚材的墓"逼近园门"，我们就可以从墓和园的关系来进行考察，看看这座好山园究竟是什么时候修的。

耶律楚材是我国古代杰出的政治家。他曾经做过元太宗窝阔台汗的"中书令"（宰相），他虚心学习汉族的文化，改革蒙古落后的习俗，帮助窝阔台建立了一系列的制度，为元朝的统一中国做出了重大贡献。死后，根据他的"遗命"，"葬于玉泉东瓮山之阳"②。蒋一葵《长安客话》说：

> 距（瓮山）南麓数百武为耶律楚材墓，西湖正当其前。袁廷玉诗："玉泉东畔瓮山阳，水抱孤村地脉长。"盖咏此也。③

从耶律楚材选择"玉泉东畔瓮山阳"作为自己的墓地和元末明初的袁廷玉的诗句来看，这里并不曾有过封建皇帝的行宫花园。否则，耶律楚材就不可能选择这里作为自己的墓地，袁廷玉的诗也就不能说这里"水抱孤村"了。事实进一步证明，所谓的金山行宫，实际上是不存在

---

① 《日下旧闻考》卷一百，第 1656 页。
② 宋子贞：《中书令耶律公神道碑》，《元文类》卷五十七。
③ 蒋一葵：《长安客话》卷四，第 73 页。

的。由于同样的原因，所谓明代的好山园亦不可能存在。

《帝京景物略》卷七《瓮山》中说：

> 山下数武，元耶律楚材墓，墓前祠，祠废像存，像以石存也。石表碣，石马虎等已零落，一翁仲立未去。天启七年，夏夜，有萤十百集翁仲首，土人望见，夜哗曰：石人眼光也。质明，共踣而争碎之。

天启，是明熹宗朱由校的年号。天启七年，为公元1627年，如果说明武宗朱厚照在这里修了好山园，为什么到天启年间，"逼近园门"的地方还留下残破零落的耶律楚材的石像、表碣、石马、石虎和翁仲？朱由校一共只做了7年皇帝，如果好山园成为魏忠贤的私产，亦只能在这7年当中。这个红极一时的宦官为什么也不加以清除？而当地的群众（土人）居然敢于在这个不可一世的"大人物"的别墅门前聚集起来，"踣而争碎之"？

到了清代初年，耶律楚材墓已经没有留下多少东西了。康熙戊申，也就是康熙七年（1668）的时候，诗人王崇简重过耶律楚材墓，写了一首诗，诗序说：

> 瓮山山下东南数十武，旧有元耶律丞相墓。明崇祯丙子春过之，祠宇倾颓，尚存公及夫人二石像端坐荒陌。少前，二翁仲，一首毁，相传居人夜见有光，疑其怪而凿也。后一高阜，则公墓云。康熙戊申二月二十七日，策马重经，断垄渐平，耕者及其址，石像仅存下体，余皆荡然。三十余年来，问之土人，鲜知为公墓者。墓西去半里，圆静寺僧犹能言其处。嗟夫，石像何患于人，去之者以其妨耕也。念此十笏残基，再数年皆麦苗黍穗矣。俯仰久之，不觉有作。[①]

[①] 王崇简：《重过耶律丞相墓》，《青箱堂诗集》卷二十三。

崇祯丙子，即崇祯九年（1636），耶律楚材墓前还有石像"端坐荒陌"，石像之外，还有两个"翁仲"，到了康熙七年（1668），则"断垄渐平，耕者及其址，石像仅存下体，余皆荡然"，当地群众，知道耶律楚材墓的人已经很少，知道耶律楚材墓在什么地方的，就只有"墓西去半里"的圆静寺的和尚了。从这段文字里，我们除了"十笏残基"和"麦苗黍穗"之外，实在看不出有什么皇家苑囿。

有的同志不相信明武宗修好山园，魏忠贤又曾据为私产的说法；但是，仍然想为明代好山园的存在寻找根据。他们认为："万寿山在元代原名瓮山，明代建有圆静寺，园子叫好山园。"①的确，在明代，瓮山有一个圆静寺。这个地方，乾隆时建了大报恩延寿寺，慈禧兴建颐和园的时候，改建为排云殿。但是，这个圆静寺，并不是皇帝兴建的行宫花园，而是弘治七年（1494），"助圣夫人罗氏"所建的普通庙宇②。明代诗人谢榛有一首诗，题为《夜自西湖循瓮山同玉峰上人步归兰若》，诗云：

> 湖色冷春衣，沙禽夜尚飞。
> 路随山下转，僧伴月中归。
> 祇树藏金界，禅灯出翠微。
> 他年谢灵运，结社愿无违。③

西湖就是现在昆明湖的前身。兰若，就是庙宇，从诗题和诗的内容看，它很可能就是圆静寺。一个和尚，一个没有一官半职的诗人，居然可以在这里自由来往，明代好山园的不存在，是显而易见的。

至于南湖岛是东厂迫害人民的水牢，更是无稽之谈。因为，在明

---

① 刘致平：《颐和园的建筑美》，《北京日报》1953年8月9日。
② 刘侗、于奕正：《帝京景物略》卷七，第308页。
③ 谢榛：《四溟集》卷三。

代，这里是一道上起青龙桥、下至蓝靛厂的被称为西堤或西湖景堤的十里长堤。①今日的南湖岛，是乾隆十四年开拓西湖的时候才出现的。南湖岛都没有，水牢又从何而来？

明代的好山园并不存在，清初的瓮山行宫也是不存在的。我们只要看一看乾隆的《万寿山清漪园记》就可以清楚了。文章说：

（昆明）湖之成以治水，（万寿）山之名以临湖，既具湖山之胜概，能无亭台之点缀？事有相因，文缘质起。

又说：

以临湖而易山名，以近山而创园囿，虽云治水，其谁信之？②

乾隆写《万寿山清漪园记》，主要是为自己修清漪园辩解。因为，乾隆在《圆明园后记》中曾经说过："天宝地灵之区，帝王豫游之地，无以逾此（指圆明园）。后世子孙必不舍此而重费民力以创建苑囿。"③但是，文章的墨迹未干，他就于乾隆十四年（1749）冬拓展西湖，接着就修建为他的母亲崇庆皇太后祝寿的大报恩延寿寺和其他一些建筑，乾隆十六年（1751），清漪园的名称就在上谕中出现了。这样言行不一，乾隆"不能不愧于心"④。按照乾隆的习惯，每建成一个苑囿，他都要写一篇记。清漪园修成以后，却由于上述原因久久没有动笔。但是，清漪园已经修了，自己不讲，别人也要讲的。所以写了这篇《万寿山清漪园记》，说明开拓西湖，是为了治水，修建清漪园，并不是目的，只是"既具湖山之胜概"，不能不"点缀"一些亭中楼阁罢了。

---

① 刘侗、于奕正：《帝京景物略》卷七，第287页。
② 《日下旧闻考》卷八十四，第1393页。
③ 《日下旧闻考》卷八十，第1323—1324页。
④ 《日下旧闻考》卷八十四，第1393页。

乾隆开拓西湖的目的究竟是什么？在这里我们可以不必讨论。值得注意的是，它说明了一个重要的事实：在乾隆修清漪园之前，这里并没有皇家苑囿。"创"者，过去从来没有之谓也。乾隆十六年（1751），奉宸苑的一封奏折中就讲得更加明确：

> 清漪园前昆明湖，向因河道窄狭，并未设有宫殿，又无应役园户，是以本苑酌拨闸军于行船河路随时芟草浚淤。今湖面宽展，均围绕宫殿之间，关系紧要。现在，清漪园有专管大臣，又设苑丞、苑户等役百有余名。请嗣后凤凰墩并昆明湖所有附近水面桥闸并广润祠、静明园外船坞等处承应拉纤、提闸、浚浅各项差务，于本苑酌拨闸军五十名，统归清漪园管理。①

奉宸苑的职责是"管理一切苑囿事务"②。这封奏折反映的情况，自然真实可靠。奏折说："清漪园前昆明湖，向因河道窄狭，并未设有宫殿。""今湖面宽展，均围绕宫殿之间。"可见在乾隆十四年（1749）开拓西湖为昆明湖之前，这里并没有"宫殿"，没有封建皇帝的行宫花园。这里的"宫殿"，都是从乾隆十五年（1750）起陆续兴建的。因此，所谓清初的瓮山行宫，也是不存在的。

我们应该怎样看待乾隆在《题耶律楚材墓》诗序中的一番话呢？我认为"昔年营园"一句不可靠，好山园却是存在的。但是，它既不在明代，也不在清初，而是在兴建清漪园的初期。

它是一个类似今天颐和园中的德和园、谐趣园那样的园中之园。从耶律楚材墓"在好山园之东"和"逼近园门"来看，好山园的位置，就在玉澜堂、宜芸馆一带。我认为：好山园就是玉澜堂、宜芸馆这组建筑物最早的名称。它的得名，是因为在这里可以远眺西山景色。但是，西

---

① 《钦定大清会典则例》卷一百六十七《内务府》。
② 《钦定大清会典则例》卷一百六十七《内务府》。

山毕竟太远，昆明湖却近在它的旁边。"漪澜来转蕙，生玉有环瀛。"①所以后来分别命名玉澜堂、宜芸馆而不再称之为好山园了。

金代的金山行宫，明代的好山园，清初的瓮山行宫，在历史上都不曾存在过，为什么有的同志一定要说它存在呢？在他们看来，不这样，就不足以说明颐和园历史悠久，就不足以说明颐和园的价值。其实，这样做是大可不必的。

颐和园的历史是悠久的。我们讲颐和园的历史，不仅可以讲它的前身清漪园，还可以追溯到清漪园之前很久。有人认为，今天的昆明湖，就是郦道元《水经注》中说的"西湖"，是战国时代的"燕之旧池"②。但是，《水经注》说："湿水上承蓟水，西注大湖，湖有二源，水俱出县西北平地，导源流结西湖。"又说："湖水东流为洗马沟。"③和昆明湖的情况有很大出入。根据不足，我们可以不去谈它。但是，元世祖至元二十八年（1291）郭守敬建议后来又亲自主持疏浚瓮山诸泉作为通惠河的水源之一，这是历史上明文记载的。役兴之日，忽必烈"命丞相以下皆亲操畚锸为之倡"④。这样关系国计民生的大事，我认为是可以讲的。

原来，瓮山的南面，地势比较低洼，附近的玉泉、龙泉的泉水都汇集在这里，形成一个湖泊，人们称之为瓮山泊或大泊湖⑤。元世祖忽必烈统一中国以后，大都（北京）成为全国的政治中心。当时，每年要从南方调来数以百万石计的粮食。为了解决粮食的运输问题，杰出的科学家郭守敬建议并亲自主持疏浚瓮山诸泉作为通惠河的水源之一，成千上万的劳动人民参加了这一场改造自然的伟大斗争。从此，瓮山泊就和北京人民的生活紧密地联系在一起了。

---

① 乾隆：《玉澜堂》，《乾隆皇帝咏万寿山风景诗》，北京出版社，1992年，第97页。
② 张恨水：《春游颐和园》，《北京文艺》1956年4月号。
③ 王国维：《水经注校》卷十三《湿水》，上海人民出版社，1984年，第448页。
④ 《元史》卷六十四《河渠志一》。
⑤ 《元史》卷六十四《河渠志一》。蒋一葵：《长安客话》卷三，第50页。

如果说瓮山泊与园林无关，明代的西湖就不能说与园林无关了。

瓮山泊经过疏浚之后，水源更丰富了。到了明代，劳动人民在它的周围大规模地开辟水田，湖里种植了荷、蒲、菱、芡，劳动人民的双手使得这一带更加美丽了①。它和峰峦重叠的西山形成了北京西北郊有名的风景区。明代的一些诗文，常常把这里的景色和江南相比，说它"宛然江南风气"②。画家文征明在他的一首诗中写道：

> 春湖落日水拖蓝，
> 天影楼台上下涵。
> 十里青山行画里，
> 双飞白鸟似江南。③

这样的景色，自然会吸引广大的游人。因为瓮山泊在北京城的西面，于是人们借用杭州西湖的名称之为西湖，而且出现了"西湖十景"的名称④，获得了"一郡之胜观"⑤的称誉。四月游西湖，成为当时北京的风俗⑥。到了夏天，荷花盛开的时候，西湖的游人更是熙熙攘攘。文学家袁宗道在《西山十记》中说："每至盛夏之月，芙蓉（荷花）十里如锦，香风芬馥，士女骈阗，临流泛觞，最为胜处矣。"

由于这一带景色优美，封建统治者有时也到这里游乐。明宣宗朱瞻基在玉泉山下修建望湖亭以观赏西湖风景⑦，明武宗朱厚照又在西湖

---

① 蒋一葵：《长安客话》卷三，第51页。
② 蒋一葵：《长安客话》卷三，第51页。
③ 文征明：《西湖》，《甫田集》卷十。
④ "西湖十景：泉液流珠、湖水铺玉、平沙落雁、浅涧立鸥、葭白摇风、莲红坠雨、秋波澄碧、月浪流光、洞积春云、壁翻晓照，相传名为十景。"（沈榜：《宛署杂记》卷二十《志遗八》，北京古籍出版社，1980年，第298页。）
⑤ 《日下旧闻考》卷八十四引《记纂渊海》，第1409页。
⑥ "四月，赏西湖景。"（沈榜：《宛署杂记》卷十七《民风》，第191页。）
⑦ 刘侗、于奕正：《帝京景物略》卷七，第296页。

边修筑钓台[①]，万历十六年（1588），明神宗朱翊钧还在西湖举行了一次"水猎"。《长安客话》对当时的情景曾作过有声有色的描述：

> 先期，水衡于下流闭水，水与崖平，白波淼荡，一望十里。内侍潜系巨鱼水中，以标识之。方一举网，紫鳞银刀，泼剌波面，天颜亦为解颐。是时，艅艎青雀，首尾相衔，锦缆牙樯，波翻涛沸，即汉之昆明、太液，石鲸鳞甲，殆不过是。[②]

大量事实说明，明代的西湖已经成为北京有名的风景区。乾隆的清漪园，就是在这个优越的自然条件的基础上兴建的。可以这样说，没有元代的疏浚瓮山泊，就没有明代的西湖，也就没有清代的清漪园和颐和园。我认为，在讲颐和园历史的时候，是可以从元代的瓮山泊讲起的。至于金代的金山行宫、明代的好山园、清初的瓮山行宫，历史上并不存在，我们就不要再以讹传讹了。

（原载《清史研究集》第一辑，中国人民大学出版社，1980年12月）

[①] 蒋一葵：《长安客话》卷三，第50页。
[②] 蒋一葵：《长安客话》卷三，第50页。

昆明湖疏浚年代考

昆明湖是颐和园的重要组成部分，也是北京郊区最早出现的人工水库。将西湖疏浚开拓为昆明湖，不仅改变了瓮山西湖的自然面貌，使清漪园以及后来的颐和园成为揽湖山之胜的古典园林，对北京的城内用水、交通运输、农田灌溉也做出了不可忽视的贡献。在北京水利建设的历史上，昆明湖是有一定地位的。

乾隆十六年（1751），乾隆曾写过一篇《万寿山昆明湖记》。这篇文章叙述了疏浚西湖的原因、经过、效益以及命名万寿山昆明湖的用意，是研究昆明湖很有价值的历史文献。但是，这篇文章，没有明确交代疏浚昆明湖的年代，因而对疏浚昆明湖的年代长期以来存在着不同的说法。有人认为是乾隆八年，较普遍的说法则是乾隆十五年。现在看来，这两种说法都是值得商榷的。

吴长元《宸垣识略》卷十四说：

> 昆明湖即西湖景，为玉泉龙泉所潴。此地最洼，受诸泉之委汇为巨浸，土名大泊湖，环十里。乾隆癸亥，命疏浚开拓，周四十里。西山泉脉，随地涌现，因势顺导，流注于湖……赐名昆明湖。

癸亥，是乾隆八年，即公元1743年。按照吴长元的说法，昆明湖的疏浚开拓，是在乾隆八年进行的。

有的同志认为，吴长元治学谨严，《宸垣识略》一书"叙载必有依据"①，对他的说法深信不疑。但是，当我们看了乾隆的《麦庄桥记》之后，感到吴长元的说法并不可靠。

乾隆十四年（1749），乾隆派人对通惠河的水源进行考察，并将考察的结果写成一篇文章，因为"勒碑于麦庄桥"，名之曰《麦庄桥记》。文中写道：

> 京师玉泉，汇而为西湖，引而为通惠，由是达直沽而放诸渤海。

又说：

> （玉泉）东流而为西湖，则以居京师之西。又明时有西湖景之称，乃假借夫余杭而倡说于珰竖耳。

在这里，乾隆不仅没有提到昆明湖，而且对西湖的名称进行了考释。如果说乾隆八年就已经对西湖进行了"疏浚开拓"，为什么在六年之后的文章里还看不出一点"疏浚开拓"的痕迹呢？吴长元的说法，显然是不可信的。

《日下旧闻考》卷八十四说：

> 瓮山，在玉泉山之旁，西湖当其前，金山拱其后。明时旧有圆静寺，后废。今上乾隆十五年，于其地建大报恩延寿寺，命名万寿山，并疏导玉泉诸派于西湖，易名曰昆明湖。②

《日下旧闻考》，是乾隆年间大学士于敏中等人"奉旨"编纂，最后又由乾隆"钦定"的。当时人记当时事，而最后审定者又是疏浚开拓西湖的主持者，这样的材料自然真实可靠。因此，"昆明湖疏浚开拓于乾

---

① 邵晋涵：《宸垣识略序》，北京古籍出版社，1981年，第1页。
② 《日下旧闻考》卷八十四，北京古籍出版社，1981年，第1391页。

隆十五年"的说法，得到了普遍的采纳。

其实，这种说法也是值得商榷的。

乾隆十五年（1750），乾隆在一首题为《西海名之曰西湖而记以诗》中写道：

> 西海受水地，岁久颇泥淤。
> 疏浚命将作，内帑出余储。
> 乘冬农务暇，受值利贫夫。
> 蒇事未两月，居然肖具区。
> 春禽于以翔，夏潦于以潴。
> 昨从淀池来，水围征泽虞。
> 此诚近而便，可习饮飞徒。
> 师古有前闻，锡命昆明湖。

西湖易名昆明湖，是在乾隆十五年三月十三日。就在这一天，乾隆发布上谕说："瓮山着称名万寿山，金海着称名昆明湖，应通行晓谕中外知之。"[①]

西海、金海，都是指的西湖，只是由于修辞的缘故而变换了一种说法。西湖名之曰昆明湖，自然不如改"西湖"为"西海"，古人又常常以"五行"（金、木、水、火、土）与东、西、南、北、中相配，西方属金，所以"西海"又成为"金海"了。

从诗的内容看，它的写作大约与上谕的发布同时。它虽然只有70个字，却为我们提供了《万寿山昆明湖记》所不曾提供的重要情况。它告诉我们，由于多年没有疏浚，西湖淤塞了。于是命令有关部门，动用"内帑"的"余储"，利用冬天农闲的时候，雇佣贫苦农民进行疏浚。不

---

① 《清高宗实录》卷三百六十。

到两个月，工程就完成了。西湖的疏浚，使这里的自然面貌发生了变化。春天有野鸟飞翔，夏天的洪水也有了归宿。过去举行"水围"要到白洋淀，今后则近在京郊，十分便利。为了效法古人，所以命名为昆明湖。很显然，诗里说的冬天，不是乾隆十三年的冬天，也不是乾隆十五年的冬天，而是乾隆十四年的冬天。因为乾隆十四年的《麦庄桥记》还没有疏浚的痕迹，乾隆十五年的春天西湖已易名昆明湖了。

读了这首诗，再读乾隆的《万寿山昆明湖记》，我们就会恍然大悟，关于疏浚昆明湖的年代，他在文章里已经作过交代了。

《万寿山昆明湖记》说：

> 岁己巳，考通惠河之源而勒碑于麦庄桥。《元史》所载白浮、瓮山诸泉云者，时皆湮没不可详。夫河渠，国家之大事也。浮漕、利涉、灌田，使涨有受而旱无虞，其在导泄有方而储蓄不匮乎？是不宜听其淤阏泛滥而不治，因命就瓮山前芋苇茭之丛杂，浚泥沙之隘塞，汇西湖之水，都为一区。

这段文字，不仅说明考通惠河之源是为了开拓西湖，而且说明，开拓西湖是紧接考通惠河之源进行的。考通惠河之源是在乾隆十四年，疏浚开拓西湖也是在乾隆十四年。

由上所述，我们可以得出这样的结论，西湖的疏浚开拓，是在乾隆十四年的冬天。开拓西湖，在乾隆十四年，为什么《日下旧闻考》却把它放在乾隆十五年建大报恩延寿寺之后叙述呢？因为，在那一段文字中，建大报恩延寿寺是为了给乾隆的母亲崇庆皇太后庆祝60岁生日。在标榜"以孝治天下"的清代，自然应该突出。大报恩延寿寺的兴建，在乾隆十五年，瓮山命名万寿山，西湖易名昆明湖，也是在乾隆十五年。为了行文的简练，在"疏导玉泉诸派于西湖"的前面省去了乾隆十四年冬等字样。于是，人们就将西湖易名昆明湖的时间，误认为是疏浚开拓西湖的时间了。

昆明湖这个名称，历来认为是来源于汉武帝刘彻为了操练水军进攻云南滇池之滨的昆明国而在长安开凿的昆明池，这是不错的。但是，这并不是乾隆命名昆明湖的全部用意。《三秦记》说："昆明池中有灵沼，名神池。云尧时治水，尝停船于此地。"[1] 乾隆在《万寿山昆明湖记》中说："景仰放勋之迹，兼寓习武之意。"《金牛铭》中也说："人称汉武，我慕唐尧。"[2] 放勋即唐尧，可见命名昆明湖，也和这一传说有关。看来，乾隆的所谓"师古"，不仅是历史上武功卓著的汉武帝刘彻，还有传说中的圣人唐尧啊！

（原载北京史研究会编《北京史论文集》第二辑，1982年9月）

[1] 《三辅黄图》卷四。
[2] 《日下旧闻考》卷八十四，第1405页。

西堤和东堤

颐和园昆明湖的东岸，从文昌阁到长春桥，是一道"长一千四百二十七丈五尺"[①]的大堤，这就是东堤。东堤的昆仑石上，有乾隆亲笔题写的一首《西堤诗》：

> 西堤此日是东堤，名象何曾定可稽。
> 展拓湖光千顷碧，卫临墙影一痕齐。
> 刺波生意出新芷，踏浪忘机起野鹥。
> 堤与墙间惜弃地，引流种稻看连畦。

这首诗，作于乾隆二十九年（1764）。它反映了乾隆十四年（1749）冬开拓西湖以后的情景，是研究昆明湖历史的重要资料。有的同志认为，诗中的"西堤"，就是明代人的诗文中常常提到的上起瓮山、下至蓝靛厂的十里长堤。因为，过去的西堤，是西湖的堤岸；而今日昆明湖的堤岸则是东堤。"西堤此日是东堤"，正是就这一变化而言的。

这种看法，不能说没有根据。因为，明代西湖的堤岸，除了有"长堤""西湖堤"等名称之外，也有人称之为"西堤"。刘侗、于奕正《帝京景物略》在谈到这道十里长堤的时候说："过（麦庄）桥，水亦已深，偶得溃衍，遂湖焉。界之长堤，湖在堤南，堤则北。稻田、豆场在堤

[①] 中国第一历史档案馆藏，舆 1672（二）。

西堤和东堤

北,堤则南。曰西堤者,城西堤也。"①

但是,仔细琢磨一下乾隆的诗句,就会感到这样解释并不确切。从诗句的上下文意看,西堤和东堤应该同是一堤。如果不是互相矛盾的名称出现在同一事物的身上,乾隆就不可能发出"名象何曾定可稽"的慨叹。诗里提到的"卫临墙影"以及堤和墙之间"连畦"的稻田,也不是我们今天见到的情况所能解释的。

我们知道,清漪园时期,东堤上并没有围墙,普通的老百姓是可以到东堤上来观赏昆明湖的景色,远眺万寿山的宫殿楼阁的。得硕亭在《草珠一串》中写道:"昆明湖上看铜牛,万顷烟波百样楼。我爱西湖未曾见,自疑身已到杭州。"②它清楚地告诉我们,在当时,东堤上并没有围墙。那么乾隆诗里说的究竟是什么墙?它和堤又有什么关系?不解决这些问题,也就不可能对西堤和东堤作出确切的解释。

"解铃还是系铃人",这些问题终于在乾隆自己的作品中得到了解答。由大学士于敏中等人奉旨编纂,最后经乾隆"钦定"的《日下旧闻考》卷八十四编录的《西堤诗》,比昆仑石上的"御笔"多了一条注释:

> 西堤,在畅春园西墙外,向以卫园而设。今昆明湖乃在堤外,其西更置堤,则此为东矣。

原来,乾隆诗里的"西堤",并不是刘侗、于奕正所说的"西堤"。这道西堤,是在康熙修建畅春园之后,为了预防西湖发生水灾而采取的"卫园"措施。于是,一个新的西堤出现了。

乾隆开拓西湖的时候,将明代的西堤挖去,留下的龙王庙部分,成为昆明湖中的一个小岛,这就是我们今天看到的南湖岛,"卫园"的西堤,则成了昆明湖的堤岸。与此同时,乾隆又仿照杭州的苏堤在昆明

---

① 刘侗、于奕正:《帝京景物略》卷七,北京古籍出版社,1980年,第287页。
② 《清代北京竹枝词(十三种)》,北京古籍出版社,1982年,第56页。

湖的西部另筑了一道西堤，于是，"畅春园西墙外"的西堤就改名为东堤了。

"卫园"的西堤成了东堤，畅春园的西墙却依然如故。"展拓湖光千顷碧，卫临墙影一痕齐"，正是对当时自然景色的描绘。开拓后的昆明湖，比往日的西湖水源更加充足。"汪洋溔沆，较旧倍盛。"[1] 在海淀"水田日辟"[2] 的情况下，东堤与畅春园西墙之间的"弃地"也被开垦出来，"引流种稻"了。

1860年，第二次鸦片战争的时候，畅春园与圆明园、清漪园、静明园、静宜园等皇家园林一起被英、法侵略军烧成了一片废墟，此后，清统治者江河日下，没有力量将畅春园修复。畅春园的遗址逐渐被开辟为稻田。慈禧修颐和园的时候，在东堤上修筑了围墙，使东堤也成了禁区。这和乾隆写《西堤诗》时的情况就大不一样了。

（原载《北京史研究通讯》1981年第1期）

---

[1] 乾隆：《万寿山昆明湖记》，《日下旧闻考》卷八十四，北京古籍出版社，1981年，第1392页。

[2] 乾隆：《万寿山昆明湖记》，《日下旧闻考》卷八十四，第1392页。

颐和园修建年代考

颐和园，原是清代帝后的行宫和花园。这座中外知名的古典园林，不仅是人们休憩游览的胜地，也是园林、建筑、文物、历史等专业工作者研究的一个课题。辛亥革命以来，许多文章和专著从不同的角度谈到颐和园。其中关于颐和园历史的论述，有不少问题值得商榷。本文仅就修建颐和园的年代问题作一些探讨。

颐和园是什么时候修的？向来有几种不同的说法。而光绪十四年（1888）开工，光绪十七年（1891）完成一说，因有光绪的两个"上谕"作为依据，得到许多人的采纳。现在看来，这种说法是不符合事实的。

光绪十四年二月初一日（1888年3月13日）"上谕"写道：

> 万寿山大报恩延寿寺，为高宗纯皇帝（乾隆）侍奉孝圣宪皇后①三次祝嘏之所。敬踵前规，尤征祥洽。其清漪园旧名，谨拟改为颐和园。殿宇一切，亦量加葺治，以备慈舆临幸。恭逢大庆之年，朕躬率群臣，同申祝悃，稍尽区区尊养微忱。②

---

① 孝圣宪皇后，钮钴禄氏，满洲镶黄旗人。康熙五十年八月十三日（1711年9月25日），生弘历于雍亲王府。雍正元年十二月二十二日（1724年1月17日），封熹妃。雍正十三年九月初三日（1735年10月18日），弘历即位，是为乾隆，尊生母为皇太后，上徽号曰崇庆。乾隆十六年（1751），为了庆祝她的60岁生日，在万寿山兴建大报恩延寿寺。她的70岁、80岁庆典也在此举行。乾隆四十二年正月二十三日（1777年3月2日），于圆明园长春仙馆病逝，享年86岁。谥曰：孝圣慈宣康惠敦和敬天光圣宪皇后。史称孝圣宪皇后。

② 中国第一历史档案馆藏，《上谕档》，光绪十四年二月初一日。

但是，许多材料证明，颐和园的修建工程，早在这篇"上谕"发布之前就已经开始了。

乐寿堂，是颐和园生活居住区的中心，是慈禧的"寝宫"。这座建筑，就是在光绪十三年（1887）开工的。

在清代，皇家工程的设计是由一个专门机构——"样式房"来担任的。而世代主持样式房工作的雷家，即人们所说的样式雷，也参与了颐和园工程的设计。北京图书馆保存的样式雷的家藏资料中，有一份《清漪园内乐寿堂各座工程丈尺做法细册》。这本细册，详细记载了乐寿堂用工、用料、用银的情况，它的封面上还注明了时间："十三年二月二十日办。"可见乐寿堂的工程，早在光绪十四年二月初一日之前就已经开始了。

排云殿是颐和园内规模最大的一组建筑，是慈禧举行祝寿典礼的地方。内务府的一份档案说明：排云殿的上梁和水操内学堂的开学同在一天。十二月十五日午刻，水操内学堂开学，这一天的未刻，主持开学典礼的官员，又主持了排云殿的"供梁"仪式[①]。同时"供梁"的建筑，还有德晖殿和后山佛殿（香岩宗印之阁）[②]。水操内学堂，也就是光绪十三年冬设于昆明湖畔的水师学堂[③]。排云殿是在被英法侵略军焚毁了的大报恩延寿寺的废墟上兴建的，在"供梁"之前，还要做许多工作。可见，排云殿的工程，早在光绪十三年十二月十五日（1888年1月27日）之前就已经开始了。

尤其值得注意的是第一历史档案馆保存的一份《万寿山等处已修齐未修齐工程清单》：

  谨将万寿山等处已修齐未修齐工程开列。

[①] 中国第一历史档案馆藏，恩佑等：《水操内学堂开学，排云殿供梁情况折》。
[②] 中国第一历史档案馆藏，舆1672（四）。
[③] 《清史稿》卷一百三十六《兵志七·海军》，中华书局，1977年，第4038页。

计开：

宫门外南北朝房二座，每座五间

宫门外两旁群房，共计七十二间

宫门内南北九卿房二座，每座三间

宫门内南北九卿房耳房四座，每座三间

　　以上各房座均已修齐

宫门一座，五间，现做大木石料未齐

勤政殿一座，七间，现做大木石料未齐

勤政殿南北配殿二座，每座五间，现已苫背未齐

　南值房一座，三间，现已修齐

文昌阁一座，现已苫背未齐

　　四角人字游廊四座，每座三间，现立大木未齐

玉澜堂一座，五间

　两山耳殿二座，每座二间

霞芬室一座，五间

藕香榭一座，五间

宫门一座，三间

　周围游廊，共计六十间

　东值房一座，三间

夕佳楼一座，三间

宜芸馆一座，五间

道存斋一座，五间

近西轩一座，五间

　周围游廊，共计五十六间

水木自亲一座，五间

绿天深处一座，五间

虑澹清漪一座，五间

　　后罩殿一座，九间

　　两山耳房二座，每座一间

　　东顺山房一座，三间

乐阳河扇面房一座，三间

　　　　以上各殿座均已修齐

乐寿堂一座，七间，现立大木并锭椽望未齐

　　垂花门一座

留佳亭一座

寄澜亭一座

秋水亭一座

清遥亭一座

　　长廊子共计二百七十六间

对鸥舫一座，三间

鱼藻轩一座，三间

石丈亭一座，十五间

　　　以上各座均已修齐

　　垂花门一座，现做大木未齐

　　　以上各处修齐殿座均未油饰

玉带桥一座

界湖桥一座

桑苎桥一座

　　　以上桥座，均现做石料未齐

　　大小牌楼五座，内四座均已修齐，一座现做大木未齐

文昌阁前灰土河堤至长春桥，通长一千四百二十七丈五尺

　　十七孔桥迤南均已修齐，十七孔桥迤北现今未修

龙王庙

鉴远堂现立大木未齐

廊如亭现立大木未齐

涵虚堂等处殿座均已修齐

   值房均已修齐

西船坞已修齐

   水操内学堂共计房一百三间

   水操外学堂共计房一百十九间

   以上学堂房座均已修齐油饰及内檐装修并齐[①]

这份清单，虽然没有年月，但是，从它没有提到排云殿、德晖殿、后山佛殿，以及开列水操内学堂、水操外学堂的房座"均已修齐油饰及内檐装修并齐"来看，可以断定，它的产生当在光绪十三年十二月十五日之前。也就是说，在光绪十四年二月初一日之前，颐和园的许多工程，如东宫门、仁寿殿（勤政殿）、玉澜堂、乐寿堂、长廊以及南湖岛、东堤、西堤上的许多建筑，都已经开工甚至完成了。其中，玉澜堂、涵虚堂、长廊的开工，应当比乐寿堂还要早。因此，用这个所谓的"造园上谕"来证明颐和园的工程从光绪十四年开始是不恰当的。

光绪十七年四月二十日（1891年5月27日）的上谕写道：

   前经降旨，修葺颐和园，恭备慈禧端佑康颐昭豫庄诚寿恭钦献皇太后慈舆临幸。现在，工程将次就竣，钦奉慈谕：于四月二十八日幸颐和园。即于是日驻跸，越日还宫。从此往来游豫，颐养冲和。数十年宵旰忧勤，稍资休息。孺怀实深庆慰。所有一切应行事宜，着各该衙门敬谨豫备。[②]

[①] 中国第一历史档案馆藏，舆 1672（二）
[②] 中国第一历史档案馆藏，《上谕档》，光绪十七年四月二十日。

按照上谕的说法，颐和园的工程就要结束了。然而，就在这个时候（光绪十七年四月），海军衙门又奏请从出使经费中"借拨颐和园工程银一百万两"[①]。一百万两，是一笔相当可观的款项。光绪十四年（1888），奕譞、李鸿章等为了给颐和园筹一笔机动金，以"备海军要需"[②]为名，向全国进行搜刮。"竭泽而渔"，亦不过弄到二百六十万两[③]，而且直到光绪十八年才将这笔款项收齐[④]。第一历史档案馆保存的关于颐和园的大量工程清单，更有力地揭穿了颐和园工程"将次就竣"的谎言。这些工程清单，是主管颐和园工程的官员向慈禧汇报工程进度的文件，是颐和园工程的真实记录。这些工程清单证明，光绪十七年（1891）四月，颐和园工程不但没有"将次就竣"，相反，正在大规模地进行。一些大的工程，如佛香阁、德和园（大戏楼）还刚刚开始，谐趣园、听鹂馆、景福阁等建筑，到光绪十八年才着手兴建，长廊西端的石舫的施工，更晚到光绪十九年。光绪二十年十月初十日（1894年11月7日），是慈禧的60岁生日，为了在颐和园举行盛大的祝寿活动，她对兴建工作抓得非常之紧，主管修建的官员，每五天要向她作一次工程进度的书面报告。为了加快进度，甚至在光绪二十年的春节期间也不让工人休息。光绪十七年以后，还有这样多的工程，怎么能说颐和园是在光绪十七年完工的呢？

皇皇上谕，为什么竟是一派欺人之谈？只要看一看围绕修复圆明园和兴建颐和园过程中的斗争，这种奇怪的现象就不难理解了。

[①] 中国第一历史档案馆藏，奕劻、福锟折："此次册报实存出使经费银一百九十七万余两款内，已于本年四月间准海军衙门咨开奏准，暂行借拨颐和园工程银一百万两，由津生息项下按年尽数归还。"（光绪十七年八月二十五日。）

[②] 中国第一历史档案馆藏，奕譞：《筹集巨款用备海军要需折》，光绪十四年十二月十五日。

[③] 中国第一历史档案馆藏，奕劻等折："上年筹备海军要款二百六十万两，分年拨解，已属竭泽而渔。今更令其年筹五百万两，谈何容易！"（光绪二十五年九月二十五日。）

[④] 中国第一历史档案馆藏，奕劻：《筹集巨款银二百六十万两扫数解清汇齐生息折》，光绪十八年闰六月五日。

原来，清代帝后都喜欢住在行宫和花园里。从康熙、雍正到乾隆，先后在北京西北郊兴建了畅春园、圆明园以及万寿山的清漪园、玉泉山的静明园、香山的静宜园。这就是人们常说的"三山五园"。在热河（承德）又修建了避暑山庄。第二次鸦片战争之前，清代统治者绝大多数的时间都生活在这些行宫和花园之中，北京的紫禁城只不过是皇权的象征，备举行重大典礼之用而已。

咸丰十年（1860），"三山五园"被英法侵略军烧毁。慈禧从热河回到北京之后，不得不常年居住在被她们诅咒为"红墙绿瓦黑阴沟"的紫禁城里。这位过惯了骄奢淫逸生活的统治者，自然是很不甘心的。在清王朝勾结帝国主义镇压了太平天国运动之后，慈禧就想修复圆明园。

同治七年（1868）八月，慈禧通过心腹太监安德海授意一位善于逢迎的御史德泰，奏请修理园庭，并代递内务府库守贵祥所拟筹款章程，"请于京外按户、按亩、按村鳞次收捐"。而当时的形势是"军事甫定，防务尚殷，国帑竭于上，民生蹙于下"，大兴土木，必然加重人民的负担，激起人民的反抗，使清王朝的统治发生危机，因而在统治集团内部就遭到激烈的反对。恭亲王奕䜣以侈端将启，请旨切责德泰丧心病狂，着即革职。贵祥革去库守，发往黑龙江给披甲人为奴[1]。

同治十二年（1873），载淳亲政。这年八月，在慈禧的授意下，以"奉养两宫"为借口，下令修治圆明园。这次，奕䜣虽然屈服于慈禧的压力，不仅不表示反对，并带头报效工银二万两。但是，大臣沈淮、游百川、李文田等纷纷上疏，请求缓修。不久，经办圆明园工程木材的商人李光昭谎报木价的事实被揭发出来，反对修复圆明园的呼声更加高涨。加以"物力艰难、经费支绌"[2]"人心涣散"[3]，在这种情况下，载淳

---

[1] 《清穆宗实录》卷二百四十，同治七年八月乙巳。
[2] 《清穆宗实录》卷三百六十九，同治十三年七月己巳。
[3] 《翁文恭公日记》，同治十三年七月二十九日，商务印书馆，1925年影印手稿本。

不得不宣布停止修治圆明园①。

同治十三年十二月初五日（1875年1月12日），载淳病死，慈禧选择醇亲王奕譞年仅四岁的儿子载湉为皇位继承人，这就是光绪。慈禧又一次"垂帘听政"。光绪十年（1884），慈禧借故罢免恭亲王奕䜣的职务，重用奕譞。奕譞为了保住自己的权势和地位，千方百计讨好慈禧。光绪十一年（1885）五月，修治西苑（一称三海，也就是中海、南海和北海）的工程开始了。接着，又准备修治清漪园。但是，修治清漪园比修治西苑问题要复杂得多。因为，西苑未遭英法联军的彻底焚毁，"稍加修葺"，所费不多。清漪园则已成废墟，如要修复，首先是经费难于筹措，其次，在民穷财尽之时，大兴土木，势必引起人们的反对。于是，利用人们要求创办海军，抵抗帝国主义侵略的愿望，借办海军之名，行修清漪园之实。光绪十一年九月（1885年10月）设立海军衙门，以奕譞总理海军事务，奕劻、李鸿章为会办②。光绪十二年八月十七日（1886年9月14日）奕譞奏请恢复昆明湖水操③，九月初十日翁同龢在日记中写道："海军衙门会神机营奏，在昆明湖试小轮船，复乾隆水师之旧。"④

乾隆十五年（1750），乾隆开拓西湖并改名昆明湖之后，曾于湖内"设战船，仿福建、广东巡洋之制，命闽省千把教演"，"每逢伏日，香山健锐营弁兵于湖内按期水操。"⑤但是，昆明湖毕竟不是练水师的地方，不久就陆续裁撤。现在，居然要在昆明湖练海军，岂不是天大的笑话。其实，"复乾隆水师之旧"，只不过是为修清漪园打掩护。因为，恢

---

① 《清穆宗实录》卷三百六十九，同治十三年七月己巳。
② 《光绪朝东华录》，光绪十一年九月初六日，中华书局，1958年，第2009页。
③ 中国第一历史档案馆藏，奕譞等：《请复昆明湖水操折》，光绪十二年八月十七日。
④ 《翁文恭公日记》，光绪十二年九月初十日，商务印书馆，1925年影印手稿本。
⑤ 《日下旧闻考》卷八十四，北京古籍出版社，1981年，第1391页

复水操，就可以用"恭备太后阅看水操"①为名，修缮清漪园的各处建筑。因此，水操恢复之日，也就是清漪园工程开始之时。再过100天，事情的真相就清楚了。

光绪十二年十二月二十四日（1887年1月17日），翁同龢在日记中写道："庆邸（奕劻）晤朴庵（奕谟），深谈时局。嘱其转告吾辈，当谅其苦衷。盖以昆明易勃海，万寿山换滦阳也。"②

勃海，即渤海，滦阳，就是地处滦河之北的避暑山庄。昆明湖代替了渤海，万寿山代替了滦阳。它清楚地告诉我们：清漪园工程，在统治集团的某些人中，已经不是秘密了。

为了掩人耳目，光绪十三年十二月（1888年1月），又"设水师学堂于昆明湖"。但是，谎言是不能持久的。慈禧在万寿山大兴土木的消息，终于流传开来。人们从公开了的西苑工程，秘密的万寿山工程，自然会联想到"圆明园工程亦由此陆续兴办"③。这些"外间传闻"，很有可能形成一场轩然大波，使清漪园工程像同治年间的圆明园工程一样被迫停止。光绪十四年（1888）二月初一日的上谕，正是在这样的情况下发布的。这篇"上谕"，与其说是宣布颐和园开工，毋宁说是为早已开工的西苑工程和清漪园工程辩解。这篇上谕，以孝养为理由，以康熙、乾隆为先例，并将修建的规模竭力缩小。西苑是"稍加修葺"，清漪园亦只是"量加葺治"。一面公开清漪园工程，一面宣布"西苑工程次第告竣"。至于经费来源，则"悉出节省羡余，未动司农正款，亦属无伤国计"。这篇精心结构的谎言，其目的无非是为了欺骗舆论，不致因大兴土木而遭到人民的强烈反对而已。

---

① 中国第一历史档案馆藏，奕谟：《筹集巨款用备海军要需折》："盖今日万寿山恭备皇太后阅看水操各处，即异日大庆之年皇帝躬率臣民祝嘏胪欢之地。"（光绪十四年十二月十五日。）

② 《翁文恭公日记》，光绪十二年十二月二十四日，商务印书馆，1925年影印手稿本。

③ 中国第一历史档案馆藏，《上谕档》，光绪十四年二月初一日。

慈禧以为，经她这样解释，颐和园工程就可以顺利进行了。但是，和她的愿望相反，颐和园工程继续遭到人们的谴责。光绪十四年十二月十五日（1889年1月16日），紫禁城贞度门失火，延烧太和门及库房等处。这样的事件，在封建社会总是被看作上天对统治者提出的警告。一些官员借此上疏，请求停止颐和园工程[1]。慑于舆论的压力，慈禧不得不假惺惺地发布一道"懿旨"，说什么贞度门失火，虽然是由于管理人员不小心，但是，"遇灾知儆，修省宜先。所有颐和园工程，除佛宇及正路殿座外，其余工作一律停止"[2]。表面上说停止，实际上是照常进行。光绪十六年（1890）十月，御史吴兆泰奏请"节省颐和园工程"。慈禧勃然大怒，以光绪的名义发布上谕，对吴兆泰进行严厉的申斥。这篇上谕，除了重复她在造园上谕中的"理由"而外，就是指责吴兆泰"冒昧已极"，着交部严加议处[3]。这就是说，欺骗既已失灵，只好凭借封建专制的淫威，杀一儆百，使别人不敢再阻止她修颐和园了。

但是，在当时的情况下，大兴土木毕竟是不得人心的。为了不让别人再提兴修颐和园的事，最好的办法是宣布颐和园工程"将次就竣"。于是，光绪十七年四月二十日的上谕出笼了。这篇上谕，和光绪十四年二月初一日的上谕虽然内容不同，其目的却都是为了欺骗舆论，使颐和园工程得以进行下去。所以，在这以后，工程仍大规模地进行。光绪二十年（1894），清王朝在中日战争中遭到失败，光绪二十一年（1895），裁撤海军衙门，颐和园工程随之停止。从现有资料看，慈禧原来还想把万寿山的后山稍加修整，此时也只好作罢。颐和园的工程，可

---

[1] 《康南海自编年谱》："十二月十五日，太和门灾，屠侍御亲救火，甫退，未还宅，即先来属草折，一请停颐和园工，二请醇邸不预政事……"

[2] 《光绪朝东华续录》，光绪十四年十二月丁酉（二十日），中华书局，1958年，第2552页。

[3] 中国第一历史档案馆藏，《起居注册》，光绪十六年九月十五日。

以说和海军衙门相终始。有人说，海军衙门是"颐和园之工程司"[①]，是相当有道理的。

由上所述，颐和园的兴建，当开始于光绪十二年，结束于光绪二十一年，历时约10年之久。那种开始于光绪十四年，结束于光绪十七年的说法，并不符合实际。认为开工于光绪十年，或者开工于光绪二十年，甚至中日战争失败之后的说法，更是远离事实的。但是，颐和园的名称却开始于光绪十四年。因为，正是在这个时候，清漪园才改名颐和园。

（原载《近代京华史迹》，中国人民大学出版社，1985年7月）

[①] 梁启超：《戊戌政变记》卷四，中国近代史资料丛刊《戊戌变法》（一），神州国光社，1953年，第288页。

颐和园与海军衙门

1899年，梁启超在《瓜分危言》一文中谈到慈禧修颐和园时曾写过这样一段话："吾尝游颐和园，见其门栅内外皆大张海军衙门告示。同游之人窃窃焉惊讶之。谓此内务府所管，与海军何与？而岂知其为经费之所从出也。"[1] 按照清代的制度，皇家园林的兴建是内务府奉宸苑的事，海军衙门的职责是管理海军。颐和园门栅内外大张海军衙门告示，自然会引起人们的惊讶。梁启超认为，这种情况的出现是由于颐和园的经费来自海军衙门。但是，这样的解释未免过于简单。如果我们对北京皇家园林兴建的历史作一番考察，这个问题就可以得到圆满的答案了。

一

满族统治者崛起于白山黑水之间，祖祖辈辈以狩猎为生，与大自然有着非常密切的关系。进入北京后，对于都市的喧嚣很不习惯，对于夏天的炎热更是难以忍受，决定择地筑城避暑。顺治七年（1650）七月，摄政王多尔衮谕令户部加派直隶、山西、浙江、山东、江南、河南、湖广、江西、陕西九省地丁银二百四十九万余两"输京师备工用"[2]。同年

---

[1] 梁启超：《饮冰室合集》（一），中华书局，1989年，第40—41页。
[2] 《清史稿》卷二百十八《多尔衮传》，中华书局，1977年，第9030页。

十二月，多尔衮病死，筑城避暑的计划被搁置起来。仅将明代的南苑稍加修葺，"用备蒐狩"[①]。

康熙中叶，在明武清侯李伟清华园的旧址上兴建了清代第一座皇家园林畅春园，在这里"避喧听政"。此后，又在玉泉山修建澄心园（后改静明园），在香山修建行宫（后改静宜园），在热河修建避暑山庄。康熙四十六年（1707），康熙将畅春园北一里许地名华家屯的一座园林赐给他的第四个儿子胤禛，四十八年（1709）又亲题园额曰"圆明园"。康熙六十一年（1722），康熙病逝，胤禛即位，这就是雍正。雍正在圆明园原有"亭台邱壑"的基础上，"建设轩墀，分列朝署，俾侍值诸臣有视事之所，构殿于园之南，御以听政"。从此，圆明园成为清统治者经常居住和向全国发号施令的政治中枢，紫禁城的宫殿，只不过是皇权的象征，备举行重大典礼之用而已。

乾隆即位的时候，清王朝已经建立了将近一百年，国家的统一，政权的巩固，特别是经济的恢复和发展，为乾隆的大兴土木提供了雄厚的物质基础。他即位以后，就先后改建和扩建了康熙、雍正年间在北京西北郊兴建的畅春园、圆明园、静明园、静宜园，又借疏浚西湖的机会修建了清漪园。这就是人们常说的"三山五园"。对于"三山五园"的功能，乾隆曾给予明确的定位。他说："畅春以奉东朝，圆明以恒莅政，清漪、静明，一水可通，以为敕几清暇散志澄怀之所"。这就是说，畅春园是侍奉皇太后的，圆明园是处理朝政的，清漪园、静明园是闲暇时游玩的。香山的静宜园，乾隆没有讲，但是，它的功能与清漪园、静明园却属于同一类型。所以，这三座园林被称为"三山"，由同一大臣管理。从康熙开始的六朝帝后，都是在充满诗情画意的皇家园林中度过他们安富尊荣的岁月的。

[①]《日下旧闻考》卷七十四，北京古籍出版社，1981年，第1231页。

二

咸丰十年（1860）八月，英法联军进逼北京，咸丰带领皇后、妃嫔、子女和一些贵族官僚逃往热河。九月，英法联军占领圆明园，在对圆明园进行疯狂抢劫之后，又野蛮地纵火焚烧。于是，被欧洲人誉为"万园之园"的圆明园以及附近的畅春园、清漪园、静明园、静宜园等皇家园林都成为一片废墟。

咸丰十一年（1861）七月，咸丰病逝于避暑山庄，六岁的载淳继承皇位，这就是同治。九月，慈禧太后从避暑山庄回到北京，在以恭亲王奕䜣为首的贵族、官僚和帝国主义的支持下发动政变，从载垣、端华、肃顺等赞襄政务王大臣手中夺取政权，以垂帘听政的名义登上了最高统治者的宝座。由于《北京条约》的签订，中外关系虽然得到缓和，太平天国、捻军以及苗民、回民起义却仍势若燎原，使清政府穷于应付，根本没有力量去修复已被焚毁的皇家园林，不得不住在被他们称为"红墙黄瓦黑阴沟"的紫禁城里。

同治七年（1868）八月，慈禧通过心腹太监安德海授意一位善于逢迎的御史德泰，并代递内务府库守贵祥所拟筹款章程，"请于京外按户、按亩、按村鳞次收捐"①。而当时的形势是"军事甫定，防务尚殷，国帑竭于上，民生蹙于下"②。大兴土木，必然加重人民的负担，激起人民的反抗，使清王朝的统治出现危机。在统治集团内部就遭到竭力的反对。恭亲王奕䜣以衅端将启，请旨切责德泰丧心病狂，着即革职。贵祥革去库守，发往黑龙江给披甲人为奴③。

同治十二年（1873）正月，载淳亲政。这年八月，在慈禧的授意

---

① 《清穆宗实录》卷二百四十。
② 《清穆宗实录》卷二百四十。
③ 《清穆宗实录》卷二百四十。

下，以"奉养两宫"（慈禧、慈安）为借口，下诏修治圆明园。这次，奕䜣屈服于慈禧的压力，不仅没有反对，而且带头报效工银二万两。但是，大臣沈淮、游百川、李文田等纷纷上疏，请求缓修。不久，打着圆明园工程监督旗号招摇撞骗的李光昭因购买法国商人的木材，没有按合同交付货款引起了诉讼。报销时又将价值五万余元的木材谎报为三十余万两。法国领事照会天津海关道，要求将李光昭及所购木材一并扣留。李鸿章将此事上奏朝廷，称其贻笑取侮。御史陈彝也上疏弹劾。奉旨交吏部议处，李光昭被判处斩监候。反对修复圆明园的呼声更加高涨。加以"物力艰难，经费支绌"①"人心涣散"②，在这种情况下，载淳不得不宣布停止修治圆明园，改修西苑（一称三海，即北海、中海、南海）。同治十三年十二月，载淳病死，西苑工程也被迫停工。

三

载淳死后，慈禧选择咸丰的同父异母弟、她的妹夫醇亲王奕谭的年仅四岁的儿子载湉为皇位继承人，这就是光绪。由于光绪年幼，慈禧和慈安又一次垂帘听政。光绪七年（1881）三月，慈安病逝。光绪十年（1884），慈禧以奕䜣在中法战争中"因循委靡，决难振作"为借口，免去他的一切职务，撤去恩加双俸，家居养疾。宝鋆、李鸿藻、景廉、翁同龢等四位军机大臣也全部罢免。令礼亲王世铎在军机大臣上行走，庆郡王奕劻管理总理各国事务衙门事务，结束了北京政变以来"办夷之臣即秉政之臣"③的局面，世铎、奕劻才具平庸，唯慈禧之命是听，慈禧的权力得到进一步加强。光绪十一年（1885）四月，西苑工程再次

---

① 《清穆宗实录》卷三百六十九。
② 《翁同龢日记》，同治十三年七月二十九日，中华书局，1989年，第1062页。
③ 奕谭：《上皇太后皇上密折》，同治十年正月二十六日，转引自吴相湘《晚清宫廷实纪》，正中书局，1953年，第122页。

开工。

光绪十一年（1885）九月，成立海军衙门，派醇亲王奕谡总理海军事务，庆郡王奕劻、直隶总督李鸿章为会办。光绪十二年（1886）六月，光绪已经15岁，慈禧谕令：明年正月十五日，举行亲政典礼。经光绪、世铎等再三请求，慈禧方表示同意于皇帝亲政后，再行训政数年。

为了使慈禧归政后有一个颐养天年的地方，并为光绪二十年（1894）慈禧的六十大寿兴建一座举行庆典的场所，决定修葺清漪园。清漪园的大报恩延寿寺，是乾隆十五年（1750）为乾隆的生母崇庆皇太后六旬庆典而兴建的①。此后，又在这里举行她的七旬和八旬庆典。清漪园的面积虽然不如圆明园，但是，它是在真山真水的基础上建造起来的，它的自然风光在北京的皇家园林中可以说是独一无二。乾隆在《昆明湖泛舟》一诗中说"何处燕山最畅情？无双风月属昆明"。清漪园在乾隆心目中的地位可以想见。但是，修葺清漪园并不像修西苑那样简单，因为西苑的建筑未被焚毁，清漪园则已成一片废墟。如果修复清漪园，不仅经费难于筹措，而且在民穷财尽之时大兴土木，必然会像同治年间修圆明园一样遭到激烈的反对。于是，利用人们要求创办海军，抵抗帝国主义侵略的愿望，以办海军之名，行修清漪园之实。光绪十二年（1886）八月，醇亲王奕谡奏请恢复昆明湖水操。九月初十日，翁同龢在日记中写道："海军衙门会神机营奏，在昆明湖试小轮船，复乾隆水师之旧。"②乾隆年间，曾在昆明湖"设战船，仿福建、广东巡洋之制，命闽省千把教演"，"每逢伏日，香山健锐营弁兵于湖内按期水操"③。但是，昆明湖毕竟不是练水师的地方，不久就陆续裁撤。现在，居然要在昆明湖练海军，岂不是天大的笑话！其实，"复乾隆水师之旧"，只不过

---

① 《日下旧闻考》卷八十四，第1394页。
② 《翁同龢日记》，光绪十二年九月初十日，中华书局，1992年，第2049页。
③ 《日下旧闻考》卷八十四，第1391页。

是为修清漪园打掩护而已。因为，恢复昆明湖水操，就可以"恭备太后阅看水操"为名，修葺清漪园的各处建筑。正如醇亲王奕譞所说："今日万寿山恭备皇太后阅看水操各处，即异日大庆之年皇帝躬率群臣祝嘏胪欢之地。"①因此，水操恢复之日，也就是清漪园工程开始之时。再过两个月，事情的真相就更清楚了。

光绪十二年十月二十四日（1886年11月19日），翁同龢在日记中写道："庆邸（奕劻）晤朴庵（奕譞），深谈时局。嘱其转告吾辈，当谅其苦衷。盖以昆明易勃海，万寿山换滦阳也。"②勃海，即渤海。滦阳，就是地处滦河之北的避暑山庄。昆明湖代替了渤海，万寿山代替了避暑山庄。它清楚地告诉我们，清漪园工程在统治集团的某些人中已经不是秘密了。

为了掩人耳目，又"设水师学堂于昆明湖"。水师学堂，又称水操内学堂和水操外学堂（原址在今颐和园耕织图景区内）。光绪十三年十二月十五日（1888年1月27日）午刻，水操内学堂开学。这一天的未刻，主持水操内学堂开学典礼的官员又主持了为慈禧六旬庆典而兴建的排云殿的上梁仪式。当光绪十四年（1888）二月初一日，以光绪的名义发布上谕，将清漪园工程公开并将清漪园改名颐和园的时候，颐和园的许多工程，如东宫门、勤政殿（仁寿殿）、玉澜堂、乐寿堂、长廊以及南湖岛、东堤、西堤上的许多建筑都已经开工甚至完成了。

四

在光绪十一年至二十年间，北京有两大皇家园林工程，一个是清漪园，一个是西苑（三海）。清漪园由海军衙门"承修"，西苑则由奉宸苑

---

① 中国第一历史档案馆藏，军机处录副奏折，光绪十四年十二月十五日海军衙门奏。
② 《翁同龢日记》，光绪十二年十月二十四日，中华书局，1992年，第2060页。

承修。承修的单位不同，经费的来源也不一样。清漪园的经费由海军衙门"分放"，西苑工程有时经费困难，也请海军衙门"垫放"。分放不需归款，垫放则需筹还。光绪十二年（1886）五月四日，奉宸苑因承修西苑工程款不敷用，奏准于海军衙门发存英商汇丰银行生息船款内暂提三十万两以济急需，同时札行粤海关监督于前次派筹一百万两内拨还清款。但是，海军衙门曾与汇丰银行议定，如一月内取回一万两以上者须先一个月通知。而西苑工程急于用款，于是，经慈禧批准，由海军衙门存款内先行匀借三十万两交奉宸苑承领。光绪十二年六月初二日，海军衙门在奏片中说："借拨奉宸苑修工银三十万两，先由海军衙门垫发。"在这同时，海军衙门就抄录批文和原片，咨行奉宸苑、户部查照，并札行粤海关监督"迅即照数筹拨解赴本衙门归款，勿稍迟延"[①]。可见，清漪园经费和西苑经费是不能混为一谈的。

从现有的材料看，颐和园的经费主要有三个来源：

1. 从海军经费中拨给

光绪十七年（1891）二月十六日，奕劻在奏片中说："颐和园自开工以来，每岁暂由海军经费内腾挪三十万两，拨给工程处应用。"[②]但是，颐和园开工究竟是从光绪十二年算起，还是从光绪十四年算起？持续了几年？拨了多少银两？由于资料缺乏，我们很难断定。

2. 海军巨款息银

海军衙门成立后，使醇亲王等感到困扰的一个问题，就是海军经费历年拖欠，进出多有不敷。颐和园工程又给海军衙门增加了负担。为了备海军要需，同时也为了颐和园的修建，醇亲王奕譞想出了一个主意，"筹一大笔银款，存诸北洋生息，按年解京，以补正杂各项之不足。本银

---

① 中国第一历史档案馆藏，《醇亲王府档》，《清末海军史料》，海洋出版社，1982年，第682页。

② 中国近代史资料丛刊《洋务运动》（三），上海人民出版社，1973年，第141页。

专备购舰设防一切要务,其余平捐输二款,拟另款存储,专备工作之需"①。光绪十四年(1888)冬,醇亲王奕譞将这一想法函告李鸿章,要他转商两江、两广、湖广、四川、江苏、湖北、江西各督抚量力认筹。不久,各督抚先后电复:广东认筹银一百万两,两江认筹银七十万两,湖北认筹银四十万两,四川认筹银二十万两,江西认筹银十万两,直隶认筹银二十万两,共银二百六十万两。这就是人们所说的"海军巨款"。这二百六十万两白银,自光绪十五年(1889)二月起至光绪十八年(1892)五月止,陆续解往天津,汇存生息,"所得息银,专归工用"。但是,这笔巨款究竟生了多少息银?用于颐和园的有多少?由于资料缺乏,我们就不清楚了。

3. 海防新捐垫款

海防捐的开设,始于光绪十年(1884)中法战争期间。光绪十三年(1887),黄河郑州段决口,改为河工捐。光绪十五年(1889),海军衙门因筹款紧要,奏准将河工捐停止,仍改为海防捐,这就是新海防捐。光绪十七年(1891)二月十六日,总理海军事务奕劻等在奏片中说:"(颐和园)每年拨工之款原属无多,各省认筹银两,亦非一时所能解齐。钦工紧要,需款益急。思维至再,只有腾挪新捐,暂作权宜之计。所有工程用款,即由新海防捐输项下暂行挪垫。一俟存津生息集有成数,陆续提解臣衙门分别归款。"②这一经费来源,不同于海军经费拨款和海军巨款息银,这是"挪垫",是要用存津生息的海军巨款息银陆续提解归款的。由于资料缺乏,海防新捐挪垫了多少?如何归款?我们也不清楚。

尽管如此,对于颐和园的修建经费,我们仍然可以得其大略。根据档案记载,乾隆修建清漪园,历时十五年,共用银四百四十万二千八百五十一

---

① 中国第一历史档案馆藏,《海军衙门奏折》,光绪十四年十二月十五日。
② 中国近代史资料丛刊《洋务运动》(三),第141页。

两九钱五分三厘。颐和园的修建经费,虽然没有像清漪园那样的完整的记录,但是,根据样式雷家藏资料,颐和园五十六项工程,共用银三百一十六万六千六百九十九两八钱三分三厘。这五十六项工程,占颐和园工程总数的一半以上。由此推算,颐和园修建经费当在五百万两至六百万两之间。过去流传的二千万两、三千万两、五千万两、六千万两、八千万两诸说都是事出有因,查无实据的。

颐和园工程始于光绪十二年(1886)海军衙门成立之后,光绪二十年(1894),中日甲午战争爆发,北洋海军全军覆没。光绪二十一年(1895),裁撤海军衙门,颐和园工程也随之停止。颐和园工程,可以说是和海军衙门相终始。既然颐和园工程由海军衙门承修,修建经费由海军衙门分放,就不能说颐和园与海军衙门无关。在颐和园"门栅内外皆大张海军衙门告示",也就不值得惊讶了。

(原载北京市哲学社会科学研究基地:《北京学研究报告》,同心出版社,2007年5月)

颐和园修建经费新探

慈禧修建颐和园，是中国近代史上引人注目的事件。不论是谈慈禧，谈颐和园，谈北洋海军，谈洋务运动，还是谈中日甲午战争，都往往要涉及这个问题。然而。慈禧修颐和园用了多少白银，却有不同的说法。有人说八千万两[1]，有人说六千万两[2]，有人说约三千万两[3]，有人说二千余万两[4]，有人说八百万两[5]，最高的数字和最低的数字之间相差至十倍之多。经费的来源，也有不同的说法。有人说是挪用海军经费[6]，有人说海军经费之外还有铁路经费[7]，有人则说是来自其他款项[8]。真是众说纷纭，莫衷一是。而颐和园修建经费的多少，又直接关系着对其他问题特别是对北洋海军和中日甲午战争的研究。本文根据历史文献和档案资料对这个问题作一些新的探索。

---

[1] 狄源沧：《颐和园》，上海文化出版社，1957年，第3页。
[2] 康有为：《戊戌与李提摩太书》(第一信)，中国近代史资料丛刊《戊戌变法》(一)，神州国光社，1953年，第414页。
[3] 范文澜：《中国近代史》上册，人民出版社，1956年，第239页。
[4] 池仲祐：《海军大事记》，中国近代史资料丛刊《洋务运动》(八)，上海人民出版社，1973年，第483页。
[5] 洪全福：《讨清檄文》，《清代档案史料丛编》第一辑，中华书局，1978年，第143页。
[6] 池仲祐：《海军大事记》，中国近代史资料丛刊《洋务运动》(八)，第483页。
[7] 康有为：《戊戌与李提摩太书》(第一信)，中国近代史资料丛刊《戊戌变法》(一)，第414页。
[8] 洪全福：《讨清檄文》，《清代档案史料丛编》第一辑，143页。

一

关于颐和园的修建经费,讲的时间最早、次数最多而又变化最大的,恐怕要算康有为。光绪二十四年(1898)八月六日,戊戌政变刚刚发生的时候,康有为在给李提摩太的信中写道:

> (慈禧)向来阻抑新政,及铁路三千万,海军三千万,皆提为修颐和园。①

"皆"是全部的意思。按照这种说法,慈禧修颐和园,挪用了海军经费三千万,铁路经费三千万,共用了六千万两白银。但是,过了半个月,即光绪二十四年八月二十一日(1898年10月6日)晚,康有为在对《中国邮报》记者的谈话中,却修正了自己原来的说法。他说:

> 1887年,曾决定拨出三千万两银子作为建立一支海军的用处,但自从定造了定远、威远、致远、靖远等四舰并付清了价款以后,太后就把剩余的钱拿去修颐和园去了。不久以后,当拨付或筹聚另外三千万两作为修筑铁路之用的时候,他又滥用了其中一大部分。这条铁路,按照原来的计划是要从北京修到奉天,但修到山海关以后便不得不停止,因为太后把其余的钱拿去装饰颐和园了。②

这里,海军三千万、铁路三千万说法都没有变。但是,用于颐和园的已不是海军三千万和铁路三千万的全部而是定造了定远、威远、致远、靖远等四舰并付清了价款和修筑了从北京到山海关一段铁路后"剩余的钱"了。而且一个是"修颐和园",一个是"装饰颐和园",修建颐

---

① 康有为:《戊戌与李提摩太书》(第一信),中国近代史资料丛刊《戊戌变法》(一),第414页。
② 康有为:《对记者的谈话》,刘启戈译,《字林西报周刊》,中国近代史资料丛刊《戊戌变法》(三),神州国光社,1953年,第501页。

和园究竟用了多少银两就使人捉摸不定了。又过了一段时间,即光绪二十四年(1898)冬,康有为在日本续写《康南海自编年谱》时,再一次修正了自己的说法,他说:

> (光绪十四年)时铁路议起,定筑芦汉为干路,筹款三千万,调张之洞督两湖办焉。既而,李鸿章谓陪京更急,请通直奉之路,遂改筑。甫至山海关,西后提其余款千余万筑颐和园,大工遂停。
>
> ……自光绪九年经营海军,筹款三千万,所购铁舰十余舰,至是尽提其款筑颐和园,穷极奢丽,而吏役辗转克扣,到工者十得其二成而已。①

这里,铁路三千万、海军三千万的说法仍然没有变。所不同的是,铁路三千万,原来是为修筑芦汉铁路而筹集的款项,用于颐和园的是改筑直奉路筑造了从北京到山海关一段铁路的余款千余万。海军三千万,筹款的时间已不是光绪十三年(1887),而是光绪九年,即1883年。所购之舰已不止定远等四舰,而是"铁舰十余舰"了,用于颐和园的有多少,康有为没有讲。

同是一个康有为,在不到半年的时间里,为什么一再修改自己的说法呢?唯一原因,就是他讲的并不是事实。

在光绪九年(1883)、光绪十三年(1887)甚至整个光绪朝,都不曾有过为建立一支海军而筹拨过三千万两专款的事实。光绪元年(1875),清政府决定创建海军,户部会议奏拨海防经费,每年南北洋各二百万两。计:江苏、浙江厘金银各四十万两,江西、湖北、广东、福建厘金银各三十万两,江海、浙海四成洋税无定数,粤海、闽海、浙海关税无定数。但是,这每年四百万两的海防经费,并没有兑现。从长期

---

① 《康南海自编年谱》,中国近代史资料丛刊《戊戌变法》(四),神州国光社,1953年,第121—122页。

担任直隶总督兼北洋大臣，后来又会同办理海军事务的李鸿章和总理海军事务的醇亲王奕譞的奏折中，可以清楚地看出海防经费的报解情况。

光绪五年（1879）十月二十八日，李鸿章在奏折的附片中说：

> 查户部原拨南北洋海防经费，每年额款银四百万两。自光绪元年七月起至三年六月止，统解北洋。自三年七月起，分解南北洋各半。内除江苏、广东、福建三省厘金每年合拨一百万两丝毫未解，均经各该省自行留用外，其浙江、江西、湖北三省厘金，每年亦合拨一百万两。元、二两年，报解虽未尽如数，尚形踊跃，三年以后，报解更稀，约计该省各欠银五六十万不等。……至各海关拨定四成洋税，历经抵拨西征军饷，其分解南北洋海防已不及半，若再有意延欠，必至贻误事机。①

光绪八年（1882）八月二十八日，李鸿章在奏折中说：

> 昔年户部指拨南北洋海防经费，每岁共四百万两。设令各省关措解无缺，则七八年来水师早已练成，铁舰尚可多购。无如指拨之时，非尽有着之款，各省厘金，入不敷解，均形竭蹶。闽、粤等省复将厘金截留。虽经臣迭次奏请严催，统计各省关所解南北洋防费，约仅及原议拨四分之一。②

光绪十一年（1885）七月初二日，李鸿章在奏折中又说：

> 光绪元年，奉拨南北洋海防经费，名为四百万，大半无着，岁各仅得银数十万，只能备养船购器零用而已。③

---

① 中国近代史资料丛刊《洋务运动》（二），上海人民出版社，1973年，第424—425页。
② 中国近代史资料丛刊《洋务运动》（二），第531页。
③ 中国近代史资料丛刊《洋务运动》（二），第570页。

光绪十一年（1885）九月，清政府成立海军衙门，派醇亲王奕譞总理海军事务，派庆郡王奕劻、大学士直隶总督李鸿章会同办理，正红旗汉军都统善庆、兵部右侍郎曾纪泽帮同办理。北洋练军，由李鸿章"专司其事"[1]。每年四百万两的海防经费，拨给海军衙门。但是，报解的情况仍然不妙。

光绪十三年（1887）闰四月十四日，总理海军事务奕譞等奏：

> 臣衙门可指之项，则惟户部前拨之南北洋常年经费四百万两。……十二年分，除粤海等关洋税按结报解，湖北厘金全数解齐外，其江苏厘金，欠解十八万两，浙江厘金，欠解八万两，江西厘金，欠解十五万两。福建、广东两省厘金，均早经奏准，留归本省动用。沪尾、打狗两口洋税，亦奏拨作为台防经费。虽号称四百万两，而厘金以八成计算，合之关税，实数不及三百万两。江苏、浙江、江西竟欠解至四十一万两之多。积欠相沿，何所底止？是可指之款，几于不可指矣。[2]

为此，奕譞等请求慈禧下一道谕旨，严饬江苏、浙江、江西等省督抚，务将十二年分欠解海防经费赶紧筹解，并本年各省应解之项，亦当于年内扫数全清，不得丝毫蒂欠。至于福建、广东两省应拨海防经费，既经奏归本省动用，沪尾、打狗两口洋税，已归台防，亦请饬下户部，另筹的款相抵，以符原拨四百万两之数。慈禧太后同意了奕譞等人的请求，就此发布了上谕。此后的情况虽然好了一些，但是，海军衙门的经费仍很困难。光绪十三年（1887）十月，海军衙门因"东三省练饷及北洋三舰、四快船用款不敷筹拨"，奏请将光绪十年（1884）为中法战争

---

[1] 《光绪朝东华录》，光绪十一年九月辛丑（初六日），中华书局，1958年，第2009页。

[2] 中国近代史料丛刊《洋务运动》（三），上海人民出版社，1973年，第53页。

而开设的海防捐输展限一年。但是，光绪十四年（1888），黄河在郑州决口，户部将海防捐输改为河工事例。为了填补缺额，海军衙门请求在洋药税厘项下，自光绪十四年起，每年筹拨库平银一百万两。但是，户部以经费困难为理由，请"俟河工告竣，饷源稍裕，再由臣部奏拨应用。"① 于是，奕譞等于光绪十四年四月二十一日，又一次向慈禧发出呼吁：

> 查臣衙门部拨常年经费虽有四百万之数，而厘金向按八成拨解，并各关洋税及雷正绾军饷，每有解不足数。通盘牵算，岁入不过二百九十余万左右。岁出之项，北洋用款一百二三十万，南洋用款七八十万。现在撙节度支，北洋仅拨银九十余万两，南洋仅拨银五十余万两，并三舰薪粮十八万余两，四快船薪粮银二十二万余两，煤油修费二十余万两，东三省练饷一百万两，统计需款三百二十余万两。此就刻下用款而论，已属入不抵出。且三舰、四快船岁修经费有增无减，南北洋常年用款，现在撙节匀拨已有告竭之势，设使全部拨发，更成无米之炊。②

他们请求慈禧饬下户部，"无论如何为难，务将臣衙门前请筹拨洋药税厘银一百万两全数指拨；即使万不得已，亦须暂行筹拨银五六十万两，解交臣衙门，以济目前急需。一俟河工告竣，即由该部全部指拨应用"③。

光绪十四年九月，北洋海军练已成军，初定章程，用款日繁。海军衙门又一次奏请"于洋药税厘项下每年实拨银一百万两，以济要需"。经户部议复：自光绪十五年（1889）起，海军衙门新增经费银一百万

---

① 中国第一历史档案馆藏，户部奏折，光绪十四年四月六日。
② 中国近代史资料丛刊《洋务运动》（三），第59—60页。
③ 中国近代史资料丛刊《洋务运动》（三），第60页。

两，于各海关征收药厘项下照数拨给。①

以上情况说明：从光绪元年（1875）到光绪十五年（1889），海军经费一直是很困难的。光绪十五年（1889）至二十年（1894），也不可能有太多的改善。在这种情况下，怎么可能拿出一千万两、二千万两、三千万两来修颐和园呢？更不用说八千万两了。

海军三千万是没有的，铁路三千万也同样是没有的。

光绪十五年（1889）三月初二日，两广总督兼署广东巡抚张之洞奏请修筑芦汉铁路，"自京城外之芦沟桥起，经行河南，达于湖北之汉口镇"。他认为，这条铁路是"干路之枢纽，枝路之始基，而中国大利之所萃也"。②他的建议，得到了清统治者的重视。同年八月初二日，派李鸿章、张之洞会同海军衙门将一切应行事宜妥筹商办。③为了筹办这条铁路，张之洞被调任湖广总督。张之洞拟将芦汉铁路全程二千余里分为四段，"估计大约每里不过五六千金，一段不过四百万内外，合计四段之工，须八年造成，则款亦八年分筹"④。李鸿章"考之地志"，认为由芦沟桥经河南到达汉口，全长应是"约三千余里"，"非三千万两不能竣工"。"至于筹款之法，当以商股、官帑、洋债三者并行，始能集事。"⑤但是，洋债一事，本利消耗，大不合算，所以决定不借洋款，而华股又茫无的据，后来决定由户部每年筹拨款项二百万两专供铁路之用。⑥光绪十六年（1890）闰二月十一日，奕劻、李鸿章又密折奏陈：

---

① 中国第一历史档案馆藏，《军机处来文》。
② 中国近代史资料丛刊《洋务运动》（六），上海人民出版社，1973年，第254页。
③ 军机大臣字寄，光绪十五年八月初二日，中国近代史资料丛刊《洋务运动》（六），第262页。
④ 中国近代史资料丛刊《洋务运动》（六），第255页。
⑤ 总理海军事务奕𫍯等折，光绪十五年八月一日，中国近代史资料丛刊《洋务运动》（六），第259—261页。
⑥ 总理海军事务奕劻等折，光绪十五年十一月十四日，中国近代史资料丛刊《洋务运动》（六），第270—271页。

"关东铁路,视芦沟桥至汉口为尤急",建议"缓办芦汉铁路,先办关东铁路"。①清统治者采纳了他们的建议。从光绪十七年(1891)起,将每年由户部筹拨芦汉铁路的二百万两移作关东铁路的专款。②

以上事实说明,"非三千万两不能竣工",乃是李鸿章对芦汉铁路全程造价的估计。不论是芦汉铁路还是关东铁路,都不曾筹过专款三千万两,所谓筹款三千万,修筑关东铁路或芦汉铁路的事实是根本不存在的。

由于康有为的说法不符合事实,前后自相矛盾,不能不使人怀疑。光绪二十四年(1898),梁启超在写《戊戌政变记》一书的时候,基本上采用了康有为对《中国邮报》记者谈话的说法,他说:

> 光绪十年,马江之役,见侮于法兰西,其后群臣竞奏,请办海军,备款三千万,欲为军舰大队。乃仅购数艘,而西后即命提全款,营构颐和园……
>
> 芦汉铁路之议,起于十年以前,亦备三千万,以为兴筑,旋改筑山海关,通道盛京,亦提其余款,以修园囿。③

但是,康有为对记者的谈话,说是购了定远、威远、致远、靖远等四舰,梁启超则笼统地说"仅购数艘",康有为说铁路三千万的余款,是太后拿去"装饰颐和园去了",梁启超则笼统地说"提其余款,以修园囿",并不指明颐和园。园囿并不等于颐和园,这笔经费就不一定与颐和园有关系了。光绪二十五年(1899)梁启超在写《瓜分危言》的时候,干脆不提铁路三千万的事,他说:

> 自马江败后,戒于外患,群臣竞奏,请练海军,备款三千万,

---

① 中国近代史资料丛刊《洋务运动》(六),第272页。
② 军机大臣字寄,光绪十七年三月十三日,中国近代史资料丛刊《洋务运动》(六),第276页。
③ 中国近代史资料丛刊《戊戌变法》(一),第288—289页。

思练一劲旅……当海军初兴，未及两年而颐和园之工程大起，举所筹之款，尽数以供土木之用，此后名为海军捐者，实则皆颐和园工程捐也。①

梁启超为什么要修正自己的说法？因为铁路经费与颐和园无关，海军经费则与颐和园关系密切。颐和园"门栅内外，皆大张海军衙门告示"，那么，海军衙门为颐和园"经费之所从出"②，就是很自然的事情了。梁启超这一新的说法，虽然比康有为高明，成为后来一些人认为慈禧修颐和园挪用海军经费三千万两的依据，但是，慈禧修颐和园对海军的影响，并不像梁启超说的那样严重。就以北洋而论，光绪十四年（1888），北洋海军成军的时候，已有大小舰船二十五艘③，计有：镇远、定远铁甲二艘，济远、致远、靖远、经远、来远、超勇、扬威快船七艘，镇中、镇边、镇东、镇西、镇南、镇北蚊炮船六艘，鱼雷艇六艘，威远、康济、敏捷练船三艘，利运运船一艘。④这些舰艇，全部是光绪二年（1876）至光绪十四年（1888）间购置的。其中镇远、定远用银三百三十九万九千二百四十两。⑤致远、靖远、经远、来远用银三百四十八万两。⑥"蚊子轮船多号，縻费近二百万。"⑦这笔购船经费，就相当可观，更不用说买枪炮、修船坞、筑炮台等项开支了。

由于梁启超的新说与事实仍有很大距离，所以它的说服力也就有限。

---

① 《饮冰室合集》（一），中华书局，1989年，第40—41页。
② 《饮冰室合集》（一），第40—41页。
③ 奕譞等折，光绪十四年八月二十五日，中国近代史资料丛刊《洋务运动》（三），第64页。
④ 《北洋海军章程·船制》，中国近代史资料丛刊《洋务运动》（三），第196页。
⑤ 李鸿章折，光绪十三年二月初五日，中国近代史资料丛刊《洋务运动》（三），第41页。
⑥ 李鸿章折，光绪十四年五月初十日，中国近代史资料丛刊《洋务运动》（三），第61页。
⑦ 刘坤一：《复刘荫渠》，中国近代史资料丛刊《洋务运动》（三），第336页。

光绪二十八年（1902），洪全福、梁慕光联络会党，在香港、广州等处设立秘密据点，组织军队，筹运军装器械，准备于十二月三十日夜间起事，攻占广州，"务灭满清之政，重兴汉室"。为了使自己的宣传更符合实际，他们干脆抛弃了康有为、梁启超的说法，他们在《讨清檄文》中写道：

> 颐和园之建，乃清廷所居，非我汉人所到也。而初筑八百万，复修六百万，款项不足，税厘重征。货物之价既昂，田房之捐继起。民不堪命，已同涸辙之鱼；君尚晏安，无异怡堂之燕。①

这里说的"初建"，就是我们说的慈禧修建颐和园；"复修"，就是1900年颐和园遭到八国联军破坏后的修复。按照他们的说法，修建颐和园，只用了八百万两，经费的来源，既非海军，也非铁路，而是另外一笔"款项"，再加税厘和田房捐。但是，他们的说法也并不可靠。根据中国第一历史档案馆藏注明光绪二十八年八月的《颐和园各处岁修工程总号簿》的记载，颐和园各处岁修工程，共用银四十三万一千九百一十四两四钱七分七厘。② 这里的岁修经费，就是1900年颐和园遭八国联军破坏后的修复经费。因为这次破坏并不严重，不需大兴土木。而《辛丑条约》签订之后，清王朝的财政已濒于崩溃，更拿不出六百万两来修复颐和园。可见复修六百万，实属夸张，初修八百万，也是臆想之词，不足为据的。

二

颐和园是由海军衙门"承修"的，所需经费，亦由海军衙门"筹

---

① 《清代档案史料丛编》第一辑，第143页。
② 中国第一历史档案馆藏，《内务府杂件》。

画"①，颐和园经费和海军经费的关系，自然是十分密切的。但是，颐和园的名称，始于光绪十四年（1888）二月初一日，而颐和园工程，却早在光绪十二年（1886）海军衙门成立之后不久就开始了。

同治年间，慈禧曾两次想修复1860年被英法联军焚毁的名闻中外的皇家苑囿圆明园，都因为遭到舆论的反对而停止。所以颐和园工程，最初并不是以公开的形式出现的。

光绪十一年（1885）九月，海军衙门成立。明年八月，奕𫍽等奏请恢复昆明湖水操。九月初十日，翁同龢在日记中写道：

> 海军衙门会神机营奏，在昆明湖试小轮船，复乾隆水师之旧。②

十月二十四日，翁同龢又在日记中写道：

> 庆邸晤朴庵，深谈时局。嘱其转告吾辈，当谅其苦衷。盖以昆明易勃海，万寿山换滦阳也。③

庆邸即奕劻，朴庵即奕𫍽，勃海即渤海，滦阳即地处滦河之北的避暑山庄。昆明湖代替了渤海，万寿山代替了滦阳，就足以说明借办海军之名行修清漪园之实，在清统治集团中已不是什么秘密了。为了欺骗广大人民群众，光绪十三年（1887）冬，又设水师学堂于昆明湖。④但是，隐瞒是不能持久的，人们不仅知道了万寿山大兴土木，而且纷纷传说"圆明园工程亦由此陆续兴办"⑤。在这种情况下，清统治者不得不把清漪园工程公开，并取"颐养冲和"的意思，将清漪园改名颐和园。档

---

① 中国第一历史档案馆藏，光绪十八年十二月二十七日海军衙门片："臣衙门承修颐和园工程，用款本极繁巨，若再加以垫放三海工程，所需经费，更难筹画。"
② 《翁文恭公日记》，光绪十二年九月初十日，商务印书馆，1925年手稿影印本。
③ 《翁文恭公日记》，光绪十二年十月二十四日，商务印书馆，1925年手稿影印本。
④ 《清史稿》卷一百三十六《兵志七·海军》，中华书局，1977年，第4038页。
⑤ 《光绪朝东华录》，光绪十四年二月癸未（初一日），中华书局，1958年，第2414页。

案资料证明，在这个时候，颐和园的许多工程，如东宫门、勤政殿（仁寿殿）、玉澜堂、乐寿堂、排云殿以及南湖岛上的许多建筑，都已经开工甚至完成了。[①] 这些工程，既然不敢公开，它的经费，也就不可能以合法的形式出现，但是，从海军经费中开支，是不成问题的。

光绪十二年（1886）十一月，醇亲王奕𫍽函商李鸿章，"以工费支绌，拟借银款"。李鸿章即密饬署长芦运使本任津海关道周馥、署津海关道刘汝翼与在天津的各银行妥商办理。因为英商汇丰、丽如，法商新盛各银行，或息银较多，还本太速；或须照镑价，并索劳金。李鸿章又让他们"逐细磋磨，择便商借"。后来，他们得知德国华泰银行可以借款，而设于天津的德国礼和银行，一向代华泰办事。于是，由道员伍廷芳向该行代理人连纳询商，连纳情愿密电华泰借款。不久议妥，订立合同五条，同意借给马克五百万，按时价约合银九十七八万两，年息五厘五毫，以西历十五年为期，先五年还利，后十年带利还本，利银即按本递减。进出皆以马克合银，各按时价。这项借银，自光绪十三年（1887）二月二十一日起，至闰四月初二日止，分作十二次，每次五十万马克，由柏林换成银两，汇至天津，交津海关道兑收，听候海军衙门提取，分批解京应用。[②] 借这五百万马克，是因为"工款支绌"，当然是用于皇家工程。当时的皇家工程有两项：一项是清漪园（颐和园），一项是西苑（三海）。西苑和清漪园，虽然同是皇家工程，但是，由不同的单位"承修"。西苑由奉宸苑承修，清漪园则由海军衙门承修。承修的单位不同，经费的来源也不一样。清漪园经费，由海军衙门分放，西苑工程，有时经费困难，也请海军衙门"垫放"。分放不需归款，

[①] 参阅拙著《颐和园修建年代考》，《近代京华史迹》，中国人民大学出版社，1985年，第472—182页。

[②] 李鸿章折，光绪十三年正月初五日，《清末海军史料》，海洋出版社，1982年，第629—630页。

"垫放"则需筹还。光绪十二年（1886）五月四日，奉宸苑因承修西苑工程，款不敷用，奏准于海军衙门发存英商汇丰银行生息船款内暂提三十万两以济急需，同时札行粤海关监督于前次派筹一百万两内拨还清款。但是，海军衙门曾与该行议定，如一月内取回一万两以上者，须先一个月通知。而西苑工程急于用款，于是，经慈禧批准，由海军衙门存款内先行匀借银三十万两，发交奉宸苑承领。光绪十二年六月初二日，海军衙门在奏片中说："借拨奉宸苑修工银三十万两，先由海军衙门垫发。"在这同时，海军衙门就抄录批文和原片，咨行奉宸苑、户部查照，并札行粤海关监督"迅即照数筹拨解赴本衙门归款，勿稍迟延"①。可见西苑经费和清漪园经费是不能混为一谈的。明明是工程用款，却说是作为"会办海军需用"②，它是为重修清漪园而借的款项，当是不成问题的。

光绪十四年（1888）二月初一日发布了"造园上谕"以后，颐和园的名称公开出现了，为颐和园筹款、拨款、借款的记载就陆续在清王朝的官文书中出现了，从这些记载可以看出，颐和园修建经费的几个主要来源。

1. 从海军经费中拨给

光绪十五年（1889）六月十一日，奕劻等在奏片中说：

> 臣衙门自开办以来，部拨各款、原备南北洋海防经费，东三省练饷，水操内外学堂各项费用浩繁，本有入不敷出之势，又加以颐和园工程需款亦属不赀，又不能不竭力兼筹，用蒇要工。通盘计算，海军经费果能按年全数解清，尚可勉强挹注。以今岁而论，即可每年腾挪三十万两，拨交工程处应用。③

---

① 中国第一历史档案馆藏，《醇亲王府档》，《清末海军史料》，第 682 页。
② 李鸿章折，光绪十三年正月初五日，《清末海军史料》，第 629 页。
③ 中国近代史资料丛刊《洋务运动》（三），第 117 页。

这份材料，明确告诉我们，海军经费是颐和园修建经费的来源之一。海军衙门"每年腾挪三十万两，拨交工程处应用"，而无须像西苑工程借款那样筹还，这是由于海军衙门承修颐和园的缘故。

光绪十七年（1891）二月十六日，奕劻等在奏片中又说：

> 颐和园自开工以来，每岁暂由海军经费内腾挪三十万两，拨给工程处应用。①

从这份材料看，由海军经费内腾挪三十万两，拨给颐和园工程处，并不只是光绪十五年（1889）。但是，"颐和园自开工以来"，究竟从光绪十二年（1886）算起，还是从光绪十四年（1888）算起？这种情况，持续了多少年？由于资料缺乏，我们就难以断定了。

海军常年经费，是颐和园修建经费的来源，海军新增经费，也同样是颐和园经费的来源。光绪十四年，海军衙门因经费困难，奏请由户部每年添拨洋药加税银一百万两，奕譞在奏折中明确地讲了这一百万两的用途。他说：

> 臣奕譞本意，以三十余万两补放款之不足；以二十万两分年缴还赏借三海之款；其余四十万两，一半修颐和园等处工作，一半留为续办第二枝海军经费。②

这项新增经费，从光绪十五年（1889）起，户部照数拨给。但是，海军衙门是否按奕譞原来的设想将其中的二十万两用于颐和园等处工程，我们还没有发现这方面的资料。

2. 海军巨款息银

海军衙门成立后，使奕譞等感到困扰的一个问题，就是海军经费

---

① 中国近代史资料丛刊《洋务运动》(三)，第141页。
② 中国第一历史档案馆藏，《朱批奏折》，《清末海军史料》，第684页。

历年拖欠，进出多有不敷，颐和园工程又给海军衙门增加了负担。但是，颐和园工程紧要，用奕谭的话来说："今日万寿山恭备皇太后阅看水操各处，即异日大庆之年皇帝躬率群臣祝嘏胪欢之地。先朝成宪具在，与寻常仅供临幸游豫不同。"① 为了备海军要需，同时也为了颐和园的修建，奕谭想出了一个主意："筹一大笔银款，存诸北洋生息。本银专备购舰设防一切要务，其余平捐输二款，拟另款存储，专备工作之需。"② 光绪十四年（1888）冬，他将这一想法函告李鸿章，要李鸿章转商两江、两广、湖广、四川、江苏、湖北、江西各督抚，量力认筹。不久，各督抚先后电复：广东认筹银一百万两，两江认筹银七十万两，湖北认筹银四十万两，四川认筹银二十万两，江西认筹银十万两，直隶认筹银二十万两，共银二百六十万两。这就是人们常说的海军巨款。这一目标的实现，使奕谭满怀喜悦，他在奏折中称赞李鸿章、张之洞、曾国荃、裕禄、奎斌、刘秉璋等督抚"急公济用，相助为理。不惟海防缓急足恃，腾出间杂各款专顾钦工，亦不致有误盛典"③。这二百六十万两海军巨款，自光绪十五年（1889）二月起至光绪十八年（1892）五月止，陆续解往天津，汇存生息，"所得息银，专归工用"④。

　　光绪十七年（1891）四月，海军衙门奏准，从实存出使经费中"暂行借拨颐和园工程银一百万两，由津生息项下，按年尽数归还"⑤。光绪十八年（1892）五月，新疆添设电线，经海军衙门于天津生息项下划拨银五万两。十一月间，新疆展设喀什噶尔电线，复经海军衙门于天津生息项下划拨银十四万两。光绪二十年（1894）四月，塔城新设电线，复

---

① 中国第一历史档案馆藏，光绪十四年十二月十五日海军衙门奏，《洋务运动·海军152》。
② 中国第一历史档案馆藏，光绪十四年十二月十五日海军衙门奏，《洋务运动·海军152》。
③ 中国第一历史档案馆藏，光绪十四年十二月十五日海军衙门奏，《洋务运动·海军152》。
④ 光绪十七年二月十六日总理海军事务奕劻等片，中国近代史资料丛刊《洋务运动》（三），第141页。
⑤ 奕劻、福锟等折，光绪十七年八月二十五日，中国第一历史档案馆藏，《朱批奏折·海军》。

经海军衙门于天津生息项下拨银四万两,均作为归还出使经费之款。但是,这二百六十万两巨款,究竟生出了多少息银?用于颐和园的又有多少?我们就不清楚了。

3. 海防新捐垫款

海防捐的开设,始于光绪十年(1884)中法战争期间。光绪十三年(1887),黄河郑州段决口,改为河工捐。光绪十五年(1889),海军衙门因筹款紧要,奏准将河工捐停止,仍改为海防捐。这就是海防新捐。光绪十三年(1887)以前的海防捐,和颐和园没有关系。光绪十五年(1889)以后的新海防捐,和颐和园就有关系了。

颐和园的修建经费,主要来自海军经费拨款和海军巨款息银。但是,拨款为数不多,巨款汇解需时,都不能满足颐和园工程的需要,于是,从新海防捐输项下挪垫,就成为颐和园修建经费的第三个来源。

光绪十七年(1891)二月十六日,总理海军事务奕劻等在奏片中说:

> (颐和园)每年拨工之款,原属无多,各省认筹银两,亦非一时所能解齐。钦工紧要,需款益急。思维至再,只有腾挪新捐,暂作权宜之计。所有工程用款,即由新海防捐输项下暂行挪垫。一俟存津生息集有成数,陆续提解臣衙门分别归款。①

这一经费来源,不同于海军经费拨款和海军巨款息银。这是属于"挪垫",是要用存津生息的海军巨款息银陆续提解归款的。

光绪二十年(1894)七月十四日,户部在议复文廷式奏请停止捐例折中说:

> 自光绪十五年新海防开例以来,京外所收捐项不下八百余万,

---

① 中国近代史资料丛刊《洋务运动》(三),第141页。

以常年通计，每年约收银一百七八十万两。①

但是，这项新海防捐，并不像梁启超所说"名为海防捐者，实则皆颐和园工程捐也"②，全部用于颐和园了。奕劻等在光绪十七年（1891）二月十六日的奏片中就曾明确地说：

> 臣衙门就岁入之款而论，每年拨发南北洋、东三省及各项杂支，无事之秋，尚虞不敷。况海军初创，布置一切，用度实繁，幸赖海防新捐稍资补苴。③

光绪十九年（1893）十二月初二日，户部在拟请将新海防捐输再展办一年的奏折中又说：

> 此项捐输，专为本衙门筹备海防之用。现在，北洋一支虽已成军，船炮台垒粗具，仍须随时相度机宜，详慎筹办一切，用款尚繁。而南洋沿海各省，造船修垒，亦当次第经营，并台湾截留捐款，归补修建铁路经费及垫放颐和园修工银两，动辄均须巨款。④

可见，垫放颐和园修工银两，只是新海防捐用款的一个方面。但是，由于资料缺乏，新海防捐项下究竟垫放过颐和园工程银多少？由津生息巨款息银提解归款多少？我们就不得而知了。

4. 颐和园常年经费

颐和园工程，是在舆论的压力下被迫公开的。所以"造园上谕"中竭力缩小颐和园工程的规模，并说："工料所需，悉出节省羡余，未动

---

① 中国第一历史档案馆藏，《内务府杂件》。
② 梁启超：《瓜分危言》，《饮冰室合集》（一），第40页。
③ 中国近代史资料丛刊《洋务运动》（三），第141页。
④ 中国第一历史档案馆藏，《财政·房租捐输》。

95

司农正款,亦属无伤国计。"①企图以此消除舆论的不满。工程公开以后,慈禧仍然担心舆论的反对。光绪十四年十二月十五日(1889年1月17日),紫禁城贞度门失火,延烧太和门及库房等处。这样的事件,在封建社会总是被看作上天对统治者提出的警告,这就为反对兴修颐和园的人提供了新的理由。慑于舆论的压力,慈禧不得不发布一道懿旨,说什么贞度门失火,虽然是由于管理人员不小心,但是,"遇灾知儆,修省宜先。所有颐和园工程,除佛宇及正路殿座外,其余工作,一律停止"②。表面上说停止,实际上是照常进行。光绪十六年(1890)九月十五日,御史吴兆泰奏请节省颐和园工程,慈禧勃然大怒,以光绪的名义发布上谕,对吴兆泰进行严厉的申斥,除了重复她在"造园上谕"中的"理由"之外,就是指责吴兆泰"冒昧已极","着交部严加议处"③。这就是说,欺骗已不能解决问题,于是使出她的另一张王牌,以封建专制的淫威,杀一儆百,使别人不敢再阻止她兴修颐和园了。

但是,慈禧修颐和园,毕竟是不得人心的。为了不让人再提兴修颐和园的事,她又玩了新的一招。

光绪十七年(1891)四月二十日,慈禧以光绪的名义发布上谕,说颐和园工程"即将告竣",四月二十八日,她就要"幸颐和园,即于是日驻跸,越日还宫"。从此,她就要"往来游豫",在这里"颐养冲和"了。④既然颐和园工程已经结束,反对兴修颐和园的议论也就可以从根本上杜绝了。

此后,慈禧常有去颐和园的活动,因此,有的记载也说"光绪十七年颐和园蒇工"了。

---

① 《光绪朝东华录》,光绪十四年二月癸未(初一日),第2414页。
② 《光绪朝东华录》,光绪十四年十二月丁酉(二十日),第2552页。
③ 中国第一历史档案馆藏,《起居注册》,光绪十六年九月上。
④ 中国第一历史档案馆藏,《起居注册》,光绪十七年四月下。

其实，颐和园工程在光绪十七年（1891）不但没有"将次告竣"，相反，正在全面展开，一些大的工程，如佛香阁、大戏楼、谐趣园等还刚刚开始。为了在颐和园庆祝她的六十大寿，她对修建工作抓得非常之紧。主管修建的官员，每五天要向她作一次工程进度的书面报告。为了加快进度，甚至春节期间也不让工人休息。所谓"将次告竣"，完全是为了欺骗。

随着宣布颐和园工程竣工，光绪十七年（1891）五月，经户部奏准，于粤海关常税项下拨银三万两，闽海关常税项下拨银一万两，共四万两，作为颐和园的常年经费，由该两关监督按年照数批解。光绪十九年（1893），颐和园因动用不敷，奏请由户部找领银二万七百余两，户部照数发给。光绪二十年（1894），颐和园又奏请由户部找领银二万八千一百九十六两六钱九分九厘。户部虽仍照数发给，但是却感到"嗣后颐和园经费，如仍照常不敷，按年由臣部找发，部库实无以应"。经共同商酌，奏请："除照案由粤海、闽海两关按年拨解经费四万两外，拟再由粤海关常税项下添拨银一万两，以为常年经费不敷之用。"① 从此，颐和园的常年经费就固定在五万两之数，如有盈余，仍遵照奏案归入次年应用，设遇不敷，不得再由户部找发了。

5. 颐和园岁修经费

光绪二十年（1894），中日甲午战争爆发，清王朝遭到失败，北洋海军全军覆没。光绪二十一年（1895）三月，海军衙门裁撤，海军经费改解户部。颐和园主要的经费来源断绝了，颐和园工程不得不草草收场。户部在所收土药税厘内，每年提银十五万两，作为颐和园的岁修经费。② 光绪三十四年（1908），光绪、慈禧先后死去，清王朝的经济更加困难。宣统元年（1909），将颐和园岁修经费减为五万两。两年之后，

---

① 户部折，光绪二十一年五月，中国第一历史档案馆藏，《军机处来文·财政经费》。
② 户部折，光绪二十二年十二月，中国第一历史档案馆藏，《军机处来文·海军》。

清王朝也就灭亡了。

颐和园的常年经费和岁修经费,都由户部拨给,与海军衙门无关。常年经费在颐和园停工以前的部分,可以计入颐和园修建经费。岁修经费,全部是在颐和园停工以后,因系用于颐和园的岁修工程,就不应计入颐和园修建经费之内了。

三

从目前情况看,要想从海军经费的收支弄清颐和园的修建经费是不可能的。但是,通过别的途径,求出一个比较符合实际的数字,却是能够做到的。

光绪十四年(1888)二月初一日的上谕中说:

> 万寿山大报恩延寿寺为高宗纯皇帝侍奉孝圣宪皇后三次祝嘏之所。敬踵前规,尤征祥洽。其清漪园旧名,谨拟改为颐和园。殿宇一切,亦量加葺治,以备慈舆临幸。恭逢大庆之年,朕躬率群臣,同伸祝悃,稍尽区区尊养微忱。①

这篇上谕,说明了一个事实:颐和园的前身是清漪园。但是,在1860年英法联军侵略中国的时候,清漪园与圆明园、畅春园、静明园、静宜园等皇家苑囿都已被侵略者焚毁,变成一片废墟的事实,却被清统治者隐瞒了。

同治十年(1871)四月初十日,著名诗人王闿运和他的朋友徐树钧、张雨珊"约访故宫",在驻守参将赵承恩的带领下,"命仆马,过绣漪桥寻清漪园遗迹",但见"颓垣断瓦,零乱榛芜,宫树苍苍,水鸣呜

---

① 《光绪朝东华录》,光绪十四年二月癸未(初一日),第2414页。

咽"①。王闿运在《圆明园词》中写道："玉泉悲咽昆明塞，惟有铜犀守荆棘。青芝岫里狐夜啼，绣漪桥下鱼空泣。"②可见，后来的颐和园，并不是在清漪园旧有殿宇的基础上"量加葺治"，而是在清漪园的废墟上修建的，"殿宇一切，均系旧有工程"③，只不过是为了欺骗群众而已。

从于敏中等人奉旨编纂，最后又经乾隆"钦定"的《日下旧闻考》关于清漪园的记载可以看出，后来的颐和园，基本上是沿袭了清漪园的布局，前山前湖的建筑，有的按旧式重建，有的则改变了原来的形状和名称。后山后湖的建筑，除了为安置原大报恩延寿寺的佛像，在原为三层的香岩宗印之阁的废墟上兴建了一座一层的同名的庙宇之外，清漪园时期的其他建筑均未恢复。但是，为了适应新的需要，慈禧在颐和园的一些地方，特别是在东部兴建了一大批为行政和生活服务的建筑。从园林部分看，颐和园的规模不如清漪园；从总体看，颐和园和清漪园的建筑又是大体相当的。

乾隆修清漪园，共用了多少白银呢？大学士傅恒、内务府大臣三和等在清漪园工程结束以后奏称：

> 万寿山（清漪园）自乾隆十五年（1750）兴修起至二十九年（1764）工竣，通共领收过银五百六十九万五千六百三十九两六钱八分五厘。万寿山修建工程用过银四百八十九万七千三百七十二两三钱四分六厘，内除各项木植旧料抵银四十九万四千五百二十两三钱九分三厘，实净销银四百四十万二千八百五十一两九钱五分三厘。④

---

① 徐树钧：《圆明园词序》，中国近代史资料丛刊《第二次鸦片战争》（二），上海人民出版社，1978年，第514页。
② 中国近代史资料丛刊《第二次鸦片战争》（二），第519—520页。
③ 中国第一历史档案馆藏，《起居注册》，光绪十六年九月十五日。
④ 中国第一历史档案馆藏，傅恒等折，乾隆三十二年七月十七日。按：原折，此处实净销银为四百四十八万二千八百万五十一两九钱五分三厘，但后文却为四百四十万二千八百五十一两九钱五分三厘，经核算，应为后者，"八"字系笔误，今改正。

乾隆三十二年（1767），乾隆根据大学士傅恒的建议，派遣内务府大臣高恒、郎中特克慎等对万寿山等工用过银两进行查核，他们将"原存领收支发册档呈稿案件以及工竣奏销折册逐一彻底核算"，结论是："所有各该工领用过银两数目与现今查奏之数，均属相符。"①

这份材料告诉我们，乾隆修清漪园，历时十五年，共用银四百四十万二千八百五十一两九钱五分三厘。由于情况不同，我们不能把颐和园与清漪园的修建经费之间画一个等号，但是，它对于我们研究颐和园的修建经费，是有参考价值的。

关于颐和园，我们没有发现像清漪园这样完整的奏报和查核用银情况的材料。从当时的情况看，也不可能形成这样的文件。因为，在光绪十四年（1888）以前，颐和园工程没有公开，光绪二十年（1894）以后，又因清王朝在中日甲午战争中遭到失败，北洋海军全军覆没，海军衙门裁撤而不得不草草收场。本来慈禧还想把颐和园的后山后湖稍加修整，此时也只好作罢。现在，我们发现的是清代主管皇家工程的专门机构算房关于颐和园许多工程的《做法钱粮底册》或《工料银两细册》，这些"底册"或"细册"，是算房根据样式房的设计而做出的用工、用料、用银的估算，相当于我们现在的预算，估算虽然不等于用银的实际数字，但是二者之间，不可能相差得太多。估少了，多出的部分不能报销；估多了，主管部门审核时就不能通过。我们发现的这些材料，有五十六项工程，共用银三百一十六万六千六百九十九两八钱三分三厘。②

---

① 中国第一历史档案馆藏，傅恒等折，乾隆三十二年七月十七日。
② 北京图书馆（今国家国书馆）藏，《样式雷资料》。

序号	项目名称	用银数（两）
1	修补东宫门外牌楼一座并桥座、河桶、甬路等工	31871.979
2	海军衙门	2669.000
3	颐和园堂档房并步军统领衙门值房	31152.844
4	堂档房正房明间后檐装修等工	1613.128
5	外边各项值房	24192.976
6	乾清门侍卫等值房	5991.619
7	銮仪卫库房值房	27116.256
8	升平署	65431.052
9	仁寿殿并南北配殿内檐装修等工	28550.387
10	仁寿殿南北配殿后院添建库房值房并甬路等工	7900.807
11	耶律楚材祠堂殿座、房间、墙垣、甬路、海墁等工	10682.617
12	知春亭并添修木平桥泊岸、码头、甬路等工	31366.942
13	无尽意轩各座房间、游廊、花墙、甬路、泊岸、河池起刨渣土等工	21339.436
14	千峰彩翠城关	1828.840
15	佛香阁楼亭、山门、游廊、方亭、幅式踏跺、围墙、海墁等工	785634.689
16	排云殿各座添安内檐装修	67015.774
17	排云殿等处添做陈设石座	7360.000
18	转轮藏楼亭、游廊、牌楼、泊岸、墙垣、海墁等工	33099.984
19	画中游前随竖大八方亭运走物料成搭天桥一座	2137.340
20	画中游一座三间	1215.089
21	画中游前廊东山转角游廊等十七间	2894.544
22	画中游添修叠落、泊岸、宇墙、点景、山石、盘道、甬路、海墁、泄水暗沟等工	38249.556

续表

序号	项目名称	用银数（两）
23	两边重檐八方亭	923.432
24	重檐八方楼亭	2491.232
25	爱山、借秋	2441.283
26	写秋轩各座房间、亭座、游廊等工	35815.471
27	云松巢各座房间、亭座、游廊、泊岸、墙垣、甬路等工	34176.784
28	餐秀亭改建福荫轩卷书式平台一座并游廊等工	16127.096
29	湖山真意	454.688
30	石丈亭迤北垂花门院内添建各座房间并寄澜堂、延清赏、五圣祠各座房间、墙垣等工	102447.297
31	石丈亭迤北垂花门内主位住室并寄澜堂各座内檐装修等工	14033.768
32	石丈亭迤北补建穿堂殿各座并值房、游廊、城关、桥座、泊岸、墙垣、甬路等工	77397.340
33	改建景福阁一座，以东添建厦间、游廊、墙垣、海墁、甬路等工	88630.916
34	谐趣园内涵远堂各座房间、游廊、桥座、泊岸、墙垣、甬路等工	351722.550
35	谐趣园内湛清轩各座添安内檐松楸木细装修	13127.390
36	紫气东来城关	2486.484
37	颐和园内戏台、戏楼、殿座、看戏廊、值房等工	710208.935
38	三世佛大殿、山门、墙垣、泊岸等工	51551.067
39	颐和园后山各处添修改修盘道、甬路并码头等工	57314.420
40	万寿山后山值房、大墙并修理冲刷大堤、涵洞等工	2118.841
41	万寿山北面大墙增高并修理涵洞等工	3655.439

续表

序号	项目名称	用银数（两）
42	昆明湖各处开挖船道并添修桥座等工	29545.488
43	昆明湖周围并各处添修码头、泊岸等工	12688.153
44	颐和园界湖桥、绣漪桥等处原修涵洞、桥座帮宽木板桥、添安闸桄等工	3820.303
45	长春桥以北，廊如亭以南添修码头并成挡水坝等工	5069.735
46	寿膳房房间、墙垣、甬路、泊岸、泄水沟等工	68052.674
47	寿膳房东所正房一座七间前金改安支摘窗等内檐装修	2731.792
48	寿膳房西所正房一座改安支摘窗等内檐装修	3964.008
49	御膳房房间、墙垣、甬路、泄水沟等工	51774.762
50	御膳房各座添安玻璃、纱屉、铁幔等工	1503.406
51	东宫门外迤南添修膳房	45210.764
52	南花园	39562.056
53	南花园前院改修大门一间两山顺山房四间	4486.578
54	养花园	43723.079
55	养花园花洞一座	65.763
56	大他坦	58061.980

这五十六项工程，都是光绪十四年（1888）以后兴建的。大约占颐和园工程的一半以上，光绪十四年以前就已经开始甚至已经完成的建筑物，如仁寿殿、玉澜堂、乐寿堂、排云殿、长廊以及南湖岛上的各组建筑物的估算则没有或者不完全。但是，这部分材料，不仅告诉我们这些工程用银的约数，而且为我们估算其他建筑物用银提供了重要的依据。我们认为，说颐和园的修建经费在五百万至六百万两之间是比较符合实

际的。当然，这只是就建筑本身而言，至于室内的陈设，那又是另外一个问题了。

（原载《清史研究》1993 年第 1 期）

万寿山拆塔建阁之谜

乾隆十六年（1751），乾隆为了给自己的母亲崇庆皇太后庆祝六十周岁生日，在万寿山的南面修建一座规模宏伟的大报恩延寿寺。寺后，仿浙江杭州六和塔修建一座九层的延寿塔，修到第八层就"遵旨停修"，改建一座八面三层四重檐的佛香阁。长期以来，人们对拆塔建阁的原因曾做过种种解释：有人认为是惑于风水之论，有人认为是慑于灾异示警，也有人认为是出于园林布局的考虑。但是，迄今为止，还没有人拿出令人信服的证据。因此，万寿山的拆塔建阁，仍然是一个未解之谜。

早在清代，就有人对这个问题做过解释。吴振棫在《养吉斋丛录》卷十八中说：

> 清漪园，在圆明园西约五里，即万寿山。旧名瓮山，前临昆明湖。乾隆辛未，皇太后六旬圣寿，就山阳建大报恩延寿寺，因易山名曰万寿。寺后，初仿浙之六和塔建窣堵波。未成而圮。因考《春明梦余录》，谓京师西北隅不宜建塔，遂罢更筑之议。

吴振棫，字仲云，号毅甫，浙江钱塘（今杭州市）人。嘉庆十九年（1814）进士，选庶吉士，授编修。历任贵州按察使、四川总督、云贵总督。著名学者缪荃孙在综述清代掌故之学，感慨于文献无征，流为郢书燕说时,却推崇《养吉斋丛录》"择精而语详"①。但是,这条材料,并未注明来源。对它的真实性,人们不能不有所怀疑。1993年8月,中国人民大学出版社将鲜为人知的乾隆御制诗文集五百七十六卷全部影印出版,人们才知道吴振棫的说法来自乾隆。

乾隆二十五年(1760),乾隆在《新春游万寿山报恩延寿寺诸景即事杂咏》的第二首中说:

> 宝塔初修未克终,佛楼改建落成功。
> 诗题《志过》人皆见,慈寿原同山样崇。

诗后自注云:"先是,欲仿浙江六和塔式建塔,为圣母皇太后祝釐,工作不臻而颓。因考《春明梦余录》,历载京城西北隅不宜高建窣堵,乃罢更筑之议,就其基改建佛楼,且作诗纪实,题曰《志过》云。"②

这首诗和注,清楚地说明了万寿山拆塔建阁的原因。但是,《春明梦余录》中,并没有"京城西北隅不宜高建窣堵"的记载,而近在咫尺的玉泉山,却有一座仿镇江金山妙高峰的九层宝塔,这就是静明园十六景之一的"玉峰塔影"。玉泉山和万寿山同样在"京城西北隅",为什么在玉泉山可以建塔,万寿山就不能建塔呢?乾隆虽然是当事人,他的解释却不能令人信服。如果我们读一读他写于乾隆二十三年(1758)二月的《志过》,又可以得出另一种结论。

《志过》全文如下:

> 延寿仿六和(1),将成自颓堕。
> 梵寺效报恩(2),复不戒于火。
> 初意缘祝釐,佛力资善果。

---

① 《古学汇刊序》。
② 《乾隆御制诗集三集》卷二。

虽弗事徭役（3），究属勤工作。
慈寿天地同，凝借象教夥。
此非九仞亏，天意明示我。
一念敬怠间，圣狂分右左。
无逸否转泰，自满福召祸。
南北况异宜，窣堵建未妥。
惟是回禄延，遗迹春明颇。
聊将剔灰烬，率与除墖垛。
苟完仍旧观，地因邻驭娑。
罢塔永弗为，遂非益增过。

原注：

（1）万寿山延寿寺后曾拟建六和塔。

（2）大西天，明时所有梵刹也。其北欲效江宁为报恩塔。

（3）本朝凡百工役皆发帑和雇，从不派闾阎。[①]

原来，乾隆为了给母亲祝寿，在万寿山仿杭州六和塔修建延寿塔之外，在明代庙宇大西天的北面还仿南京报恩塔修建一座九层的琉璃塔。但是，前者修到第八层就倒塌了，后者则在修建过程中被火焚毁。乾隆认为，清王朝自开国以来的一切工程，虽然并不是无偿地动用民力，但是，工程毕竟太多。南方和北方情况不同，在北京仿建南方的高塔是不妥当的。延寿塔的倒塌和报恩塔的被焚，就是"天意"对自己的明示，坚持错误会造成更大的错误。所以，把报恩塔的规模缩小，延寿塔则不再重修。在这里，乾隆根本没有提到《春明梦余录》的"京城西北隅不宜建窣堵"，而是强调"天意"。拆塔建阁的原因，只不过是担心"遂非

[①]《乾隆御制诗集二集》卷七十七。

益增过"而已。

那么，拆塔建阁是否与风水之论无关呢？我认为并非如此。《春明梦余录》中，虽然没有"京城西北隅不宜建窑堵"的记载，但是，书中收录的朱鉴《兴建吉凶疏》，对于万寿山的拆塔建阁是有影响的。为了了解《兴建吉凶疏》，有必要介绍一些有关的情况。

北京西长安街靠近西单牌楼的地方，在金代有一座著名的庙宇——庆寿寺。海云、可庵两位高僧曾先后主持该寺，死后葬于寺中。《帝京景物略》说："西长安街双砖塔，若长少而肩随立者，其长九级而右，其少七级而左。九级者，额曰：特赠光天普照佛日圆明海云佑圣国师之塔。七级者，额曰：佛日圆照大禅师可庵之灵塔"[1]。因为这两座灵塔，所以，庆寿寺又名双塔寺。元代初年，规划大都城的时候，北面的城墙正好通过海云、可庵两位高僧的灵塔。为了表示对两位高僧的崇敬，元世祖忽必烈"敕命远三十步许环而筑之"[2]。明正统十三年（1448）二月，权重一时的太监王振以庆寿寺"朽敝"为理由，建议重修。为此，英宗命役军民万人，费物料巨万。"既成，壮丽甲于京都内外数百寺"，改名大兴隆寺。寺前树牌楼，号"第一丛林"。[3]

这时的明王朝，阶级矛盾、民族矛盾都已十分尖锐。正统十二年（1447）十月，在闽、浙、赣交界处的山区，矿夫叶宗留率流民起义，称大王。正统十三年四月，江西农民邓茂七于福建宁化率众起义，号铲平王。两支起义军遥相呼应，屡败官军。广东、广西的瑶民，湖广、贵州的苗民也相继起义。长城以北，瓦剌迅速崛起，不断入侵。明王朝的统治面临严重危机。在这样的背景下，右副都御史朱鉴向英宗上了《兴建吉凶疏》。

---

[1] 刘侗、于奕正：《帝京景物略》卷四，北京古籍出版社，1980年，第157—158页。
[2] 《日下旧闻考》卷三十八，北京古籍出版社，1981年，第598页。
[3] 《明英宗实录》卷一百六十三。

此疏一开头,就以阴阳家"地有四势,气从八方"的理论为依据,提出了"国都为天下之根本,而皇城又国都之正宫,凡有兴作,不可不慎"的观点。接着,他分析了北京的外局和内局。他认为,北京外局的"四势"是"龙弱虎强,山无四顾,喜得有水,亦嫌反跳"。外局的"四势"虽然不好,但是,"帝星所临,故不必论"。下面,作者将重点转向内局"四势"的分析。他认为,过去以北平布政司为正宫,故以晨昏钟鼓在前,现在以奉先殿为正宫,晨昏钟鼓不宜在后。因为,按照阴阳家的理论:"左为青龙,右为白虎,前为朱雀,后为玄武。左为阳,右为阴。青龙宜动,白虎、朱雀、玄武宜静。"他认为,"自永乐、宣德以来,各衙门在东,青龙头旺,庆寿寺衰微,浮图破坏,故不为灾,居住安稳,国家无事。近年以来,却将白虎头上庆寿寺重新修盖,朝暮焚香,钟鼓齐鸣,又将二浮图鼎新修理。虎嫌生角,龙怕无睛。且闻庆寿寺金人所造,革之可也,何为重修?二浮图金人所创,除之可也,奚为复建?加以西山一带新造寺宇数多,本欲求福,殊不知反助其为虐耳。以致江南草寇生发,塞北烟燧不宁,皆因白虎头兴旺之所致也。虽有关于天数,亦必本于人事。阴阳之术,不可尽信;地理之书,亦不可不信。细民之家,尚欲趋吉;皇城之内,可不避凶?"他建议:"先将庆寿寺庐其居,移其人,杜其门,弛其钟鼓,去其二浮图。候边境宁息无事之日,将寺移去东边旧工部地方起造,改为龙兴寺,可建二浮图,任其鸣钟鼓以耸青龙头。仍将顺天府钟鼓楼移来东台基厂之内起盖,晨昏扣撞,以敌白虎臂。又将顺天府移来旧都察院,又将大兴、宛平并三儒学移来旧吏、户、礼三部地方开设,以配三法司。务使青龙动而且兴、白虎静而且安。其玄武门以北顺天府地方取正,改作库藏,以收天下黄册、图籍,以压玄武之地。或得余暇,再于城之东南巽地之角起盖功臣庙,可助外局之龙。庶得四势动静相宜,八方气候相应,则国康民安,天下太平矣。"①

这篇奏疏，在今天看来是十分荒唐可笑的。但是，这样的言论，居然出现在明王朝中央大员的奏疏之中，可见当时人们对风水的迷信到了何等程度。

尽管朱鉴把"江南草寇生发，塞北烟燧不宁"都归咎于庆寿寺的"重新修盖"和两座古塔的"鼎新修理"，但是，在王振手握重权的情况下，他的意见自然不可能得到采纳。

正统十四年（1449）七月，瓦剌首领也先兵分四路，由辽东、宣府、甘肃、大同大举入侵，在王振的怂恿下，英宗御驾亲征。八月十五日，在怀来城东二十里的土木堡全军覆没，英宗被俘，王振及六十余名公卿重臣死于乱军之中。也先认为，俘虏了英宗，就有了和明王朝讨价还价的资本。但是，当英宗被俘的消息传到北京之后，明王朝就立英宗之弟郕王朱祁钰为帝，年号景泰，尊英宗为太上皇。在兵部尚书于谦的领导下，广大军民奋起反击，获得了北京保卫战的伟大胜利。对于也先来说，英宗已没有可利用的价值，只好与明议和。景泰元年（1450）八月，将英宗送回。英宗回到北京，在南宫度过了七年与世隔绝的生活。景泰八年（1457）正月，武清侯石亨、太监曹吉祥等乘景泰帝病重之机发动政变，英宗再次登上皇帝的宝座，改景泰八年为天顺元年。朱鉴又旧事重提。根据他的建议，于天顺元年（1457）七月下诏："禁大兴隆寺僧不许开正门鸣鼓，并毁寺前第一丛林牌楼、香炉、幡竿。"②

对于明代的这一段历史，乾隆并不陌生。当他从《春明梦余录》中读到朱鉴《兴造吉凶疏》的时候，思想上不能不受到震动。"虎嫌生角，龙怕无睛"，在京城西北，万寿山与玉泉山的两座九层高塔遥遥相对，岂不和庆寿寺的双塔一样是白虎头上生角吗？这一风水上的大忌，

---

① 孙承泽：《春明梦余录》卷四十六，北京古籍出版社，1992年，第965—966页。
② 孙承泽：《天府广记》卷三十八，北京古籍出版社，1982年，第582—583页。

进一步加强了乾隆"罢塔永弗为"的决心。但是,朱鉴不仅反对"鼎新修理",而且反对将庆寿寺"重新修盖"以及在西山一带新建寺宇。将"江南草寇生发,塞北烟燧不宁"归咎于修塔与修庙,更是耸人听闻。所以,乾隆不愿将这篇文章的内容如实地写进他的诗注,于是杜撰了一条"京城西北隅不宜高建窣堵"的史料,作为"乃罢更筑之议,就其基改建佛楼"的根据。

在北京修建延寿塔和报恩塔的同时,为了纪念"四卫拉特来归,西师筹划之始",乾隆在承德避暑山庄的永佑寺还修建了一座舍利塔。但是,他并没有因为报恩塔的"不戒于火"和延寿塔的"将成而圮"把舍利塔的工程停止,"恐其蹈辙","命拆其弗坚及筑不如式者而概易之以石"。[①]乾隆二十九年(1764),舍利塔竣工。这年夏天,乾隆在《永佑寺舍利塔记》中写道:"(舍利塔)岿然峙于避暑山庄,较京师为尤北,则堪舆风水之论固不足凭,此亦默有以启予之不必信八会地节之滥陈祸福以耸听乎?"[②]但是,"京城西北隅不宜高建窣堵"之说本来就不存在,那么,乾隆这番话是不能证明他对堪舆风水之论有所怀疑的。

由上所述,可以得出这样的结论:万寿山的拆塔建阁,最初是由于乾隆把延寿塔的倒塌和报恩塔的被焚看作上天对自己的警告,不能坚持错误。后来,他阅读《春明梦余录》,朱鉴《兴造吉凶疏》中的"虎嫌生角"又进一步加强了他拆塔建阁的决心。慑于灾异示警和惑于风水之论,都是万寿山拆塔建阁的原因。至于从园林布局方面考虑,乃是今人的臆测。虽然言之成理,但是缺乏根据的。

(原载颐和园管理处主办《颐和园》第2期,2003年4月)

[①] 乾隆:《永佑寺舍利塔记》,《乾隆御制文二集》卷十。
[②] 乾隆:《永佑寺舍利塔记》,《乾隆御制文二集》卷十。

颐和园内永和轮

颐和园内离石舫不远的万字河畔，有一艘船体上镶嵌着"永和"二字的破旧不堪的火轮船。人们都知道，这是当年慈禧太后的御用船。但是，对于它的来历，知道的人却很少。1980年3月14日，《北京晚报》发表了一篇题为《颐和园内火轮船的来历》的文章。作者根据赛金花的"亲笔自传原稿"中的一段话，断定这艘火轮船是赛金花的丈夫、清王朝驻德公使洪钧1892年由德国任满归国，为了博取主子的欢心而献给慈禧太后的新奇玩物。

这段话的原文是：

> 我夫（按，即洪钧）于光绪十八年（1892）由德国任满归国，当购一乘溜冰车与一只旋涡火轮，献于太后，太后见此新奇玩物，心中甚为欣喜，随将此物放在颐和园昆明湖上。

赛金花的"亲笔自传原稿"，据说是"最近海外发现"，因未曾目睹，很难判断其真伪。但是，从作者所引的一段文字看，那样结论未必确实。因为，赛金花讲的献旋涡火轮一事，究竟是事实还是自我吹嘘尚有待研究。即使实有其事，而颐和园的火轮船并不止一艘，永和轮外，尚有翔云、翔凤、恒春、捧日、安澜幅等，怎么能说这只火轮船就是洪钧送的呢？

根据我接触到的一些材料，这艘火轮船并非洪钧所献，而是光绪三十四年（1908）日本政府赠给慈禧太后的。

光绪二十年（1894），中日甲午战争之后，日本政府强迫清政府订立了割地赔款、丧权辱国的《马关条约》。光绪三十年（1904），日俄战争之后日本政府又强迫清政府签订了《中日会议东三省事宜》正约及附约，从中国获得了许多新的权利。为了进一步侵略中国，日本政府向清政府做出了友好的姿态，以答谢在日俄战争中清政府赠给日本政府食盐二千万斤的名义，于光绪三十四年赠给慈禧太后火轮船一艘。

这艘火轮船，由日本大藏省（财政部）拨出专款十万元委托神户川崎造船所制造。为了获得制造这艘火轮船的有关资料，川崎造船所派遣技师阪元等来北京考察了颐和园轮船公所管辖下的宫廷专用快游船以及北京的气候、风俗、习惯等。该船造成以后，拆卸包装，于光绪三十四年正月（1908年2月）由日本万成源号轮船自神户运抵大沽，又经铁路运到北京。川崎造船所技师万浓率领技工数十人到颐和园进行安装。四月二十八日，在颐和园龙王庙前举行"献纳典礼"。清政府方面，参加的有醇亲王载沣、大学士那桐、外务部尚书袁世凯。日本方面，有代理公使阿部、专卖局长池袋等。为了表示中日永久和好的愿望，慈禧决定将这艘火轮船命名为"永和"。

这艘火轮船，原来停泊在石舫附近的万字河中。清王朝覆灭后，根据《优待清室条件》，颐和园成了末代皇帝溥仪的私产。因经费支绌，年久失修，到1921年左右，船身渐渐沉入水中，"甲板浸在水里，好似触礁搁浅的样子"[①]。

1931年"九一八"事变以后，东北、华北相继沦陷。日本帝国主义为了达到灭亡中国的目的，一方面，继续扩大侵略，对我抗日军民实

---

① 李慎言：《燕都名山游记》，燕都学社，1936年。

行"三光"(抢光、杀光、烧光)政策;另一方面,扶植傀儡政权,鼓吹"日中亲善"。一次,伪华北政务委员会委员长、汉奸王揖唐宴请日本大使馆武官今井,席间谈及永和轮,认为它是"三十年前中日两国经济提携亲善之使节,殊有保存之必要"①。1940年春,日本铁道省国际观光局驻北京办事处委托颐和园事务所"代为招商,将该船打捞上岸,移置适宜地点,修饰完整,以纵观览而资保存"②。6月,圆生厚铁工厂以七千九百元得标,于10月11日开始工作,同年12月18日竣事,历时两月零八天。捞起后,修整油饰,停放于万字河东岸,直至现在。

关于永和轮的来历,日本川崎造船所的片山曾根据日本档案写过一篇《清国西太后快游船永和号记事》。1939年9月,有人根据该文提供的资料写了一篇《永和号汽船记》,详细介绍了永和轮建造的经过,船身及主要机械的尺寸、造船计划的概要等③。1940年,永和号修复后,由日本铁道省国际观光局北京办事处处长武部英治出面,于12月14日,邀请当年曾经参加过"献纳典礼"的一些"知名人士"和有关方面,在北京饭店进行座谈。座谈会上,有的人回忆了当时的情况,有的人提供了有关资料,其中值得注意的是日本大使馆二等书记官原田龙一提供的几件资料:

一件是永和轮安装竣工后,日本大使馆给清政府的照会:

> 帝国政府制造游船以呈贵国皇太后陛下,现已竣工,兹奉帝国政府命,敬谨献纳。
>
> 进呈日期,定于本月(明治四十一年五月)二十七日,即华历四月(光绪三十四年四月)二十四日(按:二十四日当为二十八日之误)举行。尚有典礼程序,拟由双方商定,以便照行。

---

① 《晨报》1939年9月23日。
② 《晨报》1940年11月2日。
③ 《晨报》1939年9月23日。

一件是举行"献纳典礼"时,中日双方代表的讲话记录:

日本代理公使阿部致祝词:

> 殿下及诸公!帝国政府进呈大清国皇太后陛下之汽船,在当地制造,现在已经竣工。今天,本公使奉帝国政府之命敬交于殿下,实是光荣之至。皇太后陛下赐名本船曰"永和",足见皇太后陛下对我两国和好之圣意。本公使更不胜钦感之至。

清皇室代表醇亲王载沣致答辞:

> 此次贵国政府以永和号见赠,皇太后陛下最为满意。敝国政府深表谢忱。统请贵代理公使转达于贵国政府。

一件是"献纳典礼"举行后,日本代理公使阿部给日本外务大臣的报告:

> 进呈清国皇太后陛下之游船,川崎造船所受命建造后,运送材料来华,一、二月以来,在万寿山船坞中装建,今已竣工。本月二十五日试运,成绩圆满。业于二十七日在万寿山举行献纳典礼矣。①

从清政府的档案中,我们也发现了慈禧为永和轮命名的记载。光绪三十四年四月初二日(1908年5月1日),内阁拟具了永和、善邻、同济、瀛安四个名号,请慈禧圈定。该件前面,原有"日本进船,请定名号"八字,后来用白纸条贴去,在后面另加小字批注:"拟请钦定日本呈进御用轮船名号。见面带上,朱圈发下。""永和"二字之上画了一个"〇","〇"上写了一个"朱"字②。这件档案材料,内容虽然简单,它却雄辩地证明:颐和园内的永和号火轮船的确不是赛金花的丈夫洪钧所

---

① 《晨报》1940年12月28日。
② 中国第一历史档案馆藏,《上谕档》,光绪三十四年四月。

献,而是日本政府赠给慈禧太后的。

中日两国,是一衣带水的邻邦,两国人民的友好往来,在很早以前就开始了,但这种关系在近百年中遭到破坏。日本帝国主义的侵略政策和战争政策,给中国人民造成了灾难,也使日本人民遭到了不幸。现实生活使两国人民不仅懂得了和平友好的可贵,而且懂得了怎样才能得到真正的友好和平。当年的永和轮,虽然不是中日友好的使节,而永远和睦相处,却是中日两国人民的共同愿望。中华人民共和国成立以来,中日双方都有许多人士为中日友好往来奔走。经过中日双方领导人的努力,中日邦交恢复了,中日两国人民的友好往来日益增多了。在和平共处五项原则的基础上,中日两国人民将世世代代地友好下去。

附记:

《颐和园内火轮船的来历》一文在《北京晚报》发表后的第八天,即1980年3月22日,《北京晚报》又发表了颐和园管理处文物组的文章《火轮船的真正来历》。文章指出,颐和园内离石舫不远处那艘破旧的火轮船,并非赛金花的丈夫洪钧所献,而是1908年由日本制造并赠送给慈禧的。这个论断是完全正确的。遗憾的是,文章没有提供任何有关的材料。有观点而没有材料,这样的观点,也就很难令人信服。特别应该指出的是:文章在谈到赛金花"亲笔自传原稿"关于洪钧献船一事的时候,认为在永和轮以前,慈禧就拥有"捧曰"(曰,当是"日"字之误)、"翔云"两艘机动游艇,"洪钧所献,是否就是二者其一"。在纠正了一种错误说法的同时,又出现了新的错误。根据中国第一历史档案馆保存的有关材料,"捧日"轮船,系"天津机器局备料成做"[①],"翔

---

① 中国第一历史档案馆藏,《直隶总督李鸿章片》,光绪十四年三月十一日。

云"轮船，系"升任臬司津海关道周馥捐办"①。那么，即使赛金花所述洪钧献船属实，也不可能是"二者其一"了。

（原载《近代京华史迹》，中国人民大学出版社，1985年7月）

---

① 中国第一历史档案馆藏，《天津机器局原开运送昆明湖水操船只运银数清单》，光绪十四年十二月二十八日。

颐和园的第一盏电灯

颐和园乐寿堂的正中，悬挂着一盏五彩缤纷的玻璃吊灯。这盏电灯，是光绪二十九年（1903）由太子少保、前工部左侍郎盛宣怀经手，德商荣华洋行为慈禧太后安装的。然而这盏电灯，却并不是颐和园最早的电灯。

早在光绪十四年（1888），修建颐和园的工程还正在进行的时候，"承修"这一工程的海军衙门，就让神机营机器局总办恩佑用白银六千两向"丹商祁罗弗洋行购买电灯一全份，随锅炉一份及各项什物等件"。同年十一月，全部运到北京进行安装。十二月二十九日，翁同龢的日记中就有了"电灯照耀于禁林"的记载。

光绪十八年十二月十八日（1893年2月4日），总理海军事务的奕劻在奏折中说："内学堂恭备轮船，外学堂恭备颐和园电灯与西苑（即今中海、南海和北海）安设电灯，久暂虽有不同，而差使重要则无少异。所派总管、提调率同委员、工匠人等，逐日敬谨豫备，悉臻妥协。数年以来，该员等夙夜在公，无间寒暑，未便没其微劳，自应一体优奖，用昭激劝。"

这里所说的内学堂、外学堂，即水操内学堂、水操外学堂，也就是光绪十三年冬设于昆明湖畔的水师学堂。开办这个学堂，名义上是培养海军人才，实际上却是为慈禧的生活服务。颐和园的电灯和轮船，就是由他们负责"恭备"的。

既然颐和园在 1889 年就有了电灯，为什么不到十五年时间又由德国人来重新安装呢？关于这个问题，1902 年 6 月 28 日《大公报》上有如下一条消息："《顺天时报》云：颐和园旧有电灯公所，设官二十余员，以庆邸（庆亲王奕劻）总其成，三年一保，最为优差。庚子之变，房舍机器，荡然无存。现因皇太后（慈禧）将欲驻跸该园，该管各官，刻已会议筹款，拟仍购办锅炉三具，电灯千余盏。从此，御园佳境，又见花鸟增光矣。"

可知颐和园原有的电灯，在"庚子之变"，即 1900 年八国联军侵入北京的时候，被帝国主义的军队毁坏了。慈禧从西安回到北京后，仍住颐和园，所以该管各官会议筹款另购。而上海德商荣华洋行安设的电灯"最新最美，堪供宸赏"。盛宣怀为了讨慈禧的欢心，自愿报效，以白银十二万四千九百余两（其中西苑电灯价银七万四千两，颐和园电灯价银五万九百余两），向德商订购。1903 年 12 月运抵北京，由荣华洋行电气工程师威廉达宜负责安装。现在颐和园乐寿堂里展出的电灯，就是这时安装的。

（原载《紫禁城》1981 年第 1 期）

误将清漪作圆明

——圆明园老照片辨析

2007年7月6日，中国中央电视台播出了题为《绝世影像纪录中国》的专题片，介绍一位民间收藏家从1895年至1904年法国驻云南总领事方苏雅的后代收藏的老照片中翻拍的6帧"圆明园被烧毁前的照片"。这是继1932年滕固先生将德国人奥尔末于1870年前后拍摄的13帧圆明园西洋楼残迹照片编成《圆明园欧式宫殿残迹》一书，由商务印书馆刊行之后的又一重大举措。播出之后，引起了社会的广泛关注，也受到了有关专家的质疑。2007年7月26日，《法制晚报》用两版的篇幅报道了有关专家的意见，并用新老照片对比的办法，有力地证明6帧照片中，有4帧不是圆明园的：一帧是清漪园被烧毁后的万寿山前山，另外3帧则分别是清漪园被烧毁前的智慧海、文昌阁和多宝琉璃塔。至于一帧中的3座塔，乃是3座和尚坟。苏轼诗"老僧已死成新塔"，就是对这类塔的很好的说明。这3座塔不仅不是圆明园的建筑，甚至不是皇家园林的建筑。

还有一帧照片，台基和楼阁平面均呈六角星形，两层重檐，琉璃瓦，六角攒尖顶，是否属于圆明园，就不像前面5帧那样容易确定了。

1999年，我国著名古建专家罗哲文先生应邀赴美国皮博迪·埃塞克斯博物馆整理来自中国的老照片时，从地下仓库里发现了这座造型奇特的建筑物的照片。照片背面的手写体英文显示，这帧照片是1860年10月18日在圆明园拍摄的。这一天，正是英国侵略者火烧圆明园的第一天。从照片背面的文字看，这帧照片是在圆明园即将被烧毁之前拍摄的。但是，罗哲文先生"考查了圆明园现有的图像资料，尚未找出这一建筑的位置。因为没有烧毁之前的准确平面图纸，像这样六角星形的平面，在圆明园中十分罕见"(《圆明园楼阁照片美国露面》,《晨报》2007年6月8日第6版)。这就是说，在罗哲文先生看来，这帧照片是不是在圆明园拍摄的还有待研究。

2007年1月4日,《北京青年报》发表了沈弘先生的文章《皇家园林焚心之痛》。沈先生认为，这帧照片中的建筑物，就是英国画家兼记者沃格曼在《清漪园山上的佛香阁》一文中所说的"那个建筑在高处俯瞰全园的大楼阁——佛香阁"。因为，沃格曼曾经画过一幅与这帧照片内容几乎完全一样的图画。

沃格曼的一文一画，真的能证明这帧照片中的建筑就是清漪园的佛香阁吗？让我们对佛香阁的历史做一番考查，看看清漪园被烧毁之前佛香阁是什么形状吧。

1751年，乾隆为了给自己的生母崇庆皇太后庆祝60岁生日，在瓮山圆静寺的旧址修建大报恩延寿寺，将瓮山改名万寿山，西湖改名昆明湖，这座新建的皇家园林则命名清漪园。

按照原来的计划，在大报恩延寿寺的后面，仿杭州钱塘江畔的六和塔修建一座9层的大报恩延寿塔。但是，修到第8层就轰然倒塌了。

乾隆认为，这是天意示儆，于是改建佛楼，这就是佛香阁。所以，由大学士于敏中等人奉旨编纂，又经乾隆"钦定"的《日下旧闻考》卷八十四，在谈到清漪园万寿山前山中轴线这组建筑时说："慈福楼西为大报恩延寿寺，前为天王殿，为钟鼓楼，内为大雄宝殿，后为多宝殿，为佛香阁，又后为智慧海。"但是，清漪园时期的佛香阁是什么形状，却没有明确的记载。

1975年，我应颐和园管理处的邀请，参加《颐和园》一书的编写。

从北京图书馆（今国家图书馆）保存的样式雷家藏资料中发现了一张和今天的佛香阁形状完全一样的图纸，上面贴了两张黄签：一张上书"恭呈慈览"，另一张上书"依旧式重建"。这两张黄签说明，这张图纸是光绪年间修建颐和园时，由样式房绘制，经主管大臣送给慈禧太后审阅的，同时也说明颐和园的佛香阁，是按照清漪园时期佛香阁的样式重建的。

这座平面呈六角星形的建筑究竟在哪里？叫什么名字？我认为，它就是清漪园时期位于万寿山山顶东部的昙花阁。

昙花阁，《日下旧闻考》一书没有记载，乾隆却曾经写过两首题为《昙花阁》的诗。

其一

佛阁名称优钵昙，清供暮霭与朝岚。
普贤愿力三千遍，不及色空处处参。

其二

调御堂堂大丈夫，独尊三界匹曾无。
碧莲顶上擎珠阁，极乐西方未觉殊。

从这两首诗我们可以看出，昙花阁之名是来源于佛教的经典。优钵昙，即《长阿含经·游行经》中说的优昙钵花，简称昙花。阁中供奉的佛像，是佛教四大菩萨之一的普贤。阁的位置，在万寿山的山顶。但是，乾隆的诗，并没有讲到阁的形状。于是，引起了学者们的种种猜测。

1920年，吴质生先生在《万寿山名胜核实录》一书中说：

景福阁，在东山头，原为旧日昙花阁之基。阁内塑有菩萨之像，久已倾圮。昔额取梵经优钵昙意。按：华言菊也。是阁之基，昔为菊花式，故名。

在吴先生看来，用古印度语写成的佛经中的优钵昙，就是汉语中的菊花。所以，昙花阁之基是菊花式。但是，菊花式是什么形状，我们仍然不得而知。

1992年，北京出版社出版的由颐和园管理处孙文起先生等编著的《乾隆皇帝咏万寿山风景诗》一书，在《昙花阁》诗的"说明"中写道：

昙花阁，位于万寿山山脊之东端，是一座平面如昙花形（似五瓣莲花）的佛殿。优钵昙花，产于喜马拉雅山麓，佛经以其象征灵瑞。慈禧重修，改建成厅堂，改名景福阁，作为赏月听雨之所。

在编者看来，昙花的形状"似五瓣莲花"。也就是说，昙花阁是五瓣莲花形。

但是，1975年，我在北京图书馆（今国家图书馆）查阅样式雷家藏资料时，发现了清漪园昙花阁平面呈六角星形的图纸和档案。当时，我在摘抄的吴质生《万寿山名胜核实录》景福阁部分写了一条按语。

按：昙花阁为二层建筑，阁及台基、外墙均为六角星形。阁周围有四柱四十九楼牌楼六座（见样式雷图样及《清漪园昙花阁拆修周围牌楼六座销算银两册》）。

当我看到这帧造型奇特的建筑物的照片时，不禁想起了30年前写的这条按语。照片中的建筑，不仅与样式雷图样和《清漪园昙花阁拆修周围牌楼六座销算银两册》的记载完全符合，而且与这次播出的其他4帧清漪园照片都是出自英法联军随军记者意大利人费利斯·菲托之手，这帧照片与智慧海、多宝琉璃塔是菲托于同一天在万寿山山顶的不同位置拍摄的。可以肯定，这帧照片中的建筑就是清漪园被烧毁前的昙花阁。

由上所述，可以看出现在人们认为是圆明园的6帧照片，其中5帧都是清漪园的。

明明是清漪园的照片，为什么会被认为是圆明园的呢？根本的原因是，拍摄照片的外国人分不清圆明园和清漪园。

清王朝鼎盛时期，北京西北郊先后建成了畅春园、圆明园、静明园（玉泉山）、静宜园（香山）、清漪园（万寿山）等5座规模宏伟的皇家园林，这就是人们常说的"三山五园"。除静宜园外，其他4座园林都相距不远。圆明园离畅春园约一华里，畅春园西墙外就是清漪园，清漪园往西不到两华里就是静明园。人们站在昆明湖的东堤上向西眺望，玉泉山上的七层宝塔仿佛就在清漪园中。这4座皇家园林，在乾隆的心目中各自的范围和功能是非常明确的。乾隆在《万寿山清漪园记》中说："畅春以奉东朝，圆明以恒莅政，清漪、静明，一水可通，以为敕几清暇散志澄怀之所。"这就是说，畅春园是侍奉皇太后的，圆明园是经常处理朝政的，清漪园和静明园有一水相通，是公余之暇休憩游览的。《日下旧闻考》一书，对各座皇家园林的记载也非常清楚。但是，三山五园毕竟是皇家苑囿，禁卫森严。即使是王公大臣，也不能随意进入，更不用说中下级官员和平民百姓了。晚清著名学者、大诗人王闿运写了一首七言长诗《圆明园词》，诗中不仅写了畅春园，而且写了静明园和清漪园。诗中写道："玉泉悲咽昆明塞，唯有铜犀守荆棘。青芝岫里狐夜啼，绣漪桥下鱼空泣。"玉泉在静明园，昆明（湖）、铜犀（牛）、青芝岫、绣漪桥都在清漪园。一个著名的中国学者和大诗人，尚且把静明园、清漪园的景物写入圆明园，一个贸然闯入清漪园的英法联军的随军记者将清漪园的建筑误认为圆明园的建筑是一点也不值得奇怪的。

尽管如此，这几帧照片的推出，仍然是有重大意义的。因为，清漪园被烧毁前的照片，有的虽曾单独面世，但是，几帧照片一起推出，并被确认，这还是第一次。清漪园是三山五园中最能体现乾隆造园思想的皇家园林，是中国古典园林中的经典之作，也是三山五园中唯一的浴火重生的皇家园林，享誉世界的历史名园颐和园，就是在清漪园的废墟上修建起来的。1961年，中华人民共和国国务院公布，颐和园为第一批全国重点文物保护单位。1998年，颐和园又以"世界几大文明之一的有力象征"的高度评价，被联合国教科文组织列入世界文化遗产名录。圆明园被烧毁前的照片，固然十分珍贵，清漪园被烧毁前的照片，同样是十分珍贵的。

（原载颐和园管理处主办《颐和园》总第5期，2007年10月）

二、人物篇

试论慈禧的出生地

慈禧太后的一生有许多谜,她的出生地究竟在什么地方,就是这众多的谜中的一个。

关于慈禧太后的出生地,历来有不同的说法:

有人说,慈禧太后的父亲惠征曾经做过徽宁池太道的道员,因此,慈禧太后是"生长南中"。[1]

有人说,慈禧太后的父亲惠征曾经做过山西归绥道的道员,驻地在归化城(今内蒙古自治区呼和浩特市)。当地有一种口传,呼市新城落凤街,就是慈禧太后的出生地。[2]

有人说,慈禧太后的父亲惠征曾任甘肃布政使衙门的笔帖式,住兰州八旗会馆以南的马坊门,即今永昌路门牌179号院落。慈禧太后就"生于乃父驻防兰州之时"。[3]

有人说,慈禧太后的父亲惠征自道光十四年(1834)至道光十九年(1839)正充任京师部院衙门的笔帖式,其祖父景瑞也正在刑部郎中任上,他们两人都在京城做官,慈禧的母亲也在京城。所以,慈禧的出生地当在北京。[4]

---

[1] 《清朝野史大观》卷一,上海书店,1981年,第70页。
[2] 王学愚:《慈禧入宫之前》,《团结报》1984年5月19日。
[3] 张慎徽:《慈禧和甘肃》,《团结报》1984年11月3日。
[4] 俞炳坤:《慈禧家世》,《西太后》,紫禁城出版社,1985年,第34页。

有人说：兹禧太后的父亲惠征于道光十五年（1835）至十八年（1838）曾外放到浙江乍浦任正六品武官骁骑校，而慈禧"正是在这一时间出生"，她的出生地是"浙江省平湖市乍浦城内满洲旗下营"。①

有人说，慈禧太后原为山西长治县西坡村王增昌之女，名叫王小慊，四岁时，卖给上秦村宋四元，改名龄娥。后来，宋家又将她卖给潞安府知府惠征做丫环。一次，惠征夫人发现她"两脚心都长着个瘊"，就将她认做女儿，改姓叶赫那拉，更名玉兰。所以，慈禧太后是山西长治人。②

一个慈禧太后，为什么会有这样多的出生地？毫无疑问，在这些说法中，必然有一些是不符合事实的。现在看来，有一些说法肯定是错了，有的说法则有待作进一步研究。

主张慈禧"生长南中"的根据是：惠征曾任徽宁池太道（按：应为安徽宁池太广道）。但是，据咸丰二年（1852）安徽巡抚蒋文庆进呈咸丰皇帝的密折，惠征到任的时间是"本年七月"，③而慈禧则早在咸丰二年（1852）五月初九日就已经入宫并被封为兰贵人了。④慈禧"生长南中"的说法，显然是与事实不符的。

主张慈禧生于呼和浩特的根据是：惠征曾任山西归绥道。但是，惠征出任山西归绥道，是在道光二十九年（1849）。这时，慈禧已经十五岁。呼和浩特新城落凤街也就不可能是慈禧的出生地。王学愚同志认为"落凤街前未落凤"，⑤我以为是正确的。

主张慈禧生于甘肃的根据是：惠征曾任甘肃布政使衙门的笔帖式。

---

① 《史界新发现，慈禧生于乍浦》，《人民日报》1993年8月23日。
② 《慈禧童年》，山西人民出版社，1993年，第60页。
③ 中国第一历史档案馆藏《朱批奏折·内政·职官》。
④ 中国第一历史档案馆藏，内务府《奏销档》："咸丰二年二月十一日，由敬事房口传：兰贵人、丽贵人着于五月初九日进内。"
⑤ 王学愚：《慈禧入宫之前》，《团结报》1984年5月19日。

的确，惠征的一生中，曾长期担任笔帖式，但是，都在部院衙门，从未离开北京，怎么可能到甘肃的布政使衙门呢？慈禧生于兰州之说，显然是不能成立的。

主张慈禧生于浙江的根据是：惠征于道光十五年至十八年（1835—1838）间曾外放到浙江乍浦任正六品武官骁骑校。俞炳坤同志在《慈禧家世》一文中说："惠征于道光十四年（1834）京察，被定为吏部二等笔帖式，道光十九年（1839）惠征是八品笔帖式。"那么，在道光十五年至十八年间，惠征有外放的可能。但是，作为一个文职人员的笔帖式，怎么会外放为武职的骁骑校？已经升任六品的官员，为什么后来又降为八品的笔帖式？这根据难道不值得怀疑吗？

主张慈禧生于山西长治的根据虽然很多，山西人民出版社还出版了专集《慈禧童年——解开百年不解之谜》，但是，也存在许多可疑之处。现将这些疑点提出，以就正于各位专家学者。

一、传说不一定可靠

关于慈禧生于长治的材料，绝大多数都是传说。不可否认，传说也是史料的一个重要来源。但是，对于传说，也应该像对于其他史料一样，要进行分析。不能说所有的传说都是可靠的。乾隆皇帝是海宁陈家的孩子，这是清末以来广泛流行的传说，"上自缙绅，下迄妇孺"，莫不知之。[①] 但是，经过史学家们认真的研究，这个传说终于被否定了。关于慈禧，也有许多广泛流行的传说，如：清代祖制，叶赫那拉的女儿不备宫闱之选；惠征死在安徽，贫不能治丧，幸有吴棠馈赠银两，慈禧姊妹才得以扶柩回京；慈禧入宫之初，只是一个宫女，由于得到咸丰皇帝的宠幸，后来才步步高升等。这些传说，不仅常见于笔记、小说、戏

---

① 孟森：《海宁陈家》，《明清史论著集刊续编》，中华书局，1986年，第318页。

剧、电影，一些严肃的历史著作，也把它们视为信史加以引用。但是，经过史学家们认真的研究，这些传说，也一个一个地被否定了。[①]

二、实物可疑

1. 慈禧生母之墓。这是慈禧是长治人的物证之一。据说，"1958年，村里平了许多坟，因该墓系慈禧太后生母之墓，得以保存至今"。[②] 对于这个问题，我却有另外的看法。自清末以来，慈禧太后的名声一直不好，特别是建国以后，慈禧太后更成为一个臭名昭著的人物。"四人帮"垮台后，还在全国范围内掀起了一个批判慈禧太后的高潮，她被称为"祸国殃民的西太后"。在以阶级斗争为纲的年代里，许多历史名人的坟墓都不免遭到破坏，西坡村的群众，为什么对慈禧太后的母亲却那样厚爱呢？

2. 王氏家谱。这是慈禧太后是长治人的又一物证。但是，这本家谱并非原件而是抄本，其中人物的生卒年，在某朝某年之下都有相应的公元某年，那么，这些相应的公元某年，究竟是原本所有还是誊抄时所加？如果是原本所有，则这一家谱的编写当在中华人民共和国成立之后。因为，在这之前，一般的老百姓是不会以公元纪年的。至于"王小慊后来成为慈禧太后"一句话，究竟是什么时间，由什么人所加？根据是什么？也是需要进一步弄清的。

3. 清制黄皮夹。据说，经有关学者专家初步认定：（1）这个皮夹制于清光绪年间。（2）持有此皮夹者应为高级官员和皇亲国戚。（3）这个皮夹从长治上秦村宋六则家发现这一事实说明，宋六则的祖宗宋四元夫妇

[①] 参阅拙著《慈禧的家族、家庭和入宫之初的身份》，《清史研究集》第三辑，四川人民出版社，1984年。

[②] 张培礼：《从长治地区民间传说探索慈禧太后的出生地与童年》，《慈禧童年》，第80页。

为慈禧太后的（养身）父母。① 我认为从这个皮夹上烙印的文字看，说它是制于清光绪年间（1875—1908）是完全正确的。但是，说持有此皮夹者应为高级官员和皇亲国戚就不一定准确，从在宋六则家发现这个皮夹就推断出宋四元夫妇为慈禧太后（养身）父母也缺乏根据。说它是慈禧"让家人作为进京入宫谒见皇太后的通行证"，② 更是与清代制度不符的。

4. 书信残片。据说，这是慈禧的五辈侄孙宋六则从"当年慈禧所住房屋东面房屋中的土炕里刨出"的。③

在中国第一历史档案馆，保存着一张慈禧太后亲笔书写的便条。文曰："光绪二十六年（1900）七月二十日谕宁寿宫郎中等：如有首领太监回来搬取金银物件，皆以此宝为凭，特谕。"后面盖了一颗篆书阳文"凤沼恩波"四字的图章。将这一便条和书信残片的字迹相比较，可以肯定地说，这封书信绝非出自慈禧太后之手。至于信的内容，亦很难说与慈禧太后有关。就拿"方家"二字来说，下面似乎并没有一个"园"字，即使有一个"园"字，也不能说它是"慈禧养父惠征祖居地"。④ 中国第一历史档案馆藏有一份咸丰五年（1855）慈禧的胞妹（即后来醇亲王奕谯的福晋）参加选秀女时的材料，明确写道："住西四牌楼劈柴胡同。"⑤ 咸丰六年（1856），咸丰皇帝将西直门内新街口二条胡同路北官房一所赏给惠征家属居住。⑥ 于是惠征家属从劈柴胡同搬到新街口二条胡同。同治五年十二月初五日，慈禧太后以同治皇帝的名义，将方家园

---

① 刘奇：《试论慈禧太后是长治人》，《慈禧童年》，第 66 页。
② 刘奇：《慈禧是长治人物证之四——清制黄皮夹》，《慈禧童年》，第 159 页。
③ 刘奇：《慈禧是长治人物证之五——慈禧给宋家的信（碎纸片）》，《慈禧童年》，第 161 页。
④ 刘奇：《慈禧是长治人物证之五——慈禧给宋家的信（碎纸片）》，《慈禧童年》，第 162 页。
⑤ 中国第一历史档案馆藏，《宫中杂件》1247 包。
⑥ 中国第一历史档案馆藏，内务府《官房租库呈稿》。

入官房间赏给她的胞弟照祥居住，①慈禧的母家才从新街口二条胡同搬到方家园。而惠征则早在十三年前即咸丰三年（1853）六月初三日就在江苏镇江病故了。②怎么能说方家园是"慈禧养父惠征的祖居地"呢？

其实，"方家"二字，除了可以和园字连在一起成为北京朝阳门内的一个地名外，还可以有别的解释。《庄子·秋水篇》中有这样一则寓言，黄河之神河伯，原以为自己汇集百川，浩浩荡荡，非常了不起。但是，当他顺流东行，到达北海的时候，看到大海一片汪洋，渺无边际，才感到自己渺小。他感慨地对北海之神若说：我现在终于见到了大世面。我要是不到你的门前，就危险了，我将长久地"见笑于大方之家"。"方"是"道"的意思。"大方之家"，就是"极有修养的人"。"大方之家"，一称"方家"。"贻笑方家"之类的自谦之辞，在古人书信中是常常见到的。如果把这句话和"小小聪明"联系起来，倒是顺理成章的。

至于长治西坡村内刑部角的慈禧出生地，上秦村的慈禧小时候的住家"娘娘院"，长治市区原潞安府后院，慈禧小时候读书的"书房院"和1963年长治市人民委员会为它制作的文物古迹保护标志，虽为实物，实际上也是来自传说，它们的真实性也是有待研究的。

三、宋龄娥与惠征的关系可疑

宋龄娥是怎样成为惠征的女儿的？这是我们解决慈禧是不是长治人的关键。据说，宋龄娥原是卖给潞安府知府做丫鬟，因为惠征的夫人富察氏发现她"脚底下有两个瘊子"，认为龄娥"以后必定大富大贵。加之龄娥长得俊俏，聪明伶俐"，于是"就把她收为女儿"。③这一传说，

---

① 中国第一历史档案馆藏，《上谕档》，同治五年十二月。
② 中国第一历史档案馆藏，军机处《录副奏折·农民运动类》卷七百七十八。
③ 刘奇：《慈禧太后是山西长治人》，《慈禧童年》，第52页。

很富于传奇色彩。但是，一加考察，就不免使人感到怀疑。

俞炳坤同志在《慈禧家世》一文中，根据中国第一历史档案馆收藏的档案，对惠征的经历作过简要的叙述：惠征于道光十一年（1831）为笔帖式。道光十四年（1834）京察，被定为吏部二等笔帖式。道光十九年（1839），惠征是八品笔帖式。道光二十三年（1843）京察，被定为吏部一等笔帖式。道光二十六年（1846），已充任吏部文选司主事。道光二十八年（1848）春，调升吏部验封司员外郎。道光二十九年（1849）二月，被定为京察一等。由部引见，奉旨：交军机处记名，以道府用。闰四月初，升任该司郎中，并兼任工部宝源局监督。闰四月十七日，被任命为山西归绥道道员。咸丰二年（1852）二月初六日，调安徽宁池广太道道员。咸丰三年（1853）六月初三日死于江苏镇江。①

上面的叙述，虽然不像《履历单》那样详备，但是，有一个问题却是十分清楚的。也就是说，惠征在道光二十九年（1849）奉旨交军机处记名，以道府用之前，不具备充任知府的资格，不可能出任潞安府知府。而在这之后不到三个月时间，他已被任命为山西归绥道道员，更不可能到潞安府担任知府。由此可见，宋龄娥在潞安府被卖之日，正是惠征在北京任职之时，他们两人，天各一方，是无缘在潞安府相见的。收为女儿，又从何说起呢？

也许有人说，惠征曾任潞安府知府，不仅是长治流行的传说，曾经担任过慈禧太后御前女官的裕容龄在《清宫琐记》中也有惠征"初任山西潞安府知府"②的记载，这难道不足以说明惠征确曾担任过潞安府知府吗？

不错，裕容龄和他的姐姐德龄，确曾在慈禧太后身边做过女官。但是，她们的话并不一定是事实。在《清宫琐记》中，有一段关于惠征经历的文字：

---

① 俞炳坤：《慈禧家世》，《西太后》，第21页。
② 裕容龄：《清宫琐记》，北京出版社，1957年，第1页。

慈禧的父亲惠征，是正黄旗满洲人，初任山西潞安府知府，以后升任直隶霸昌道（即张家口）道台，不久，又调任福建汀漳龙道道台，死在福建任上。①

根据我们的研究，惠征的旗籍是镶蓝旗满洲。他没有担任过山西潞安府知府，也没有担任过直隶霸昌道和福建汀漳龙道，更不是死在福建。这段文字，没有一句符合事实，如果我们信以为真，那就大错特错了。

《清宫琐记》中出现这样的谬误，并不是偶然的。一则容龄入宫之时还是十几岁的孩子，再则宫禁森严，不能乱说乱动，所以，她虽在慈禧太后的身边生活了几年，她的见闻却是有限的。关于这方面的情况，她在1936年为《御香缥缈录》一书写的《后序》中就有很好的说明。她说，她侍奉慈禧太后，只不过"哄得老年人欢欣快慰而已。关于政事，则一无所闻；即偶有闻见，亦装作不闻不见。宫禁森严，守本分即所以保性命也"。② 在这种情况下，谁还敢冒天下大不韪去谈论慈禧太后的家庭和身世呢？不可否认，在容龄的书里，有一些是她的亲历，但是，有一些也是得之传闻，甚至是出于杜撰。对于她的书，我们是不能一概信以为真的。容龄是如此，比她大几岁的、名噪一时的德龄也是如此。德龄的一生，写过七八种关于慈禧太后的书。她用英文撰写的 Imperial Incense 一书，1936年，由秦瘦鸥先生翻译成为中文，以《御香缥缈录》之名出版后，成了一本很受欢迎的畅销书。一年之间，重版六次，被称为"慈禧太后私生活实录"，然而，一加考察，就可以发现，原来所谓的"实录"，其实是不实的。书中所写的基本情节——慈禧太后坐火车到沈阳谒陵，完全是作者虚构的。

关于慈禧太后的出生地，我很赞成俞炳坤同志的意见，应当根据

---

① 裕容龄：《清宫琐记》，第1页。
② 德龄：《御香缥缈录》，秦瘦鸥译，上海百新书店，1936年。

其父母的所在地来确定。慈禧生于道光十五年十月初十日（1835年11月29日）。从其父惠征的经历看，自道光十四年（1834）至道光十九年（1839），他正充任京师部院衙门的笔帖式。在这个时候，其祖父景瑞正在刑部郎中任上。也就是说，慈禧的祖父和父亲都在京城。慈禧的外祖父惠显，从道光十二年（1832）至道光十七年（1837），一直在山西归化城（今内蒙古自治区呼和浩特市）任副都统，离京师较远，慈禧的母亲到娘家去生孩子的可能性不大。慈禧的母亲当时也在京城，应该是没有问题的。所以，慈禧的出生地应当是北京。慈禧的一生，酷爱京戏，也可以作为一个旁证。

尽管如此，我认为长治同志的努力是可贵的。因为，对慈禧童年的研究毕竟是一个空白。他们的辛勤劳动对这个问题的研究起到了推动作用。但是，现在材料还不足，要解开慈禧出生地这个谜，还需要进一步的努力。

刘奇同志在报告中对今后的工作提出了三点意见：一是继续进行深入调查研究，二是更加广泛地征求各地专家学者的意见，三是对有关文物古迹进行保护维修。我非常赞成。特别是对有关文物古迹进行保护维修，我认为很有必要。长治作为慈禧太后的出生地，虽然还不能确定，但是，既然流传着如此众多的传说，对有关的文物古迹进行保护维修，也是完全应该的。

（原载《清史研究》1994年第1期）

凤凰窠外凤凰窠

北京朝阳门内，有一条方家园胡同。这条胡同的得名，是因为这里曾经有一座姓方的人家的园林。《析津日记》说："东院之东，旧有方家园。园废，建净业庵于其址。殿左庑有镇阳林潮书许鲁斋先生演千字文，以万历十一年八月刻石，嵌于壁。"[1] 许鲁斋，即元代著名学者许衡。万历，是明神宗朱翊钧的年号。万历十一年，为公元1583年。这时，方家园就已经不存在了。清乾隆年间（1736—1795）编纂的《日下旧闻考》，在编入《析津日记》的上述文字之后加了一条按语："方家园久废，净业寺亦毁，其地犹存方家园之名。许衡演千字文石刻亦无可考。"[2] 这时，不仅净业寺（庵）已毁，连许衡演的千字文石刻也不复存在，保存下来的仅仅是方家园这个旧名了。到了晚清，这里却出现了一座显赫一时的府第，这就是慈禧太后和隆裕太后的母家。王照《方家园杂咏记事》的小序中说："方家园者，京师朝阳门内巷名，慈禧、隆裕两后母家也。"隆裕是光绪的皇后，慈禧虽是咸丰的贵妃，但是，咸丰死后，她的儿子载淳继承了皇位，慈禧母以子贵，被尊为太后。"一门两世，正位中宫。"[3] 在封建时代，凤凰是皇后、皇太后的象征，所以，

---

[1] 《日下旧闻考》卷四十八《城市》，北京古籍出版社，1981年，第763页。
[2] 《日下旧闻考》卷四十八《城市》，第764页。
[3] 邓镕：《清孝定景皇后挽词》注，《清宫词》，北京古籍出版社，1986年，第189页。

人们称方家园承恩公桂祥的府第为"凤凰窠"。[1]

但是,方家园成为慈禧、隆裕的母家,是同治五年(1866)的事。这年十二月初五日,慈禧太后以同治皇帝的名义将方家园入官房间赏给她的胞弟照祥居住。[2]从此,照祥和他的胞弟桂祥、佛佑才住到了方家园。同治七年(1868)正月初十日,桂祥的长女在这里出生。光绪十四年(1888)十月,被慈禧指立为光绪皇后。明年正月,桂祥被封为三等承恩公,于是,桂祥成了这个家庭的代表,这座府第也被称为"桂公府"。

因此,说隆裕的母家在方家园是完全正确的,说慈禧的母家在方家园,就不完全正确了。

那么,在同治五年(1866)以前,慈禧的母家究竟在哪里呢?

有人说,慈禧被选入宫前,"恒携菜筐至东城某油盐店购食物"。[3]它给人的印象,似乎当时慈禧的母家住在东城。但是,东城地方太宽,具体地点无从确定。有人说,惠征死后,惠征的夫人带着孩子们住在北京东直门大街。[4]虽然比较具体,但是,别无佐证,很难令人信服。也有人说,"慈禧太后之母,守节多年,住锡拉胡同"。[5]并记述了一个据说曾经侍奉慈禧太后多年的老妇关于1857年1月慈禧太后回锡拉胡同省亲的情况。蔡东藩先生在《慈禧太后演义》中,又据此演成了《邀旷典贵妃归省》一段文字。言之凿凿,似乎确有其事。然而,一加考察,却又并非事实。一些世代居住锡拉胡同的居民,从来没有人听说过这里曾经有过慈禧太后的母家。

几年前,我在查阅清代档案时,意外地发现了一份材料,这份材

---

[1] 邓镕:《清孝定景皇后挽词》注,《清宫词》,第189页。
[2] 中国第一历史档案馆藏,《上谕档》,同治五年十二月份。
[3] 《清朝野史大观》卷二,"记满洲姑奶奶条",上海书店,1981年,第34页。
[4] 裕容龄:《清宫琐记》,北京出版社,1957年,第1页。
[5] 濮兰德、白克好司:《慈禧外纪》第1章,中华书局,民国六年(1917),第5页。

料，是用一张长约 6 寸、宽约 4 寸的大红纸片写成的，全文如下：

> 镶蓝旗满洲恩祥佐领下原任道员惠征之女，年十五岁，辛丑年七月二十八戌时生。
>
> 纳拉氏，
> 原任员外郎吉郎阿之曾孙女，
> 闲散景瑞之孙女，
> 原任副都统惠显之外孙女。
>
> 住址西四牌楼劈柴胡同。①

辛丑，是道光二十一年（1841），下推十五年，就是咸丰六年（1856）。从材料内容看，当是咸丰六年（1856）选阅秀女时的秀女年岁、家庭、住址单。我们知道，慈禧太后的父亲惠征，曾任安徽宁池太广道道员。祖父景瑞，曾任刑部郎中，道光二十七年（1847）五月，因代赔其父吉郎阿任银库员外郎时的亏空不力，革职监追。二十九年（1849）五月获释，官复原职。不久，就因年老休致，在家里过着闲散的生活。曾祖父吉郎阿，曾任刑部员外郎。外祖父惠显，曾任副都统。慈禧太后母家的旗籍，原为满洲镶蓝旗，咸丰十一年十二月（1862 年 1 月），慈禧被尊为皇太后，根据"皇太后、皇后丹阐（母家）在下五旗者皆抬旗"的惯例，②才由下五旗的满洲镶蓝旗抬入上三旗的满洲镶黄旗。纳拉氏，也就是那拉氏，因为在将满语译为汉文的时候，有的译为纳拉，有的译为那拉，有的译为纳兰，有的译为勒，其实都是同一个姓氏。这里讲的和慈禧的家庭情况完全相符。但是，慈禧生于道光十五年（1835）乙未十月初十日，这时早已入宫，这里所说的惠征之女，可以肯定地说不是慈禧而是慈禧的胞妹，即后来成为醇亲王奕譞福晋的那位

---

① 中国第一历史档案馆藏，《宫中杂件》第 1247 包。
② 吴振棫：《养吉斋丛录》卷一，北京古籍出版社，1983 年，第 2 页。

叶赫那拉氏了。

在这里，值得注意的是其中的住址，它告诉我们：慈禧太后的母家，当时是住在西四牌楼劈柴胡同。这所住房，很可能是慈禧母家的祖业。因为，慈禧的曾祖父、祖父长期在北京做官，不可能没有自己的住房。惠征死后，他的夫人由安徽回到北京，孤儿寡母，很可能和公婆住在一起。从现有材料看，西四牌楼劈柴胡同应该是慈禧母亲最早的住处。

咸丰六年（1856）三月二十三日未时，当时还是懿嫔的慈禧生了一个儿子。喜讯传到圆明园，咸丰皇帝十分高兴，提起朱笔，写了一首题为《丙辰三月二十三日，皇长子生，敬思天恩祖佑，欣感实深，用成长律，以志予意》的七言律诗，诗曰：

> 敬感天麻祖考仁，佳音储秀报麟振。
> 恩深德厚衷长慕，奕启载祥名定淳。
> 庶慰在天六年望，更欣率土万斯人。
> 升香安佑昭慈佑，沉痛难胜永忆亲。

在这首诗里，他把来自储秀宫的喜讯看作上天的恩德和祖宗的保佑。死去六年的道光皇帝的在天之灵将会因此而得到安慰，更令人高兴的是，这位皇子将受到全国人民的拥戴。为了报答祖宗的恩德，他决定去安佑宫升香致敬，但是，一想到死去的父母，又不禁沉痛难胜了。

按照清朝的制度，凡皇子诞生，未赐名者皆称皇子，不按位次称呼，蒙赐名，始称皇几子。其赐名之例，由宗人府奏请，奉旨后，内务府知会宫殿监，宫殿监奏交内阁拟佳名，具折呈览，恭候钦定。[①]但是，极度的喜悦使得咸丰皇帝把这一套程序都置之脑后，他不经奏请，就称

---

① 《国朝宫史》卷八《典礼四·宫规》，北京古籍出版社，1987年，第139页。

刚出生的儿子为皇长子定名为"淳"了。但是，有关部门还得照章办事，五月十五日，内阁奉上谕："大阿哥着命名载淳。"①

懿嫔生了一个儿子，对于储位空虚的清皇室来讲，无疑是建立了殊勋。就在载淳出生的当天，小太监平顺交出朱笔一件："懿嫔着进封为懿妃。"②咸丰七年（1857）正月初二日，正当人们欢度新春佳节的时候，咸丰皇帝又发布上谕："懿妃着加封懿贵妃。"③在慈禧不断进封的时候，咸丰皇帝自然不会忘记她的母亲，改善居住条件，就是他施恩于慈禧母家的方式之一。

从档案里，我们发现了咸丰六年十二月初五日（1856年12月31日）总管内务府上给咸丰皇帝的一封奏折：

> 总管内务府谨奏：为请旨事。咸丰六年十二月初二日奉旨：着查官房一所，赏给前任道惠征家，钦此。臣等遵即督饬管理官房租库司员详查之后，兹据查得西直门内新街口迤北二条胡同路北住房一所，共计六十二间，内正所房四十三间，门房间有歪闪，其余尚属坚固整齐，院落亦属宽敞，堪以居住。其东所房十九间，大半糟旧坍塌等因禀覆前来。臣等伏查，此项房间正所既有四十三间堪敷应用，所有正所东所共计房六十二间，可否赏给前任道惠征家居住之处，伏候命下钦遵，谨将房间数目另缮清单，恭呈御览，为此谨奏请旨。④

咸丰见到这封奏折，当即批了"依议"二字。接着，总管内务府行文镶蓝旗满洲都统，转饬该管佐领带同该族长并惠征家属于十二月初十

---

① 中国第一历史档案馆藏，《上谕档》，咸丰六年五月份。
② 中国第一历史档案馆藏，《懿妃遇喜大阿哥》档册。
③ 中国第一历史档案馆藏，《起居注册》，咸丰七年正月上。
④ 中国第一历史档案馆藏，《奏销档》，咸丰六年十月至十二月。

日接收房间。"即于是日将此项房间以及内外檐装修眼同指对清楚,均经照数接收讫,并将房间数目及内外檐装修开写清单,粘连执照,于十二月十七日咨送镶蓝旗满洲都统衙门给发该故员惠征家属收执。"[1] 于是,西直门内新街口迤北二条胡同就成了慈禧母家的第二个住处。

由上所述,我们可以看出慈禧的母家在北京曾先后住过三个地方,最先是在西四牌楼劈柴胡同,后来迁到西直门内新街口迤北二条胡同,最后迁到朝阳门内方家园胡同。前两处均地处西城,所谓慈禧在咸丰元年(1851)的一天,因上街买菜,恰好遇到咸丰皇帝从东陵回来,慈禧躲在木材堆后面伸出头来,被咸丰皇帝看见,[2] 东城油盐店店主某甲"恒以粗笨之手,戏挟其(慈禧)鼻"并欲将她娶为小妻等种种传说,都是无稽之谈,毫不可信的。

(原载《燕都》1992年第5期)

---

[1] 中国第一历史档案馆藏,《内务府官房租库呈稿》,咸丰七年一月至十二月。
[2] 裕容龄:《清宫琐记》,第1页。

慈禧的家族、家庭和入宫之初的身份

慈禧是清代后期统治集团中的最重要的人物。1861年11月，慈禧在帝国主义和洋务派的支持下发动政变，登上了政治舞台，以"垂帘听政""训政"等名义统治中国达四十七年之久。她竭力维护腐朽的封建制度，对内镇压，对外投降，给中国人民带来了深重的灾难。自清末以来，国内外出版了不少有关慈禧的著作，对慈禧其人作了各种不同的甚至截然相反的叙述和评论。这种现象，自然不足为怪。但是，历史作为一门科学，是必须以客观事实作为研究的出发点的。以往的许多著作，却在不同程度上背离了这一原则。为了还慈禧以历史的本来面目，不能不将有关的情况作一番认真的研究。本文仅就慈禧的家族、家庭和入宫之初的身份作一些探讨。

一、慈禧的家族

慈禧，那拉氏，祖居叶赫，故称叶赫那拉。叶赫，是被清王朝的祖先灭掉的。所以，关于慈禧有一种非常流行的说法：慈禧复仇。据说，清王朝的祖先攻打叶赫的时候，大肆杀戮，叶赫部的男子几乎被杀光了。叶赫部的首领在临死之前发誓说：我叶赫那拉即使只剩下一个女儿，也要复仇。但是，清王朝的祖先为什么要灭叶赫，却是众说纷纭：有人说是因为努尔哈赤在兴建一所祭神的殿堂时，从地下掘起了一块有"灭建州者叶赫"六个大字的古碑;① 有人说是因为努尔哈赤要"尽并四邻以张大国势";② 有人说是因为清太宗（皇太极）向叶赫求婚遭到拒绝;③ 有人说是因为清王朝建立后,叶赫那拉族的一个人"想用武力篡夺皇位"。④ 关于在临死前发誓,也有各种不同的说法:有人说是杨吉砮,⑤ 有说是金台石,⑥ 有人说是布扬古,⑦ 也有人说是叶赫那拉的一位"无名英雄"。⑧ 这些传说,虽然各不相同,但是,它们说明的无非是叶赫那拉是清皇室的仇敌,这一家族在清王朝没有地位。于是,"祖制:宫闱不选叶赫氏",⑨ 就成了当然的结论。

事情果真是这样吗？让我们看看叶赫那拉与爱新觉罗这两个家族相互关系的历史吧。

叶赫那拉的祖先,原本是蒙古人,姓土默特。始祖星垦达尔汉,灭扈伦那拉部据其地,改姓那拉。那拉,是汉语"太阳"的意思。后迁叶赫河岸,遂号叶赫。星垦达尔汉传子席尔克明噶图,席尔克明噶图传子栖尔哈那,栖尔哈那传子诸孔厄,诸孔厄传子太杵,太杵生二子:长名清佳砮,次名杨吉砮。太杵死后,兄弟二人都做了贝勒。依险筑二城,清佳砮居西城,杨吉砮居东城。叶赫的力量日益强大。"人多望风归附,拓地益广,军声所至,四境益加畏服。"⑩ 就在这个时候,两个家族之间的关系开始了。

---

① 蔡东藩:《慈禧太后演义》,浙江人民出版社,1980年,第4页。
② 藕香室主人:《西太后全史》,上海世界书局,民国十二年（1923）,第1页。
③ 苗培时:《慈禧外传》,《北京晚报》1980年2月17日第3版。
④ 德龄:《瀛台泣血记》,云南人民出版社,1980年,第151页。
⑤ 藕香室主人:《西太后全史》,第1页。
⑥ 蔡东藩:《慈禧太后演义》,第4页。
⑦ 恽毓鼎:《清光绪帝外传》(《崇陵传信录》),《清代野史》,巴蜀书社,1987年,第22页。
⑧ 德龄:《瀛台泣血记》,第151页。
⑨ 恽毓鼎:《清光绪帝外传》(《崇陵传信录》),《清代野史》,第22页。
⑩ 国家图书馆藏,徐乾学:《叶赫那拉氏家乘》(手抄本)。

明万历十一年（1583），努尔哈赤的祖父觉昌安、父亲塔克世被明军误杀，为了给祖父和父亲复仇，努尔哈赤脱离明总兵李成梁投奔叶赫。叶赫贝勒杨吉砮对他非常器重，"加礼优待"，把小女儿孟古姐姐许配给他，"赠马匹甲胄，且使兵护卫"，将努尔哈赤送回建州卫。①

万历十三年（1585），杨吉砮和清佳砮被明巡抚李松、总兵李成梁诱杀，清佳砮的儿子布寨、杨吉砮的儿子纳林布禄继为贝勒。万历十六年三月（1588年4月），李成梁又领兵攻叶赫，叶赫兵损失惨重，布寨、纳林布禄被迫投降。这年九月，纳林布禄将他的十四岁的妹妹送到赫图阿拉（在今辽宁省新宾满族自治县）与努尔哈赤成婚。努尔哈赤"率诸贝勒大臣迎之，大宴礼成"。②这就是史书上说的孝慈高皇后。万历二十年十月二十五日（1592年11月28日），生了一个儿子，就是后来的清太宗皇太极。

以上事实，不仅说明杀害杨吉砮的不是努尔哈赤，而且说明在杨吉砮生前，叶赫那拉和爱新觉罗这两个家族之间的关系是十分亲密的。

但是，这两个家族的友好关系，并没有保持下去。

万历十九年正月（1591年2月），叶赫贝勒纳林布禄派遣宜尔当阿、摆斯汉出使满洲，要努尔哈赤将额尔敏、扎库木二地割让一处给叶赫，并和哈达、辉发、乌喇一起尊叶赫为盟主。这种无理要求，遭到努尔哈赤的拒绝。接着，纳林布禄又和哈达、辉发两部贝勒合谋，各自派遣使臣，对努尔哈赤进行恫吓。纳林布禄的使者图尔德在宴会上宣称："我主云，欲分尔地，尔不与；欲令尔归附，尔又不从。倘两国兴兵，我能入尔境，尔安能蹈我地耶！"③努尔哈赤听后，非常气愤，"引佩刀断案"，严词驳斥，并将同样的内容写成书信，派遣巴克什阿林察送往

---

① 国家图书馆藏，徐乾学：《叶赫那拉氏家乘》（手抄本）。
② 《清太祖高皇帝实录》卷二。
③ 《清太祖高皇帝实录》卷二。

叶赫，要他在布寨、纳林布禄面前宣读，"倘惧其威势，则居彼无复来见。"① 从此，这两个家族之间的关系就日益恶化了。

此后不久，长白山所属朱舍里、讷殷二路引叶赫兵劫掠努尔哈赤所属东界洞寨。万历二十一年六月（1593年7月），叶赫贝勒布寨、纳林布禄纠合哈达贝勒孟格布禄、乌喇贝勒满泰、辉发贝勒邦音达里合兵劫掠努尔哈赤的户布察寨。这年九月，布寨、纳林布禄又纠合哈达、乌喇、辉发、蒙古科尔沁、席北、卦尔察、朱舍里、讷殷等九部，发兵三万，分三路进攻满洲，努尔哈赤率兵迎战，大败"九姓之师"，阵斩叶赫贝勒布寨，生擒乌喇贝勒布占泰，"斩级四千，获马三千匹，铠甲千副"。这一战役，使得努尔哈赤"军威大震，远近慑服"。②

万历二十五年正月（1597年2月），叶赫、哈达、乌喇、辉发同时派遣使臣向努尔哈赤求和，"愿复缔前好，重以婚媾"。叶赫贝勒布扬古（布寨之子）愿将他的妹妹嫁给努尔哈赤，金台石（纳林布禄之弟）愿将他的女儿嫁给努尔哈赤的第二个儿子代善。努尔哈赤接受了他们的请求，"具鞍马铠胄为聘"，并杀牛宰马，对天盟誓。③ 两个家族之间的关系有所改善。

不久，蒙古将领穆哈连窃取蒙古名马四十匹，投奔努尔哈赤。纳林布禄将马匹夺去，将穆哈连执送蒙古。又将金台石许给代善的女儿嫁给蒙古喀尔喀部贝勒介赛，盟约遭到了破坏。

万历三十一年九月（1603年10月），孝慈高皇后病危，想见见自己的母亲；努尔哈赤派人到叶赫迎接，纳林布禄不许，只派了孝慈高皇后乳母的丈夫南太前往探视。努尔哈赤对南太说："汝叶赫诸舅，无故掠我户布察寨，又率九姓之国，合兵攻我。汝叶赫、哈达、乌喇、辉发

---

① 《清太祖高皇帝实录》卷二。
② 《清太祖高皇帝实录》卷二。
③ 《清太祖高皇帝实录》卷二。

四国,因起兵开衅,自服厥辜,刑马歃血,祭天盟誓,愿联姻通好。汝叶赫背盟,将许我国之女,悉嫁蒙古。今我国妃病笃,欲与母诀,又不许。是终绝我好也。汝如此,两国已复相仇,我将问罪汝邦,城汝地,不汝讳也。"①不久,孝慈皇后病逝,努尔哈赤非常悲恸,"丧殓祭享,仪物悉加礼,不饮酒茹荤者逾月。越三载,始葬尼雅满山冈"。②

万历三十二年正月(1604年2月),努尔哈赤出兵攻叶赫,攻下二城七寨,俘获二千余人。万历四十一年正月(1613年3月),努尔哈赤灭乌喇,乌喇贝勒布占泰逃往叶赫。努尔哈赤多次派人往叶赫索取,叶赫置之不理。九月,努尔哈赤率兵四万攻叶赫。下"大小城寨十九处,尽焚其庐舍粮储,收兀苏城降众三百户而还"。③

这时,哈达、辉发、乌喇三部,都已先后被努尔哈赤消灭。叶赫向明求援,明遣使令努尔哈赤"自今以后,勿侵叶赫"。并遣游击马时楠、周大岐"率练习火器者千人,守卫叶赫二城"。④

万历四十三年六月(1615年7月),叶赫贝勒布扬古将十九年前许婚努尔哈赤的妹妹,改嫁蒙古喀尔喀部贝勒巴哈达尔汉之子莽古尔代。满洲诸贝勒大臣听到这一消息,都很愤怒,劝努尔哈赤出兵征讨叶赫和它的支持者明王朝,努尔哈赤认为条件还不成熟,没有采纳。

万历四十四年正月初一日(1616年2月17日),努尔哈赤称帝,国号后金,建元天命,以这年为天命元年。

天命三年四月(1618年5月),努尔哈赤率步骑兵二万征明,临行书七大恨告天,这七大恨是:

> 我之祖、父,未尝损明边一草寸土也。明无端起衅边陲,害我

---

① 《清太祖高皇帝实录》卷三。
② 《清太祖高皇帝实录》卷三。
③ 《清太祖高皇帝实录》卷四。
④ 《清太祖高皇帝实录》卷四。

祖、父。恨一也。明虽起衅，我尚欲修好，设碑勒誓。凡满、汉人等，毋越疆圉。敢有越者，见即诛之。见而故纵，殃及纵者。讵明复渝誓言，逞兵越界，卫助叶赫。恨二也。明人于清河以南，江岸以北，每岁窃逾疆场，肆其攘夺。我遵誓行诛，明负前盟，责我擅杀，拘我广宁使臣纲古里、方吉纳，挟取十人，杀之边境。恨三也。明越境以兵助叶赫，俾我已聘之女，改适蒙古。恨四也。柴河、三岔、抚安三路，我累世分守疆土之众，耕田艺谷，明不容刈获，遣兵驱逐。恨五也。边外叶赫，获罪于天，明乃偏信其言，特遣使臣，遗书诟詈，肆行陵侮。恨六也。昔哈达助叶赫，二次来侵，我自报之。天既授我哈达之人矣，明又党之，挟我以还其国。已而哈达之人，数被叶赫侵掠。夫列国之相征伐也，顺天心者胜而存，逆天意者败而亡。何能使死于兵者更生，得其人者更还乎？天建大国之君，即为天下共主，何独构怨于我国也？初扈伦诸国，合兵侵我，故天厌扈伦启衅，惟我是眷。今明助天谴责之叶赫，抗天意，倒置是非，妄为剖断。恨七也。欺陵实甚，情所难堪。因此七大恨之故，是以征之。①

"七大恨"，是努尔哈赤对明用兵的宣言书。七条之中，就有四条和叶赫有关。可见，叶赫那拉与爱新觉罗这两个家族之间的关系已经无可挽回了。

天命三年九月（1618年10月），在明经略杨镐的授意下，金台石的儿子德尔格勒领兵侵犯后金，"克一寨，俘四百七人，斩八十四级"。明赏赐叶赫"白金二千两，彩缎表里二十"。② 四年正月（1619年2月），努尔哈赤对叶赫进行报复，深入叶赫境内，经克亦特城、粘罕寨，至叶

---

① 《清太祖高皇帝实录》卷五。
② 《清史稿》卷二百二十三《杨吉砮传》，中华书局，1977年，第9142—9143页。

149

赫城东十里，克大小屯寨二十余。叶赫向明开原总兵马林告急，马林率兵来助，见后金兵势强盛，不战而退，努尔哈赤亦班师而回。

天命四年二月（1619年3月），明派遣山海关总兵杜松、赵梦麟，保定总兵王宣，辽阳总兵刘𫄨，辽东总兵李如柏，开原总兵马林等统兵二十万，号四十七万，分四路向后金进攻。努尔哈赤集中优势兵力，大败杜松、王宣、赵梦麟兵于撒尔湖（萨尔浒）。其他各路相继被击溃。这次战役，叶赫亦出兵参战，至开原中固城，听说明兵已败，大惊而遁。六月，努尔哈赤攻开原，叶赫派兵二千人往援。开原被攻下后，叶赫又派人与明联络，准备收复开原。

天命四年八月（1619年9月），努尔哈赤又率贝勒诸臣统大军征叶赫。努尔哈赤命四大贝勒率护军围西城，他自己率八固山额真督大军围东城。后金军破东城，城中兵民俱降，金台石携妻及幼子登所居高台，负隅顽抗。尽管努尔哈赤一再满足他提出的要求，他始终不肯投降。"引弓杀守台军士，夺路直入后室，举火尽焚其宫室。"① 被后金军擒获，将他"缢杀"。② 西城的布扬古虽然被迫投降，但是，态度傲慢，见到努尔哈赤的时候，"仅屈一膝，不拜而起"。努尔哈赤用金杯赐酒，他仍然只"屈一膝"，"偏向，酒不竟饮，沾唇而已。又不拜而起"。努尔哈赤认为他仍怀仇怨，在当天晚上，派人将他"缢杀"了。③

但是，努尔哈赤毕竟是一位有远见的政治家。他虽然杀掉了叶赫的两个首领，但是，对他们的亲属和叶赫军民并没有大肆屠戮。后金军攻破东城的时候，俘获了金台石的儿子德尔格勒。金台石曾经提出，如果使他的儿子和他见面，他就投降。皇太极让人把德尔格勒找来，德尔格勒再三劝他父亲投降，金台石不从。皇太极想将他杀掉，努尔哈赤不同

---

① 国家图书馆藏，徐乾学：《叶赫那拉氏家乘》（手抄本）。
② 《清太祖高皇帝实录》卷六。
③ 《清太祖高皇帝实录》卷六。

意，说："子劝父降而不从，父之罪也。父当诛，勿杀其子。"①皇太极带着德尔格勒去见努尔哈赤，努尔哈亦将自己吃的东西赐给皇太极，让他和德尔格勒一同吃。努尔哈赤对德尔格勒说："汝与吾子，姑表兄弟也。当一心事吾，宁讵肯负汝先人与皇后乎？"②又对皇太极说："此尔之兄也，善遇之。"③金台石和布扬古的许多亲属，不仅没有被杀害，有的亲属，还得到了后金军的保护。当金台石举火焚台的时候，他的妻子乘机带着小儿子沙浑从台上下来，投奔皇太极，金台石的弟弟阿三拉住她的袖子，逼她自杀。金台石的妻子生气地说："吾子沙浑在，安得死？汝欲何为也！"这时，后金兵从四面拥来，阿三匆匆投火自焚。金台石的妻子和小儿子才得以不死。④"其叶赫诸城军民，皆弗罪。父子、兄弟、夫妇、亲戚，不令离散，财物毫无所取，俱徙其人而还，给以田庐廪给器用，无马者千余人，并给以马。"⑤所谓"颇行威戮，男丁罕免者"，⑥是不符合事实的。

叶赫，作为明王朝统治下的一个地方政权是不存在了，但是，叶赫那拉这个家族却并没有被消灭，而且得到后金政权的信任，在清王朝建立的过程中立下了汗马功劳，从而成为有清一代的满洲八大世家之一。⑦只要看一看《八旗满洲氏族通谱》《清史列传》《清史稿》等书，就可以看出这个家族在清代是何等显赫。

清王朝建立后，金台石的儿子德尔格勒封三等男，尼雅哈授骑都尉，任郎中。孙子索尔和，加至一等男，兼一云骑尉，历任吏部侍郎。鄂色，任内大臣。明珠，历任内务府总管、宏文院学士、刑部尚书、都

---

① 《清太祖高皇帝实录》卷六。
② 国家图书馆藏，徐乾学：《叶赫那拉氏家乘》（手抄本）。
③ 《清太祖高皇帝实录》卷六。
④ 国家图书馆藏，徐乾学：《叶赫那拉氏家乘》（手抄本）。
⑤ 《清太祖高皇帝实录》卷六。
⑥ 恽毓鼎：《清光绪帝外传》《崇陵传信录》，《清代野史》，第22页。
⑦ 赵祖铭：《清代文献迈古录》上。

察院左都御史、兵部尚书、吏部尚书、武英殿大学士，加太子太傅，晋太子太师。曾孙穆占，任征南将军。揆叙，历任翰林院掌院学士兼礼部侍郎、工部左侍郎、都察院左都御史。揆芳，和硕额驸。元孙永绶，任兵部侍郎、副都统。布扬古的弟弟布尔杭武，封三等男。儿子葛巴库，加至一等男。诸孔额，任副都统、议政大臣。孙子音图，任吉林乌喇将军。富拉塔，任刑部尚书。侄孙禅岱，历任吏部侍郎兼佐领。金台石的族弟阿什达尔汉，授一等轻车都尉，历任理藩院尚书。因为他是孝慈高皇后的弟弟，天聪六年（1632），皇太极赐给他"舅舅"的称号。他的儿子席达理，任理藩院侍郎，赠太子少保。金台石的族人苏纳，是努尔哈赤的女婿，屡立战功，是清王朝的第一任兵部尚书。苏纳的儿子苏克萨哈，历任领侍卫内大臣，加太子太保。顺治十八年（1661），与索尼、遏必隆、鳌拜等同受顾命为辅政大臣。苏纳的另一个儿子孔固济，又与清皇室联姻，称多罗额驸。苏纳的孙子札克丹，任领侍卫内大臣兼佐领。苏纳的叔父拜珠瑚的儿子巴达纳是额驸。拜珠瑚的元孙二格，历任议政大臣、工部侍郎、都察院左副都御史。

以上仅是活跃于清代前期政治舞台上的叶赫那拉氏的一小部分，但是，这些事实已足以说明叶赫那拉在清代的地位。光绪十五年正月（1889年2月），册封叶赫那拉氏为皇后的册文中说她"教秉名宗，瑞钟华阀"，正是就这个家族在清代的地位而言的。

既然叶赫那拉的子孙可以担任清王朝的要职，可以成为清皇室的额驸，也就不可能有什么叶赫那拉的女儿"不备宫闱之选"的祖制。事实也正是如此。

根据《清实录》《清史稿》《清皇室四谱》《清列朝后妃传稿》等书的记载，在慈禧之前，历朝皇后妃嫔中姓叶赫那拉的除孝慈高皇后之外，还有努尔哈赤的侧妃、皇太极的侧妃、乾隆的舒妃。姓那拉氏的有努尔哈赤的大妃和另一侧妃，皇太极的继妃和一位庶妃，顺治的一位庶妃，康熙的惠妃、通嫔和两位贵人，雍正的孝敬宪皇后，乾隆的皇后，道光的和妃。这些那拉氏，虽然不全是叶赫那拉的后代，因为叶赫、乌喇、哈达、辉发及满洲的其他地方都有那拉氏，"虽系一姓，各自为族"，① 但是，在他们之中，甚至在一些"未详何氏"的妃嫔之中还有叶赫那拉氏，则是可以肯定的。

咸丰的一生，共有皇后妃嫔十九人。过去，我们只知道慈禧姓叶赫那拉。最近，我们从中国第一历史档案馆保存的档案中发现，原来被《清史稿》《清皇室四谱》《清列朝后妃传稿》称为"不知氏族"或"不详何氏"的璷妃、玮嫔、玉嫔，都姓叶赫那拉。② 可见，叶赫那拉的女儿"不备宫闱之选"的祖制是并不存在的。慈禧的被选入宫，只不过是叶赫那拉与爱新觉罗这两个家族之间早已有之的婚姻关系的继续而已。

二、慈禧的家庭

关于慈禧的家庭，过去人们谈得最多的是她的父亲惠征。对于其他的家庭成员，则很少甚至根本没有提到。对于惠征，又有各种不同的说法。有人说他是一个"挂冠归林"的大将军，③ 有人说是"因事褫职"的正黄旗参领，④ 有人说是因"带印脱逃"革职的安徽徽宁池太广道。⑤ 一种相当流行的说法则是他死在任上了。恽毓鼎《崇陵传信录》说：

> 孝钦父任湖南副将，卒于官，姊妹归丧，贫甚，几不能办装。

---

① 《八旗满洲氏族通谱》卷二十二。
② 中国第一历史档案馆藏，《宫中杂件》第1247包："正白旗满洲员外郎铭彝之女，年十七岁，叶赫那拉氏。据该旗册报，系玮嫔胞弟之女，珏（玉）嫔胞兄之女。"又："员外郎文治之女，辰年，十三岁，祥昆佐领，叶赫那拉氏，璷嫔胞兄之女。"
③ 德龄：《御苑兰馨记》，云南人民出版社，1981年，第1页。
④ 《清朝野史大观》卷二，"记满洲姑奶奶"条，上海书店，1981年，第34页。
⑤ 唐邦治：《清皇室四谱》卷二，上海聚珍仿宋印书局，民国十二年（1923），第34页。

舟过清江浦，时吴勤惠公棠宰清江，适有故人官副将者，丧舟亦舣河畔，棠致赙三百两。将命者误送孝钦舟。覆命，棠怒，欲返璧。一幕客曰："闻舟中为满洲闺秀，入京选秀女，安知非贵人？姑结好焉，于公或有利。"棠从之，且登舟行吊。孝钦感之甚，以名刺置奁具中，语妹曰："吾姊妹他日倘得志，无忘此令也。"既而孝钦得入宫，被宠幸，诞穆宗。妹亦为醇贤亲王福晋，诞德宗。孝钦垂帘日，棠已任知府，累擢至方伯，不数年，督四川。棠实无他材能，言官屡劾之，皆不听。殁于位，易名曰惠，犹志前事也。

以上情节，在许多有关慈禧的著作中都可以看到，只是惠征的官职有安徽候补道[1]、福建漳汀龙道[2]、芜湖海关道[3]等不同的说法罢了。

慈禧入宫前的生活，有人说是赖她的亲戚穆扬阿的"提挈"[4]，有人说是靠义父吴棠的"周恤"[5]，有人说是恃为人家哭丧的收入糊口[6]。还有人说由于慈禧出身贫贱，以致东城一油盐店的店主某甲常常"以粗笨之手戏挟其鼻"[7]。甚至向慈禧提出："我正要娶个小妻，你肯屈就，保你享福。"无端的调戏，使得慈禧悲愤交加，当天就病倒了。[8]

以上种种说法，究竟是否可靠呢？否。

中国第一历史档案馆保存的《宫中杂件》中，有一件用大红纸折写的材料：

> 镶蓝旗满洲，恩祥佐领下，原任道员惠征之女，年十五岁。辛

---

[1] 蔡东藩：《慈禧太后演义》，第5页。
[2] 裕容龄：《清宫琐记》，北京出版社，1957年，第1页。
[3] 苗培时：《慈禧外传》，《北京晚报》1980年2月28日第3版。
[4] 濮兰德、白克好司：《慈禧外纪》，中华书局，民国六年（1917），第1页。
[5] 《清朝野史大观》卷二，"记满洲姑奶奶"条，第34页。
[6] 藕香室主人：《西太后全传》，第2页。
[7] 《清朝野史大观》卷二，"记满洲姑奶奶"条，第34页。
[8] 蔡东藩：《慈禧太后演义》，第14—15页。

慈禧的家族、家庭和入宫之初的身份

丑年七月二十八日戌时生。

纳拉氏。

原任员外郎吉郎阿之曾孙女。

闲散景瑞之孙女。

原任副都统惠显之外孙女。

住西四牌楼劈柴胡同。[①]

辛丑，是道光二十一年，即公元1841年，从辛丑算起的十五年，应是咸丰五年（1855）。从材料提到的年代，结合其他资料，可以断定这是咸丰五年（1855）选阅秀女时的档案。纳拉氏，就是那拉氏。但是，慈禧生于道光十五年十月初十日（1835年11月29日），这时早已入宫，这个那拉氏，当然不是慈禧而是慈禧的妹妹，也就是后来成为醇亲王奕譞福晋的那位叶赫那拉氏了。这件档案材料告诉我们：慈禧的父亲原任道员，祖父是闲散，没有做官，曾祖父原任员外郎，外祖父原任副都统。她们家当时的住址是西四牌楼劈柴胡同。

也许有人说，《清史稿》《清列朝后妃传稿》等书都说慈禧是镶黄旗满洲人，而这个惠征却是镶蓝旗满洲，这两个惠征是否是同一个人呢？

我们不妨看看中国第一历史档案馆保存的一份档案：

谨将本届京旗应行备选秀女大概数目，明年年岁暨三代衔名先行缮具清单，恭呈

御览

镶黄旗满洲

……

原任公爵照祥之女，年十四岁。

[①] 中国第一历史档案馆藏，《宫中杂件》第1247包。

据该旗册报系

慈禧端佑康颐昭豫庄诚皇太后胞弟之女。

叶赫那拉氏。

原任郎中景瑞之曾孙女。

原任道员惠征之孙女,

……

头等侍卫桂祥之女,年十五岁。

据该旗册报系

慈禧端佑康颐昭豫庄诚皇太后胞弟之女。

叶赫那拉氏。

原任郎中景瑞之曾孙女。

原任道员惠征之孙女。

三等侍卫惠春之女,年十七岁,

据该旗册报系

慈禧端佑康颐昭豫庄诚皇太后胞叔之女。

叶赫那拉氏。

原任郎中吉郎阿之曾孙女,

原任郎中景瑞之孙女。

……①

在一份档案中,出现了慈禧的另一位胞弟佛佑。

镶黄旗满洲,头等侍卫佛佑之女,年十三岁。

嵩昆佐领。叶赫那拉氏。

慈禧端佑康颐昭豫庄诚皇太后胞弟之女。

---

① 中国第一历史档案馆藏,《宫中杂件》第1247包。

慈禧的家族、家庭和入宫之初的身份

原任郎中景瑞之曾孙女。

原任道员惠征之孙女。①

这两份档案，都没有年代。但是，从档案的内容，结合其他有关文献资料，可以断定：前者是光绪十一年（1885）主管挑选八旗秀女的官员根据各旗上报的名册汇总，"恭呈御览"的"清单"，后者则是光绪十四年九月二十四日（1888年10月28日）复选记名秀女的"排单"。这两份档案明确告诉我们：照祥、桂祥、佛佑，是慈禧的胞弟，惠春是慈禧的胞叔，惠征是慈禧的父亲，景瑞是慈禧的祖父，吉郎阿是慈禧的曾祖父。这两份档案和咸丰五年（1855）的那份档案的不同之处，一是旗分，二是景瑞和吉郎阿的官职。咸丰五年，惠征一家是镶蓝旗满洲，光绪年间则成了镶黄旗满洲。咸丰五年，吉郎阿是"原任员外郎"，景瑞是"闲散"。到了光绪年间，吉郎阿、景瑞都成了"原任郎中"。这种变化说明，咸丰五年，吉郎阿、景瑞都还在世，否则，后来的"原任员外郎"就不可理解了。而惠征一家由镶蓝旗满洲变为镶黄旗满洲，则说明惠征一家的政治地位的变化。

清制：满洲八旗，有上三旗和下五旗之分。上三旗是：镶黄、正黄、正白。下五旗是：正红、镶白、镶红、正蓝、镶蓝。此外还有内务府三旗包衣。满语"包衣"，是汉语"奴隶"的意思。从政治地位看，八旗高于内务府三旗。上三旗是由皇帝亲自统率的。所以，上三旗的政治地位又高于下五旗。旗籍是可以改变的。如果由下五旗升入上三旗，或由内务府三旗升入满洲八旗，就称为"抬旗"。

吴振棫《养吉斋丛录》卷一说：

……至于建立功勋或上承恩眷。则有由内务府旗下抬入满洲八

---

① 中国第一历史档案馆藏，《宫中杂件》第1252包。

157

旗者，有由满洲下五旗抬入上三旗者，谓之抬旗。惟本支子孙方准抬，其胞兄弟仍隶原旗。又皇太后、皇后丹阐在下五旗者皆抬旗。丹阐者，清语，谓母家也。

惠征一家的旗籍是在什么时候发生变化的呢？

咸丰十一年七月十七日（1861年8月22日），咸丰病死于热河避暑山庄。慈禧的儿子载淳即位，慈禧被尊为皇太后。北京政变之后，与慈安一起"垂帘听政"，根据"皇太后、皇后丹阐在下五旗者皆抬旗"的惯例，于十二月十八日（1862年1月17日）发布"上谕"："慈禧皇太后母家着抬入镶黄旗满洲。"[①] 从此，惠征一家就不再是镶蓝旗满洲而是镶黄旗满洲了。《清列朝后妃传稿》虽然在注中引了上面谈到的"上谕"，却没有说明惠征一家原来的旗籍，《清史稿》中则连这样的注也没有，这就不能不使人误认为慈禧的母家原来就是镶黄旗满洲了。

慈禧的父亲是一个什么道员呢？

请看咸丰二年（1852）安徽巡抚蒋文庆在给咸丰的"密折"中的一段话：

> 安徽道惠征，满洲镶蓝旗进士，年四十八岁。本年七月内到任。该员识见明通，办事详审。近委督率巡船，缉拿土匪，不遗余力。[②]

在清代，各省的总督、巡抚，于每年的年终，都要对自己所在地区的布政使、按察使、道、府等官员的才能和工作表现进行考察，具折密陈。这件奏折的首页有朱批"二年蒋文庆"五字。可见，这是当时的原件。折中提到的官员，除惠征外，尚有安徽布政使李本仁、按察使张熙宇、庐凤道奎绶、安庆府知府傅继勋、徽州府知府达秀、宁国府知府邓

---

① 《清穆宗毅皇帝实录》卷十三。
② 中国第一历史档案馆藏，《朱批奏折·内政·职官》。

瀛、池州府知府陈源兖、庐州府知府胡元炜、凤阳府知府杨福祺、颍州府知府毛含昱等十人。人数不多，又是"恭呈御览"的"密折"，自然是真实可靠的。

根据蒋文庆的密折，惠征是进士。但是，清代进士题名碑中，并没有惠征的名字。这个进士，很可能是由皇帝赏给的。这里说的安徽道，并不是安徽省的道员而是安徽宁池太广道的省称。他的职权是分巡安庆、徽州、宁国、池州、太平、广德等六府州县。他到任的时间是咸丰二年七月（1852年8月），这就是说，惠征到安徽做道员，是慈禧入宫以后的事。因此，惠征死在任上，慈禧姊妹扶柩回京的说法就不能成立了。

但是，惠征任安徽道的时间并不长。咸丰三年正月十七日（1853年2月24日），太平军自九江顺流而下，攻破了安徽的省城安庆，安徽巡抚蒋文庆身死。二月初十日，清廷任命李嘉端为安徽巡抚。三月二十日，李嘉端在一封奏折的夹片中说：

安徽宁池太广道惠征，驻扎芜湖县，先闻其携带银两印信避至江苏镇江府，今又闻其在宁国府属之泾县。

又说：

惠征分巡江南六属地方一切事务责无旁贷。何以所属被贼蹂躏，该道竟置之不理。即使护饷东下，而两月之久，大江南北并非文报不通，乃迄今并无片纸禀函，其为避居别境，已可概见，除由臣另行查办外，所有芜湖道员缺紧要，相应请旨，迅赐简放，以重职守。[①]

咸丰看后，下了一道"上谕"："该二员（按：李嘉端在同一夹片

[①] 中国第一历史档案馆藏，李嘉端片，咸丰三年三月二十日。

中还参劾了安徽学政锡龄）究竟现在何处？该抚所闻逃避处所是否确实？仍着查明据实具奏。惠征业已开缺，着即饬令听候查办。"①并于三月二十六日发布"上谕"："安徽宁池太广道员缺，着龄椿补授，钦此。"②此后，惠征就从政治舞台上消失了。

从以上情况看，唐邦治《清皇室四谱》说惠征因"带印脱逃"革职，张孟劬《清列朝后妃传稿》说惠征"因贼至，携带银两印信避至镇江、泾县等处，奉旨开缺查办"，是有根据的。但是，这种说法并不确切。因为，李嘉端所奏，仅系得之传闻，所以，咸丰要他"查明据实具奏"。如果据此得出结论，就未免草率了。

四月二十日，李嘉端在奏折的夹片中又谈到了惠征的情况：

> 查三月三十日，准署两江总督臣杨文定咨称，安徽宁池太广道惠征，前经陆督院调赴东西梁山办理粮台，嗣因梁山失险，江宁城闭，该道护解银两来至镇江，经本署督部堂奏明留办粮台在案。四月十三日泾县知县崔琳禀称，正月间，该县西城外河下来有宣船二只，内带火枪器械等物。问系本道眷属，现在城内王家巷居住，因外间谣言皆云假冒，所存盘费银四千两，恐有疏失，现存该县库内候示各等语。除由臣咨覆署督臣饬令惠征听候查办外……"③

这一件档案材料告诉我们，惠征早在太平军攻破安庆之前，已由两江总督陆建瀛调往东西梁山办理粮台去了。后来，梁山失险，江宁城闭，惠征护送饷银到了镇江，署两江总督杨文定将他留在镇江办理粮台，并且"奏明在案"。而正月间逃到泾县的是惠征的家属。我们就没有理由说惠征是"带印脱逃"，更不能说他"携带银两印信避至镇江泾

---

① 中国第一历史档案馆藏，李嘉端片，咸丰三年四月二十日。
② 中国第一历史档案馆藏，《上谕档》，咸丰三年三月。
③ 中国第一历史档案馆藏，李嘉端片，咸丰三年四月二十日。

县等处"了。咸丰在李嘉端参奏的情况是否属实还有待查明的情况下，就决定将惠征开缺，饬令听候查办，从表面看是严肃法纪、不徇私情，实际上是对惠征采取了保护措施。这样，惠征就可以离开安徽这个斗争激烈的地方了。

在这里，有必要谈谈惠征在安徽的官衔问题。在上引的档案材料中，对惠征的官衔有"安徽道""安徽宁池太广道""芜湖道"三种说法，而《清史稿》《清皇室四谱》《清列朝后妃传稿》等书则说是"安徽徽宁池广太道"或"安徽徽宁池太广兵备道"，最近又有人说是"芜湖海关道"。这些不同的说法，我们应该怎样看待呢？

原来，在咸丰三年（1853）以前，安徽一向分设南北两道：北道分巡凤、庐、颍、滁、六、泗等处，兼管凤阳关；南道分巡安、徽、宁、池、太、广等处，兼管芜湖关。所以在前引的档案材料中或称安徽道，或称安徽宁池太广道，或称芜湖道。他的职权比兵备道、海关道要大得多。我们不能因为他曾"督率巡船，缉拿土匪"，就说他是兵备道，更不能因为他"兼管芜湖关"，就说他是芜湖海关道。

咸丰三年，太平军攻下安庆之后，署安徽巡抚周天爵请将省城暂建庐州。吏部左侍郎沈兆霖因江面阻隔，请设皖南巡抚。吏部认为："官属碍难猝设，疆域未容轻分。"请将安徽宁池太广道暂改为徽宁池太道，加按察使衔，准其专折奏事。任职人选，由两江总督保荐。[①] 咸丰六年正月二十九日（1856年3月5日）的"上谕"说："怡良、何桂清奏遵旨会保道员一折，安徽徽宁池广太道员缺，着邓瀛补授，并加按察使衔。钦此。"[②] 这是安徽徽宁池广太道的第一任道员。从管辖的地区看，安徽徽宁池广太道比安徽宁池太广道少了一个首府安庆，而他的职权却比原来的安徽宁池太广道大。因为安徽宁池太广道是没有加按察使

---

① 中国第一历史档案馆藏，《上谕档》，同治元年五月。
② 中国第一历史档案馆藏，《上谕档》，咸丰六年正月。

衔，不能专折奏事的。到了同治四年（1865），两江总督曾国藩因安徽宁池太广道改为安徽徽宁池广太道之后，"安庆一府遂无所属。若仍归南道，则中隔一江，既难兼顾；若改隶北道，则皖北控制千里，鞭长莫及"。根据各省省会都有道员驻扎的惯例，请于安庆府添设安庐道一员，分巡安庆、庐州二府，滁州、和州两直隶州，其原设之凤庐颍道改为凤颍道，分巡凤阳、颍州二府，六安、泗州两直隶州，仍兼凤阳关监督。经王大臣等会议，采纳了曾国藩的方案，同时撤销了安徽徽宁池广太道暂加的按察使衔和专折奏事的权力。① 所以，惠征的官衔是决不能说成安徽徽宁池广太道的。因为，这个时候，惠征已经开缺了。

惠征开缺之后，就不再看到他的活动。咸丰六年十二月初二日（1856年12月28日），咸丰谕令总管内务府大臣："着查官房一所，赏给前任道惠征家。钦此。"② 十二月初五日，总管内务府大臣奏称：管理官房租库司员"查得西直门内新街口迤北二条胡同路北住房一所，共计六十二间。内正所房四十三间，门房间有歪闪，其余尚属坚固整齐，院落亦属宽敞，堪以居住。其东所房十九间，大半糟旧坍塌等因禀覆前来。臣等伏查，此项房间，正所既有四十三间，堪敷应用。所有正所、东所共计房六十二间，可否赏给前任道惠征家居住之处，伏候命下钦遵。谨将房间数目另缮清单，恭呈御览。为此谨奏请旨"。③ 咸丰看后，批了"依议"二字。④ 于是将此项官房赏给惠征家居住了。

咸丰七年二月十八日（1857年3月13日），官房租库员外郎晋英等在《呈稿》中谈到赏给惠征家房间一事的办理情况时说：

咸丰六年十二月初二日（1856年12月28日）奉旨：着查官

---

① 中国第一历史档案馆藏，《上谕档》，同治四年六月。
② 中国第一历史档案馆藏，内务府《奏销档》，咸丰六年十二月。
③ 中国第一历史档案馆藏，内务府《奏销档》，咸丰六年十二月。
④ 中国第一历史档案馆藏，内务府《奏销档》，咸丰六年十二月。

慈禧的家族、家庭和入宫之初的身份

房一所,赏给前任道惠征家。钦此。当经本府查得西直门内新街口二条胡同路北官房一所,共计六十二间,奏请赏给前任道惠征家居住。于十二月初五日具奏,奉旨:依议,钦此。遵即行文镶蓝旗满洲都统,转饬该道佐领,带同该族长并该故员家属于十二月初十日(1857年1月5日)接收房间,即于是日将此项房间以及内外檐装修眼同指对清楚,均经照数接收讫,并将房间数目及内外檐装修开写清单,粘连执照,于十二月十七日(1857年1月12日)咨送镶蓝旗满洲都统衙门,给发该故员惠征家属收执等因各在案。查此所官房,系郎中恩德抵项入官。本府业已奏请赏给前任道惠征家居住,应照例将此所房间开除外,并知照户部可也。为此具呈。①

在这里,值得注意的是两次提到"故员惠征"。人死为故,"故员"二字说明,在这之前,惠征已不在人间了。

由上所述,我们可以看出慈禧的家庭,是一个官僚之家。不仅她的父亲是道员,她的祖父和曾祖父都曾做到郎中。慈禧的父亲到安徽做道员,是在咸丰二年七月(1852年8月),明年三月(1853年5月)奉旨开缺。即使他后来死在安徽,早已入宫的慈禧,也不可能和妹妹一起扶柩回京。在咸丰五年(1855)之后,慈禧的祖父和曾祖父分别由闲散、员外郎升任郎中,这就说明在慈禧入宫之后他们都还活着。那么,慈禧入宫前的生活,就不可能像过去人们传说的那样贫困潦倒。应当说:慈禧的家庭是一个官僚家庭,慈禧在入宫之前是一个养尊处优的官僚之家的小姐。

---

① 中国第一历史档案馆藏,内务府《官房租库呈稿》,咸丰七年。

三、慈禧入宫之初的身份

慈禧入宫之初的身份是什么？相当流行的说法是宫女。有人说是秀女，在坤宁宫当差，半年之后，才封为贵人。其实，这里的秀女，只不过是宫女的另一种说法而已。由于慈禧的父亲曾在安徽当过道员，于是又生出了慈禧"生长南中"，"雅善南方诸小曲"并因此得宠的传说。《清朝野史大观》卷一《那拉氏得幸之始》条说：

> 那拉氏者，惠征之女也。惠征尝为徽宁池太道，其女生长南中，少而慧黠，嬛艳无匹俦。雅善南方诸小曲，凡江浙盛行诸调，皆琅琅上口，曲尽其妙。于咸丰初年，被选入圆明园，充宫女，编入桐阴深处。文宗游行园中，闻有歌南调者，心异之。越日复往，近桐阴深处，歌声又作。因问随行内监以歌者何人？内监以兰儿对。兰儿者，那拉氏之小字也。宫中尝以此名呼之。文宗乃步入桐阴深处，盘距炕上曰：召那拉入。略诘数语，即命就廊栏坐，令仍奏前歌。良久，文宗唤茶，时侍从均散避他舍，那拉氏乃以茶进，此即得幸之始也。

前面讲过，惠征任安徽道，是在咸丰二年七月（1852年8月），这时，慈禧已经入宫。那么，慈禧是否"生长南中"，"雅善南方诸小曲"之说，可以不再讨论。值得研究的是慈禧入宫之初，是否做过宫女。为了弄清这个问题，我们不能不考察一下清代的宫闱制度。

清代的宫闱制度，是在清王朝建立之后逐步完备起来的。顺治十五年十一月（1658年12月），礼部等衙门会议宫闱女官名数、品级及供事宫女名数：乾清宫设夫人一位，秩一品。淑仪一人，秩二品。婉侍六人,秩三品。柔媛二十人,芳媛三十人,俱秩四品。尚宫局:尚宫、司纪、司言、司簿各二人,司闱四人,女史六人。尚仪局:尚仪一人,司乐二人,司籍、司宾、司赞各四人,女史三人。尚服局:尚服一人,司仗四人,司宝、司衣、司饰、女史各二人。尚食局:尚食一人,司撰四人,司酝、司药、司供、女史各二人。尚寝局:尚寝一人,司设、司灯各四人,司舆、司苑、女史各二人。尚绩局:尚绩一人,司制四人,司珍、司彩、司计、女史各二人。宫正司:宫正、女史各二人,秩二品。慎容二人,秩三品。勤侍无品级、无定数。① 由于清王朝建立不久,政权还没有巩固,这一套制度,仅见于《实录》,并未施行。到了康熙年间,宫闱制度方确立起来。《国朝宫史》卷八《典礼四·宫规》,在谈到后宫位号时说:

> 本朝定制:皇帝尊圣祖母为太皇太后,尊圣母为皇太后,居慈宁、寿康、宁寿等宫,奉太妃、太嫔等位随居,皇后居中宫,主内治。皇贵妃一位,贵妃二位,妃四位,嫔六位,分居东、西十二宫,佐内治。自贵妃以下,封号俱由内阁恭拟进呈,钦定册封。贵人、常在、答应,俱无定位,随居十二宫,勤修内职。

在谈到宫女子额数时说:

> 皇太后宫十二名,皇后宫十名,皇贵妃位下八名,贵妃位下八名,妃位下六名,嫔位下六名,贵人位下四名,常在位下三名,答应位下二名。

该书编者在按语中说,这些条款,是根据《钦定宫中现行则例》"开载编录"的。从《宫规》的记载,我们可以清楚地看出,清代后宫

---

① 《清世祖章皇帝实录》卷一百二十一。

有两种人：一种是享有皇太后、皇后、皇贵妃、贵妃、妃、嫔、贵人、常在、答应等位号的"内廷主位"，一种是供这些"内廷主位"役使的宫女子，也就是宫女。前者是主子，后者是奴才。她们之间的区别是十分明显的。

清代后宫，上自皇后，下至宫女，都在旗人女子中挑选。由于政治地位不同，旗人又有八旗和内务府三旗包衣的区别。八旗有满洲八旗、蒙古八旗、汉军八旗，这是清政权的主要支柱。内务府三旗则是清皇室的奴隶。但是，在清王朝建立的过程中，一些包衣也立下了汗马功劳。因此，在内务府三旗包衣中，也有一些官员世家。《红楼梦》作者曹雪芹的祖辈，就属于满洲正白旗包衣，是由于为清王朝的建立立下了汗马功劳而成为官员世家的。

清代前期，不论是八旗还是内务府三旗应选的女子都称为秀女。但是，这两种秀女的挑选办法和她们在宫中的地位是不一样的。八旗秀女，每三年挑选一次，由户部主持。内务府三旗秀女，每年挑选一次，由内务府主持。八旗秀女，可备皇后、妃、嫔之选或赐婚近支宗室。内务府三旗秀女，虽然也有少数人被选为妃嫔或赐婚近支宗室，如大学士高斌的女儿成了乾隆的贵妃，江宁织造曹寅的女儿成了多罗平郡王讷尔苏的福晋，而"后宫使令"，则"皆内务府包衣下贱之女"。[①] 雍正七年六月初三日的"上谕"中说："尔等留心切记，嗣后凡挑选使令女子，在皇后、妃、嫔、贵人宫内者，官员世家之女尚可挑入。如遇贵人以下，挑选女子，不可挑入官员世家之女。若系拜唐阿、校尉、护军及披甲、闲散人等之女，均可挑入。"[②] 后来，内务府三旗中的官员世家，有的升入本旗，有的拨入汉军，到了清代后期，内务府三旗的应选女子就不再称为秀女，而选阅内务府三旗女子，在档案中有时更明确地说是

---

① 昭梿：《啸亭杂录》卷二，"前朝宫女四万"条，中华书局，1980年，第325页。
② 《国朝宫史》卷三《训谕三》，北京古籍出版社，1987年，第29页。

"引看包衣三旗使女"了。①在清代后期,也有个别由宫女而成为妃嫔的。咸丰八年五月十五日(1858年6月25日),咸丰新封的吉贵人就是内务府正黄旗维翰佐领下园户清远的女儿。②但是,由八旗秀女而成为供后宫使令的宫女的事例,在有清一代却一个也没有发现。

慈禧的家庭属于满洲镶蓝旗,她参加选阅秀女的时候,惠征虽然还没有去安徽做道员,但是,慈禧参加选阅秀女本身也足以证明惠征已经进入仕途了。

顺治年间规定:八旗满洲、蒙古、汉军所有官员、正户军士、闲散壮丁的十三岁至十六岁的女儿,除有残疾不堪入选者外,都必须参加每三年一次的选阅秀女。有记名者,再行选阅;不记名者,听本家自行聘嫁。如有事故不及与选者,下次补行送阅。未经阅看之女子及记名女子私相聘嫁者,自都统、参、佐领及本人父母、族长皆分别议处。随着八旗人口的增长,应行挑选的人数渐多,到了嘉庆年间,才将选阅秀女的范围做了修改。嘉庆十八年(1813)发布的"上谕"说:

> 从前挑选八旗女子,官员、兵丁、闲散之女,均经一体挑选。自嘉庆十一年(1806)曾经降旨,令将汉军自笔帖式、骁骑校以上之女备选。现在,八旗满洲、蒙古应行挑选女子人数渐多。下届挑选时,除八旗满洲、蒙古女子自护军领催以上女子仍照旧备选外,其各项拜唐阿、马甲以下女子,着不必备选。着为令。③

从惠征的情况看,可能是一个比护军领催大得多的官员,否则不可能在慈禧入宫后不久就升任正四品的"冲繁难要缺"安徽宁池太广道

---

① 中国第一历史档案馆藏,《宫中杂件》第1249包。
② 中国第一历史档案馆藏,《宫中杂件》第1247,2462包。
③ 《钦定大清会典事例》卷一千一百一十四《八旗都统·户口·选阅秀女》。

的。① 既然慈禧是八旗满洲官员世家的女儿，她就不会参加内务府三旗女子的挑选，她被选为宫女，是根本不可能的。

为了澄清这个问题，我们还需要进一步考察慈禧入宫的时间和入宫之初的身份。

《清史稿》卷二百十四《孝钦显皇后传》说：

> 孝钦显皇后，叶赫那拉氏，安徽徽宁池广太道惠征女。咸丰元年（1851），后被选入宫，号懿贵人。四年（1854），封懿嫔。六年三月庚辰（1856年4月27日），穆宗生，进懿妃。七年（1857），进懿贵妃。十年（1860），从幸热河。十一年七月（1861年8月），文宗崩，穆宗即位，与孝贞皇后并尊为皇太后。

按照《清史稿》的说法，慈禧是在咸丰元年（1851）被选入宫的，她的封号是懿贵人。这种说法，为许多历史著作所采用。其实，这种说法是与事实不符的。

中国第一历史档案馆保存的咸丰年间修纂的满文《玉牒》，在"当今皇帝咸丰万万年"条下，对慈禧有如下的记载，译文是：

> 兰贵人那拉氏，道员惠征之女。咸丰四年甲寅二月（1854年3月）封懿嫔。六年丙辰三月（1856年4月）封懿妃。七年丁巳正月（1857年1月）封懿贵妃。

《玉牒》是清朝皇帝及其家族的宗谱，每十年修纂一次。每次修纂，都由皇帝指派宗人府宗正、宗令、满汉大学士、内阁学士、礼部尚书、侍郎等担任正副总裁。修成以后，进呈皇帝审阅。存放时，还要举行隆重的仪式。可见修纂《玉牒》的工作是十分郑重的。《玉牒》中的记载，

---

① 中国第一历史档案馆藏，《上谕档》，咸丰三年三月。

慈禧的家族、家庭和入宫之初的身份

特别是有关"当今皇帝"的记载,自然是不敢疏忽的。中国第一历史档案馆保存的其他档案,也证明《玉牒》的记载完全属实。

内务府《奏销档》咸丰四年一至三月档册内,记载着慈禧由贵人进封懿嫔的满文"上谕",译文是:

> 咸丰四年二月二十六日(1854年3月24日)奉上谕:贵人那拉氏着晋封为懿嫔。钦此。

这道"上谕",没有交代那拉氏原来是什么贵人。但是,在该档册编列的汉文目录中,这道"上谕"的标题是:"二月二十六日,兰贵人晋封懿嫔。"《宫中杂件》内的一条材料也说:"咸丰四年二月二十六日,敬事房太监王瑞传旨:兰贵人封为懿嫔。为此特记。"[①] 在档案中,有许多关于兰贵人的记载,关于懿贵人的却一条也没有。《清史稿》说慈禧"被选入宫,号懿贵人",是缺乏根据的。

兰贵人是见于历史文献的慈禧的第一个位号,还不能否定慈禧入宫之初的身份不是宫女。要解决这个问题,我们就有必要弄清慈禧入宫的时间。

咸丰元年十一月二十三日(1852年1月13日),内务府关于本年恭进内廷主位宫分的奏折中提到的咸丰的内廷主位只有一位云贵人。[②] 云贵人,武佳氏,是咸丰做皇子时的侍妾。她的位号,是咸丰即位后才封的。在这个时候,宫中并没有兰贵人。

咸丰二年二月二十八日(1852年4月17日),内务府在一封奏折中说:

> 总管内务府谨奏,为奏闻事。

---

① 中国第一历史档案馆藏,《宫中杂件》第1247包。
② 中国第一历史档案馆藏,内务府《奏销档》,咸丰元年十月至十二月。

咸丰二年二月十一日（1852年3月31日），由敬事房口传，奉旨：贞嫔、云嫔于本年四月二十七日进内，兰贵人、丽贵人着于五月初九日进内……钦此。钦遵在案。恭查定例，嫔位下应有专奉内管领一员。贵人、常在，向无专奉内管领。今贞嫔各位应得分例、器皿、什物等项，除各该处照例办理外，至应派专奉内管领，臣等届期拣派。为此谨奏。等因。于咸丰二年二月十八日（1852年4月7日）具奏。

奉旨：知道了。钦此。①

这封奏折，主要是讲贞嫔等应得的分例、器皿、什物以及派遣专奉内管领等问题，同时也反映了贞嫔等入宫的时间。奏折提到的四人中，贞嫔、兰贵人、丽贵人都是刚从八旗秀女中挑选的。云嫔虽然是咸丰做皇子时的侍妾，但是，不住在宫中，所以也有"进内"的问题。

从有关材料看，这次选阅秀女，咸丰元年（1851）只做了一些准备工作，而选阅的时间是在咸丰二年二月（1852年3月）。咸丰二年二月十一日（1852年3月31日）敬事房口传的"上谕"，就是在选阅之后下达的。因为这时咸丰还在丧服期中，所以选阅之后，贞嫔等不能立即进宫。四月十一日，咸丰到慕陵行释服礼之后，贞嫔等才分批进宫。贞嫔、云嫔于四月二十七日，兰贵人、丽贵人则于五月初九日进宫。从这件档案材料我们可以清楚地看出：慈禧的最初位号兰贵人，是在她入宫之前两个多月就有了的。

咸丰三年二月二十四日（1853年4月2日），内务府关于交出宫女的奏折中说："储秀宫交出女子一人，在兰贵人位下当差。"②咸丰三

---

① 中国第一历史档案馆藏，内务府《奏销档》，咸丰二年一月至三月。
② 中国第一历史档案馆藏，内务府《奏销档》，咸丰三年一月至三月。

年七月十七日（1853年8月21日），内务府的奏折中又说："储秀宫交出女子大姐一名。据称年十五岁。于咸丰二年五月初八日（1852年6月25日）进宫，在兰贵人位下当差。素无过失。现患吐血病症，是以交出等因。"①事实说明，在慈禧入宫的前一天，供她使令的宫女就入宫了。她不仅不是宫女，而且是按规定可以使令四名宫女的贵人。说慈禧入宫之初的身份是宫女，是不符合事实的。

兰贵人这个"兰"字是怎样来的？有人说是因为慈禧小字兰儿。这种解释是很难成立的。

清代统治者是十分重视避讳的。乾隆四十二年（1777）江西举人王锡侯因在所著《字贯》一书的凡例中开列了康、雍两朝的庙讳和乾隆的名字，就被乾隆视为大逆不道，将王锡侯及其子孙处以重刑，给《字贯》题诗、作序甚至原来处理这一案件的官员，都受到了严厉的处分。在封建专制主义的淫威下，人们不仅要避御名，而且要避嫌名。康熙名玄烨，于是以元字代玄字，紫禁城的玄武门改名神武门。雍正名胤禛，诗人王士禛改名士正，又改士祯，江苏的仪真改名仪征。乾隆名弘历，大学士陈弘谋改名宏谋，时宪历改称时宪书。嘉庆名颙琰，思想家李颙改为李容。道光名旻宁，北京的广宁门改为广安门。溥仪上台的时候，清王朝已经风雨飘摇，朝不保夕。对于避讳，仍很重视。因为他的缘故，唐绍仪改名绍怡，銮仪卫改銮舆卫，全国各官署的仪门改为宜门。但是，在慈禧的时代，同治的师傅李鸿藻名兰荪，慈禧身边的太监有张兰德，为慈禧演出的演员有乔蕙兰，颐和园谐趣园中有"兰亭"，升平署《月戏档》中有《盂兰会》。如果慈禧真的小字兰儿，为什么这些和慈禧接近的大臣、太监、演员以及她游乐的处所、欣赏的戏剧还用兰字命名呢？

---

① 中国第一历史档案馆藏，内务府《奏销档》，咸丰三年七月至十月。

有人认为，兰字是封号。但是，仔细研究一下有关材料，就会感到这种说法也值得商榷。咸丰四年二月（1854年3月）的《上谕档》中，有这样一件材料：

> 贵人那拉氏，着晋封为懿嫔。
>
> 写清字上谕，将封号字拟数字，清文，候朕圈定，发抄时，将封号汉文一并交阁，嗣后永照此例行。①

这道"上谕"，是咸丰四年二月二十六日（1854年3月24日）咸丰为慈禧由贵人晋封懿嫔而发的。中国第一历史档案馆保存的军机处簿册《花翎勇号档》记载："四年二月二十六日，有朱笔，当时缴内，拟清字四个，用黄面红里纸。"可惜，当时拟具的四个清字，我们现在还没有发现。

为什么慈禧由贵人晋封为嫔，咸丰要内阁拟具封号字样呢？不外两种可能：一种是原来的封号兰字意义不好，必须改封；另一种是兰字本来就不是封号，所以，由贵人晋封为嫔时，必须给予封号。从现存的材料看，我认为应当是后者而不是前者。

《国朝宫史》根据《钦定宫中现行则例》"开载编录"的《宫规》，在谈到皇贵妃、贵妃、妃、嫔的时候说："封号俱由内阁恭拟进呈，钦定册封。"对于贵人、常在、答应，则没有谈到封号。

从历史文献和档案资料看，康熙、雍正、乾隆三朝，贵人、常在、答应等内廷主位，基本上都称贵人某某氏，常在某某氏，答应某某氏，个别在位号前有字的则是她们的姓。其中最明显的是雍正的刘贵人。雍正十一年六月十二日（1733年7月22日）谕大学士等："刘贵人晋封为嫔，其应封字样，着选拟具奏。"②不久，这个刘贵人就封为谦嫔。据

---

① 中国第一历史档案馆藏，《上谕档》，咸丰四年二月。
② 《清世宗宪皇帝实录》卷一百三十二。

《清朝文献通考》卷二百四十一的记载:"(世宗)谦嫔刘氏,管领刘满女,雍正十一年六月封。"这就清楚地说明,刘贵人的"刘"字,是她的姓而不是她的封号。

嘉庆以后,出现了新的情况,一方面仍然称贵人某某氏、常在某某氏、答应某某氏,或者将她们的姓冠于位号之首。如嘉庆的贵人王佳氏、贵人钮钴禄氏、贵人董佳氏、贵人刘佳氏。道光的贵人郭佳氏、蔡常在、尚常在、李常在、那常在。同时也出现了一些并非姓氏的字样。如嘉庆的恩贵人、荣贵人、安常在。道光的珍贵人、秀常在、顺常在。到了咸丰的时候,他的贵人、常在等位号之前,都已经有字了。其中丽贵人、玫贵人、云贵人、璷贵人、容贵人、玮贵人、玉贵人、吉贵人、禧贵人、庆贵人、婉常在等,后来晋封,位号前的字样都没有改变。有改变的,只有慈禧和伊贵人。伊贵人,伊尔根觉罗氏。咸丰二年(1852)封英嫔。咸丰三年九月初三日(1853年10月5日),敬事房太监孙禄传旨:"英嫔降为伊贵人,在贵人之次。"① 而咸丰四年二月(1854年3月),慈禧由贵人晋封为嫔的时候,却谕令内阁:"将封号字拟数字,清文,候朕圈定。"这两件档案材料,从不同的角度说明这种变化和她们的姓氏有关。英嫔的"英"字是封号,当她降为贵人的时候,封号被撤销,于是在她的位号前冠以她的姓伊尔根觉罗的省略"伊"。兰贵人的"兰"字,也不是封号而是她的姓的省略。因为那拉,一作纳拉,或纳兰,清代大诗人纳兰性德,就是叶赫贝勒金台石的曾孙。② 那拉,也有译为"勒"的。乾隆六年十一月(1741年12月),册封叶赫贝勒金台石的元孙、兵部侍郎、副都统永绶的女儿为舒嫔的册

---

① 中国第一历史档案馆藏,《宫中杂件》第1247包。
② 韩菼:《一等侍卫纳兰君神道碑》,载钱仪吉《碑传集》卷一百三十八,江苏书局,光绪十九年(1893),第1页。

文中，就将叶赫那拉氏说成"叶赫勒氏"。①"勒"和"兰"是一声之转。濮兰德、白克好司在《慈禧外纪》中说慈禧"初入宫时，其母家姓叶赫那拉氏，人皆称其氏"②是很有道理的。

从以上情况看，咸丰位下的贵人、常在位号前的字，仍然和嘉庆、道光时一样，有的是姓，有的虽然不是姓，但也绝非封号。因为，同是贵人、常在和答应，不可能这一部分人有封号，而另一部分人没有封号。慈禧是咸丰二年（1852）选阅的秀女中第一个由贵人晋封为嫔的。尽管在封建社会兰享有"花中君子""王者之香"的美誉，意义未尝不好，咸丰还是要内阁"将封号字拟数字，清文，候朕圈定，发抄时，将封号汉文，一并交阁。嗣后永照此例行"。但是，后来咸丰并没有按自己说的做，即以后贵人晋封为嫔，都由内阁拟具封号，经他圈定发抄。咸丰四年十二月（1855年2月），丽贵人晋封丽嫔，婉贵人晋封婉嫔。咸丰八年十二月（1859年1月），玫贵人晋封玫嫔。同治即位之后，璷贵人、吉贵人、禧贵人、庆贵人、容贵人、琦贵人、玉贵人晋封为嫔时，都沿用原有的字。有的人由贵人而嫔，而妃，而贵妃，原有的字都没有改变。慈禧反而成了唯一的例外。《清史稿》的作者，没有做深入的考察，把其他一些人的情况视为定例，据此类推，于是兰贵人就误作懿贵人了。

由上所述，我们可以看出：慈禧之所以能登上统治者的宝座，不是偶然的。除了当时国内外的种种条件之外，慈禧本身的因素也不可忽视。她出身于一个满洲的官僚世族之家，入宫之初就得到了贵人的位号。由于得到咸丰的宠幸，不到两年，就由贵人晋封为嫔。特别是在她生了咸丰唯一的儿子载淳之后，更是青云直上，三四年间，由嫔而妃，而贵妃，她在宫中的地位，就仅次于皇后钮钴禄氏了。这一切，都为她

---

① 李兆洛：《皇朝文典》卷四十二。
② 濮兰德、白克好司：《慈禧外纪》，第8页。

后来夺取政权铺平了道路。如果按照普遍流行的说法，后来的一些问题就令人难以理解了。

1982 年 3 月 20 日

（原载《清史研究集》第三辑，1984 年 2 月）

咸丰帝留有密诏吗

长期以来，有一种非常流行的传说：咸丰生前，对慈禧就很不放心，在他临死的时候，曾密授皇后钮钴禄氏（慈安）一纸朱谕。大意是，懿贵妃那拉氏（慈禧）"如恃子为帝，骄纵不法，卿即可按祖宗家法治之"。一些关于慈禧的小说、戏剧、电影，往往以此为素材。几年前上演的话剧《懿贵妃》，最近放映的电影《两宫皇太后》，甚至把它作为贯串全部作品的基本线索。在许多人的心目中，咸丰密谕几乎成了不可怀疑的信史。

咸丰临死的时候，真的有这样一纸密谕吗？

慈禧，那拉氏，满洲镶蓝旗人，祖居叶赫，所以人们称这个家族为叶赫那拉。道光十五年十月初十日（1835年11月29日），她出生于北京的一个官僚家庭。父亲惠征，曾任安徽宁池太广道道员。咸丰元年（1851），诏选秀女。咸丰二年（1852），那拉氏被选入宫，封兰贵人。咸丰四年（1854），晋封懿嫔。咸丰六年三月二十三日（1856年4月27日），生皇长子载淳，咸丰十分高兴，第二天就将她晋封懿妃。咸丰七年正月（1857年1月），又晋封懿贵妃。从此，她在宫中的地位，就仅次于皇后钮钴禄氏。为了培养她的政治才干，咸丰还亲自教她批阅奏章，干预朝政，这种异乎寻常的做法，充分表现了咸丰对她的宠爱和信任。

咸丰六年（1856），英、法两国政府先后以"亚罗号事件"和"马神甫事件"为借口，发动了侵略中国的第二次鸦片战争。咸丰十年六月（1860年8月），英、法联军攻陷大沽炮台，占领天津，进逼北京。八月七日，清军与英、法侵略军大战于八里桥，清军失利，统帅僧格林沁、瑞麟败逃，胜保受伤。咸丰听到这一消息，"立传预备"。次日黎明，他携带着皇后、妃嫔和一些贵族官僚匆匆从圆明园出发，逃往热河（今河北省承德市）避暑山庄，留下他的弟弟恭亲王奕訢与英、法侵略军进行谈判。

当咸丰即将出发的时候，那拉氏极力谏阻。她说："皇上在京，可以镇慑一切，圣驾若行，则宗庙无主，恐为夷人践毁。昔周室东迁，天子蒙尘，永为后世之羞，今若弃京城而去，辱莫甚焉。"但是，她这番话不仅没有使咸丰改变主意，反而使她和咸丰之间在感情上出现裂痕。到了避暑山庄之后，肃顺更乘机劝说咸丰像汉武帝刘彻将太子生母钩弋夫人赐死那样除掉那拉氏。但是，咸丰"濡需不忍"，没有按他的意见办。看来，咸丰对那拉氏仍然怀有感情，并没有因她"忤旨"而采取断然措施。

咸丰十一年七月十七日（1861年8月22日）寅刻，咸丰死于避暑山庄。死前，曾有两道朱谕：

> 皇长子载淳，着立为皇太子。
> 特谕。
>
> 皇长子载淳现立为皇太子，着派载垣、端华、景寿、肃顺、穆荫、匡源、杜翰、焦佑瀛尽心辅弼，赞襄一切政务。特谕。

但是，这两道朱谕，都不是咸丰亲笔写的。中国第一历史档案馆保存的《上谕档》在第一道朱谕的后面注云：

> 本日子刻，大人们同内廷王、御前大臣一起寝宫召见，面谕并辅政一道，写朱谕述旨后发下，即刻发抄。

中国第一历史档案馆保存的《随手登记档》在上述两道朱谕后记道：

> 本日子初三刻，寝宫召见共一起。御前大臣载垣、景寿、肃顺，内廷王端华，军机大臣穆、匡、杜、焦，面奉谕旨，写朱谕递上。发下，当即发抄。

七月十七日，以咸丰名义发布的遗诏中说：

> 十六日子刻，召见宗人府宗令、右宗正、御前大臣、军机大臣，令其承写朱谕，立皇长子载淳为皇太子，并命该王大臣等尽心辅弼，赞襄政务。

立储、托孤，是封建王朝的头等大事，对于这样的大事，咸丰为什么不亲自动笔，却要别人"承写"呢？当时在热河军机处供职的知情人为我们揭开了其中的奥秘。

《热河密札》第十二函写道：

> 十六日午后晕厥，嘱内中缓散，至晚苏转，始定大计。子初三刻见时，传谕清楚，各位请丹毫，以不能执笔，着写来述旨，故有"承写"字样。

原来，十六日午后，咸丰就休克了，晚上苏醒过来，才安排后事，尽管"传谕清楚"，但已经气息奄奄，"不能执笔"，只好让别人"写来述旨"了。像确定皇位继承人和委派赞襄政务王大臣这样的头等大事，尚且要别人代笔，哪里还能给皇后密授什么朱谕呢？在这之前，咸丰也不会写什么有关后事的朱谕。刚到而立之年的咸丰，正是春秋鼎盛，他万万没想到他会死去。

特别值得注意的是：咸丰临死的时候，还分别赐给皇后钮钴禄氏和皇太子载淳各一颗图章。赐给皇后的文曰"御赏"，赐给载淳的文曰"同道堂"。这两颗图章，不是普通的纪念品，而是国家权力的象征。

这时，刚刚即位的小皇帝载淳仅有六岁，于是，他的生母那拉氏就很自然的代行皇帝的职权。从咸丰临死时的安排可以看出，他不仅不想限制那拉氏，而且希望那拉氏掌握实权，从而巩固他的唯一的儿子的统治地位。当时就有人指出，这种体制是"垂帘辅政，盖兼有之"。后来，那拉氏在以奕䜣为首的贵族、官僚和外国侵略者的支持下发动政变，从载垣、端华、肃顺等八位赞襄政务王大臣手中夺取政权，登上最高统治者的宝座，这和咸丰临终时的安排是大有关系的。

清代末年，有人把慈禧的垂帘听政归罪于奏请皇太后暂时权理朝政的山东道监察御史董元醇。曾经在肃顺门下作客，被称为"肃门四子"之一的大诗人王闿运就不以为然，他在《独行谣》一诗中写道："祖制重顾命，姜妠不佐周。谁与同道堂，翻怪垂帘疏。"这就是说，慈禧的垂帘听政，完全是咸丰一手造成的。同是一个咸丰，怎么可能在赋予那拉氏巨大权力的同时，又密授钮钴禄氏一纸朱谕，以防范那拉氏"恃子为帝，骄纵不法"呢？总之，咸丰密谕之说，事出有因，查无实据。稗官野史、街谈巷说的可信程度，从来是有限的。我们不能要求文学家、艺术家像历史学家那样忠于历史事实，但是，我们也有必要指出，小说、戏剧、电影是文学家、艺术家的创造，其中的人物和情节与历史事实往往是不一致的。

（原载《燕都》1988年第5期）

北京政变谕旨探析

咸丰十一年九月三十日（1861年11月2日），北京发生了一件震惊中外的大事。一道早在九月十八日于热河缮定的谕旨的发布，导致显赫一时的载垣、端华、肃顺等八位赞襄政务王大臣从权力的顶峰跌了下来，而慈禧太后则以垂帘听政的名义登上了最高统治者的宝座，尽翻朝局。史称北京政变、辛酉政变或祺祥政变。

对晚清政局发生重大影响的这道谕旨，究竟出自何人之手，史无明文。中国第一历史档案馆保存的《上谕档》中，有一道九月三十日令将载垣、端华、肃顺革职拿问的上谕。上谕中说："前因载垣、端华、肃顺等三人种种跋扈不臣，朕于热河行宫命醇郡王奕谖缮就谕旨，将载垣等三人解任。"缮是抄写、誊清的意思。这就是说，奕谖所做的只是抄写、誊清而已。那么奕谖据以抄写、誊清的谕旨又是何人拟定的呢？北京政变时，载淳仅有六岁，这篇谕旨不可能出自这位小皇帝之手，能够草拟谕旨的只能是他的生母慈禧太后。但是，当时的热河，载垣等人的耳目众多，慈禧的活动都在他们密切的监视之下，慈禧太后是怎样和奕谖取得联系的呢？奕谖缮旨，究竟只是抄写、誊清，还是做了比这更重要的工作？《上谕档》在九月十八日于热河缮定的谕旨之后有一黄签，上书："九月三十日发下，交内阁发抄。"黄签后又有一段说明："此件谕旨，系九月十八日热河由内缮定，三十日发下。另缮一道递上，钤图，发下交抄，原件缴进。内有面奉谕旨酌改添减字句，均用黄签粘出。档内照粘黄签，备查。"可见，这道上谕在发布之前，又经过一次修改。注中所说的"面奉谕旨"，又是在什么时候、什么情况下发布的？它和政变中的另一个重要人物恭亲王奕䜣有没有关系呢？长期以来，这些问题一直悬而未解。近年来，由于有关档案史料的陆续发现，特别是近日中国第一历史档案馆秦国经、邹爱莲、高换婷编著的《御笔诏令说清史》中几件有关档案史料的公布，这些问题终于可以找到答案了。

咸丰十一年六月（1861年7月）下旬，因英法联军侵入北京而逃往热河避暑山庄的咸丰皇帝病势加重。从六月二十七日开始，以载垣、端华为一班，景寿、肃顺为一班轮流会同军机大臣阅看折报。应批之件，由他们草拟批语，分别夹签进呈，经咸丰审定后，令匡源、杜翰代批。

七月十五日午后，咸丰忽然晕厥，到了晚上才苏醒过来。十六日子初三刻，咸丰在他的寝宫烟波致爽殿召见御前大臣载垣、景寿、肃顺，内廷王端华，军机大臣穆荫、匡源、杜翰、焦佑瀛等人安排后事。传谕："皇长子载淳着立为皇太子。"又谕："皇长子载淳现立为皇太子，着派载垣、端华、景寿、肃顺、穆荫、匡源、杜翰、焦佑瀛尽心辅弼，赞襄一切政务。"载垣等请求咸丰亲自用朱笔书写，但是，这时的咸丰已不能执笔，"着写来述旨"。由于这个缘故，所以遗诏中有"承写"字样[①]。

咸丰十一年七月十七日（1861年8月22日）寅时，咸丰死于热河避暑山庄烟波致爽殿。六岁的皇太子载淳即皇帝位，年号"祺祥"。按照顺治十八年（1661）康熙即位时的先例，尊皇后钮钴禄氏为母后皇太后，生母懿贵妃为圣母皇太后。不久，又分别上徽号慈安和慈禧。因

---

① 《热河密札》第十二函。

为，在紫禁城里，慈安太后居东路的钟粹宫，故称东太后；慈禧太后居西路的储秀宫，故称西太后。

咸丰临死的时候，一方面派载垣、端华、景寿、肃顺、穆荫、匡源、杜翰、焦佑瀛等八人赞襄一切政务，另一方面又赐给钮钴禄氏和载淳各一颗图章作为权力的象征。发布谕旨，均由赞襄政务王大臣等草拟缮递后，请皇太后、皇上钤用图章发下，上曰"御赏"二字，下曰"同道堂"三字以为符信，慈禧太后则以生母的身份代行皇帝的职权。当时人称这种体制是"垂帘辅政，盖兼有之"①。

这时，在清统治集团内部，有两个政治中心，三种政治力量。两个政治中心：一个在北京，一个在热河。三种政治力量：一种是两位皇太后，一种是得到外国侵略者支持的奕䜣集团，一种是掌握中央权力的八位赞襄政务王大臣。在八位赞襄政务王大臣中，核心人物是载垣、端华、肃顺。肃顺又是这个核心的"主谋"。载垣等人为了独揽大权，不仅排斥远在北京的奕䜣，亦不愿两位皇太后干预朝政。对于这个问题，慈安倒不甚在意，慈禧却很不甘心。她首先说服慈安，然后派人和奕䜣取得联系。奕䜣不顾载垣等以小皇帝名义发布的"毋庸前赴行在"的上谕，请求到热河叩谒梓宫。八月初一日奕䜣到达热河，正赶上为咸丰举行殷奠礼，奕䜣"伏地大恸，声彻殿陛，旁人无不下泪"②。哭祭后，慈禧太后传旨召见，载垣等极力阻挠。杜翰在大庭广众中宣称："叔嫂当避嫌疑。且先帝宾天，皇太后居丧，尤不宜召见亲王。"但是，慈禧太后坚决要见，多次派太监传旨。奕䜣请端华作陪，端华目视肃顺，肃顺笑着说："老六，汝与两宫叔嫂耳，何必我辈陪哉！"于是，奕䜣单独进见，和慈禧、慈安秘密策划从载垣等手中夺权③。奕䜣认为，热河是载垣等的势力范围，要除掉他们，非回北京不可。慈禧担心外国人出面干涉，奕䜣满有把握地说："外国无异

---

① 《热河密札》第十二函。
② 《热河密札》第七函。
③ 薛福成：《庸盦笔记》卷一《咸丰季年三奸伏诛》，江苏人民出版社，1983年，第17—24页。

议，如有难，惟奴才是问。"① 这次密谈长达两个多小时。在一切安排就绪之后，奕䜣离开热河，连夜赶回北京。

奕䜣到达热河的第二天，钦差大臣、督办直隶山东军务、兵部右侍郎胜保，不顾载垣等于七月十八日以小皇帝名义发布的各路统兵大臣不必奏请到热河叩谒梓宫的上谕，具折恳求北上叩谒梓宫。他在奏折中列举了他北上叩谒梓宫的理由，并说拜发奏折的当天，他已经动身了。因为胜保手里掌握着北京、河北、山东等地的兵权，载垣等对他无可奈何，只好同意。过了几天，胜保个人并和直隶总督谭廷襄联名用黄折向皇太后、皇上请安。这种表示效忠皇太后的做法，载垣等自然不能容忍。八月初七日以小皇帝的名义发布上谕，指责胜保、谭廷襄"有违体制"，交部议处。但是，就在这一天，载垣等八人却联名致函正在山东镇压捻军的钦差大臣、科尔沁郡王僧格林沁，要他具折叩谒梓宫。僧格林沁不愿站在载垣等一边，以"遵旨"为理由，不肯前往。并在奏折中用了"伏乞皇太后、皇上圣鉴"字样。这种做法，和胜保、谭廷襄一样"有违体制"，载垣等为了争取僧格林沁的支持，却采用了另一种处理方法。他们八人联名致函僧格林沁，要他在以后的奏折中不要再出现皇太后字样。但是，僧格林沁在复函中却说，前由理藩院咨行准吏部咨文中说："本王大臣拟旨缮递后，请皇太后、皇上钤用图章发下，上系'御赏'二字，下系'同道堂'三字以为符信。"这就是明示天下，皇太后是要阅览奏折的。既然如此，在奏折里为什么不能书写皇太后字样呢？我现在这样写，以后奏报，"仍不敢不如此缮写"②。于是，载垣等争取僧格林沁的愿望就完全落空了。

---

① 王闿运：《祺祥故事》，中国近代史资料丛刊《第二次鸦片战争》（二），上海人民出版社，1978年，第326页。
② 僧格林沁：《复赞襄政务王大臣函》，《清代档案史料丛编》第一辑，中华书局，1978年，第105页。

八月初六日，山东道监察御史董元醇从北京上了一封奏折，请求皇太后暂时权理朝政；于亲王中简派一二人，令同心辅弼一切事务；于大臣中择其德望素优者一二人，俾充师傅之任。慈禧看了，非常高兴。八月十一日，召载垣等面谕照所请传旨。载垣等却以祖宗旧制向无皇太后垂帘听政之礼为理由，坚持写明发上谕痛加驳斥。一个姓吴的军机章京写了第一稿，语气比较平和，载垣等不满意，让焦佑瀛另行起草，措词严厉，有"是诚何心""尤不可行"等语，载垣等大加称赞。但是，送到慈禧太后那里，她却将此稿和董元醇的原折一起留下①。慈禧太后召见载垣等人，载垣等怒形于色，说他们是"赞襄皇上，不能听命于皇太后"，"请皇太后看折，亦系多余"②。慈禧气得两手颤抖，小皇帝吓得直哭，把慈禧的衣服也尿湿了。慈安太后从中调停，劝双方"留着明日再说"。第二天清晨，慈禧没有传旨召见，载垣等以"搁车"相威胁，发下的折件，他们拒绝开视，说："不定是谁来看。"慈禧感到，现在条件还不成熟，不宜和载垣等闹翻。到了中午，慈禧将董元醇的奏折和焦佑瀛所拟谕旨发下照抄。载垣等要求钤用图章，慈安和慈禧也照办了。载垣等"始照常办事，言笑如初"③。载垣等以为慈禧已经向他们屈服，不再把她放在心上。慈禧则利用他们的麻痹，积极进行政变的准备。经过几天的酝酿，终于草拟了一道谕旨，谕旨全文如下：

八月十一日，朕召见载垣等，虽董元醇奏敬陈管见一折，一请皇太后暂时权理朝正（政）数年后，朕能亲裁庶务，在（再）行归正（政）。又在亲王中简派一二人，令其辅弼。又在大臣中简派一二人充朕师傅之任。以上三端，正合朕议（意）。虽我朝向无太后捶（垂）帘之仪，朕受皇考大行皇帝付托之重，何敢违祖宗旧制，

① 《热河密札》第四函。
② 中国第一历史档案馆藏，《上谕档》，咸丰十一年十月份。
③ 《热河密札》第四函。

此所为（谓）是（事）贵从权。面谕载垣等着照所请传旨，该王大臣阳奉阴违，自行改写，敬（竟）敢抵赖，是成（诚）何心！该大臣看朕年幼，皇太后不明国是（事）所至（致）。该王大臣如此胆大。又上年圣驾巡幸热河之议，据（俱）是载垣、端华、肃顺等三人之议。朕仰体圣心，左右为难所至（致）。在山庄升遐，该王大臣诳驾垒垒（累累），抗旨之处，不可近（尽）数。①

这篇谕旨，不仅白字连篇，而且有些地方文理不通，词不达意。可以看出慈禧的文化水平不高。但是，她的意图却是十分清楚的。她力主垂帘听政，并将反对太后垂帘听政以及咸丰巡幸热河、病死避暑山庄之事都归罪于载垣、端华、肃顺等三人。这时，慈禧才二十六岁，虽然从咸丰七年（1857）她晋封懿贵妃之后，就"时时批阅各省奏章"②，开始干预朝廷政事。但是，她的政治经验毕竟是不多的，她非常需要别人的帮助。环顾左右，能够帮助她的只有醇郡王奕譞。奕譞是咸丰的同父异母弟，又是她的妹夫。在对待董元醇奏折的问题上，奕譞对载垣等人的嚣张气焰十分气愤。守黑道人在寄结一庐主人的密札中说："自前日明发要下，二圣怒极是诚何心一语，七先生亦大怒，云俟进城讲话。"③这里说的二圣，是指慈禧和慈安，七先生就是奕譞，因为他是道光皇帝的第七个儿子，故以七先生称之。但是，在当时的情况下，慈禧不可能召见奕譞，面授机宜，于是派遣太监刘福喜将所拟谕旨交给奕譞，并在后面空白处写了"求七兄弟改写"六字，又在另一张纸上写了："进成（城）后，着恭亲王总理赞襄正（政）务，是否求兄弟着议。"④ 在这

---

① 《慈禧太后手拟关于辛酉政变的密谕》，秦国经、邹爱莲、高换婷编著《御笔诏令说清史》，山东教育出版社，2003年，第176页。
② 濮兰德、白克好司：《慈禧外纪》，中华书局，民国六年（1917），第7页。
③ 《热河密札》第十一函。
④ 《慈禧太后手拟关于辛酉政变的密谕》，《御笔诏令说清史》，第176页。

里，慈禧提出了两个问题，第一是要求奕谟"改写"谕旨，第二是进城后准备以恭亲王奕䜣代替载垣、端华、肃顺等人，希望听听奕谟的意见。

根据慈禧的要求，奕谟对谕旨进行了改写，全文如下：

谕王公百官等：上年海疆不靖，京师戒严，总由在事之王大臣等筹画乖方所致。载垣等复不能尽心和议，徒以诱获英国使臣以塞己责，以致失信于各国。淀园被扰，我皇考巡幸热河，实圣心万不得已之苦衷也。幸赖天祖默佑，恭亲王等和议告竣，厥功甚巨。皇考屡召王大臣议回銮之旨，而载垣、端华、肃顺朋比为奸，总以夷情反复，力排众论。皇考宵旰焦劳，更兼口外严寒，以致圣体违和，竟于本月十七日龙驭上宾。朕抢天号地，五内如焚。

追思载垣等从前蒙蔽之罪，非朕一人痛恨，实天下臣民所痛恨者也。朕御极之初，即欲重治其罪。惟思伊等系顾命之臣，故暂行宽免，以观后效。孰意八月十一日朕召见载垣等八人，因御史董元醇敬陈管见一折内称请皇太后暂时权理朝政，俟数年后朕能亲裁庶务，再行归政。又请于亲王中简派一二人令其辅弼。又请在大臣中简派一二人充朕师傅之任。以上三端深合朕意。虽我朝向无皇太后垂帘之仪，朕受皇考大行皇帝付托之重，惟以国计民生为念，岂能拘守常例，此所谓事贵从权。特面谕载垣等着照所请传旨，该王大臣奏对时哓哓置辩，已无人臣之礼。拟旨时，又阳奉阴违，擅自改写，作为朕旨颁行。是诚何心？且载垣等每以不敢专擅为词，此非专擅之实迹乎？总因朕冲龄，皇太后不能深悉国事，任伊等欺蒙，能尽欺天下乎？此皆伊等辜负皇考深恩，朕若再事姑容，何以仰对在天之灵？又何以服天下公论？载垣、端华、肃顺着即解任，景寿、穆荫、匡源、杜翰、焦佑瀛着退出军机处，派恭亲王会同大学士、

> 六部九卿、翰詹科道将伊等应得之咎分别轻重，按律秉公具奏。至皇太后应如何垂帘之仪，着一并会议具奏，特谕。①

奕䜣的改写，不仅把慈禧的意图作了充分的表达，而且作了一些重要的补充。原旨只讲了载垣、端华、肃顺的罪行，并没有讲如何处分，对于景寿等五人更没有提及。从慈禧拟"着恭亲王总理赞襄政务"看，她并不想把赞襄政务的政治体制彻底推翻，只是改变它的领导成分。奕䜣则不仅将载垣、端华、肃顺解任，而且着景寿等五人退出军机处。这就把赞襄政务的政治体制彻底推翻了。十月初六日的上谕，更进一步说："我皇考弥留之际，但面谕载垣等立朕为皇太子，并无令其赞襄政务之谕。"于是，"造作赞襄名目，诸事并不请旨，擅自主持，即两宫皇太后面谕之事，亦敢违阻不行"②，就成为载垣等的又一条大罪了。原旨没有提到奕䜣，但是，既然准备让他总理赞襄政务，就应该为他的出场制造舆论，所以改写时，特别加上了"幸赖天祖默佑，恭亲王等和议告竣，厥功甚巨"。为奕䜣评功摆好。原旨只讲了垂帘听政的必要性，却没有谈到如何实现这一目标。改写时则加上了"至皇太后应如何垂帘之仪，着一并会议具奏"。虽然着墨不多，其重要性却是不言而喻的。这样改写，较之原旨的确是大大地提高了。但是，谕旨是以皇帝的名义颁发的，自然不能说"改写"，而说"缮就"了。

这时，奕䜣刚刚二十二岁。他的文化水平虽然比慈禧太后高，但是，在政治方面，仍然缺乏经验。在改写谕旨后，他又写了一封奏折与改写的谕旨同时送呈慈禧，全文如下：

> 臣奕䜣跪谨奏为复奏事，昨日太监刘福喜交下懿旨一包，命臣改写。仰见皇太后用意深远，实国家之福也。臣以身许国，何顾利

---

① 《慈禧太后手拟关于辛酉政变的密谕》，《御笔诏令说清史》，第176页。
② 中国第一历史档案馆藏，《上谕档》，咸丰十一年十月份。

害。仰体圣心，拟旨一道，求皇太后进城后复与母后皇太后商议，召见恭亲王命看此旨，可行则行，如不可行，再问恭亲王，必有良策。此因臣年幼不敢冒昧之故也。谨奏。①

因为慈禧来函中曾就进城后着恭亲王总理赞襄政务一事征求他的意见，奕𧰼在奏折后面又加了一段文字："再，派恭亲王总理政务，必须召见时面谕，再命恭亲王在大臣中保举二三人帮同方好。"②为了掩人耳目，奕𧰼在信封上写了"呈安禀"三字。③时人李慈铭在《日记》中曾说："醇郡王福晋，慈禧妹也，时得入宫，两宫密嘱之，令醇王草罪状三人诏，即携入，慈安藏之衵服中，无一人知也。"④现有材料说明，此诏并非醇王所草，也非两宫"密嘱"，传达慈禧旨意的也并非醇王福晋，奕𧰼改写后的谕旨是否由醇王福晋"携入"，慈安是否"藏之衵服中"也就成了问题。我以为，慈禧所拟谕旨既然是由太监交下，改写后，仍然可能是通过太监转交。这样，不易引起载垣等人的注意。从奕𧰼奏折中"求皇太后进城后复与母后皇太后商议"看，此时的慈安并不知情，不可能让她"藏之衵服中"。"机事不密则害成"，这样生死攸关的大事，知道的人是越少越好的。

根据奕䜣在热河时一同商定的日程，九月二十三日，咸丰皇帝的梓宫从避暑山庄启运回京。因为载淳年幼，没有按照嘉庆二十五年（1820）嘉庆皇帝的梓宫从避暑山庄启运回京的先例办理。慈禧、慈安和载淳在避暑山庄丽正门外恭送梓宫上车后，先赴喀拉河屯行宫跪迎灵驾，奉安芦殿，仍行晡奠礼。二十四日，行朝奠礼后，就从小路先行，同行的有载垣、端华、景寿、穆荫，肃顺则和奕𧰼等随梓宫后

---

① 《慈禧太后手拟关于辛酉政变的密谕》，《御笔诏令说清史》，第176页。
② 《慈禧太后手拟关于辛酉政变的密谕》，《御笔诏令说清史》，第176页。
③ 《慈禧太后手拟关于辛酉政变的密谕》，《御笔诏令说清史》，第176页。
④ 黄濬：《花随人圣盦摭忆补篇》，上海古籍书店，1983年，第2页。

发。赞襄政务王大臣中的三位核心人物载垣、端华、肃顺被巧妙地分割开了。

九月二十八日,慈禧到达石槽,召见奕䜣,就政变问题进一步交换了意见。钦差大臣、督办直隶山东军务、兵部右侍郎胜保上了一封奏折,请求皇太后亲理大政,并另简近支亲王辅政。九月二十九日,慈禧太后一行进德胜门回宫。九月三十日,大学士贾桢、周祖培,户部尚书沈兆霖,刑部尚书赵光等四人又联名上书,请皇太后亲操政权以振纪纲而防流弊。政变的时机已经成熟。于是,慈禧召见熟悉内政外交、富有政治经验的恭亲王奕䜣,大学士桂良、周祖培,户部左侍郎文祥。载垣、端华见奕䜣等入宫,大声质问:"外廷臣子,何得擅入?"奕䜣回答说:"有诏。"载垣、端华说:"太后不应召见。"不让奕䜣等入宫。奕䜣等退出,站在宫门外。一会儿,太监送来一道谕旨:着恭亲王奕䜣、桂良、周祖培、文祥即行传旨,将载垣、端华、肃顺革去爵职,拿交宗人府会同大学士、九卿、翰、詹、科、道严行议罪。载垣、端华厉声说:"我辈未入,诏从何来?"奕䜣令侍卫将二人拿下,载垣、端华大声喝道:"谁敢?"这时已有几名侍卫上前,摘掉二人的冠带,拥出隆宗门,送往宗人府囚禁。①

这次召见,讨论了政变的有关事宜,对奕譞改写的谕旨作最后的修改。这道由奕譞改写的谕旨,已钤盖"御赏""同道堂"两颗图章,说明已经得到了两宫皇太后的认可。经过讨论,修改了三处。一处是将"抢天号地"改为"抢地呼天",一处是将"夷情"改为"外国情形",一处是将"幸赖天祖默佑,恭亲王等和议告竣,厥功甚巨"改为"嗣经总理各国事务衙门王大臣等将各国应办事宜,妥为经理,都城内外,安谧如常"。第一处是文字的修饰。"抢"是撞的意思。《战国策·魏策》:

---

① 薛福成:《庸盦笔记》卷一《咸丰季年三奸伏诛》,第17—24页。

"布衣之怒，亦免冠徒跣，以头抢地耳。""以头抢地"就是用头撞地。抢地是可以的，抢天则是不可能的。"号"是哭号。《庄子·养生主》："老聃死，秦失吊之，三号而出。"人悲痛的时候，往往是喊天而不是喊地，《史记·屈原列传》："人穷则反本，故劳苦倦极，未尝不呼天也。"所以将"抢天号地"改为"抢地呼天"。第二处是涉及中外关系。"夷"是我国古代华夏族对四方少数民族的泛称，带有民族歧视的色彩。在近代，则往往用以指侵略中国的西方国家，更具有敌对的意味。但是，在《北京条约》签订后，中外关系已发生了变化，再用"夷"字就不合时宜了。所以把"夷情"二字改为"外国情形"。第三处既有政治原因，也有谕旨行文的习惯。咸丰死后，内阁草拟的遗诏中说"上年八月间举行秋狝，驻跸热河，旋经恭亲王奕䜣等将各国通商事宜妥为经理，都城内外，安谧如常"。载垣等以军机处赞襄政务王大臣的名义咨行内阁，称"本日贵衙门递到大行皇帝遗诏式，本日业经进呈，内恭亲王奕䜣五字，查遗诏内向不书名，今应改为总理各国事务衙门王大臣十一字，已由本处粘签进呈，奏请更正。奉旨：依议。钦此。相应发还，即由贵衙门赶紧恭缮，寄至热河可也"。为此，内阁还上了一封奏折检讨自己的错误。奏折中说："大行皇帝遗诏尚未颁发。惟臣等恭拟时未能看出，究属疏忽，应请旨将臣等交部议处。"[①] 为了与遗诏的口径一致，这段文字基本上是照抄，只是把遗诏中载垣等有意贬低奕䜣作用的"通商"二字改为"应办"。所有改正的文字，均用黄签粘出。

谕旨改定后即交内阁发布，接着又发布另一道谕旨：

> 前因载垣、端华、肃顺等三人种种跋扈不臣，朕于热河行宫命醇郡王奕谟缮就谕旨，将载垣等三人解任。兹于本日召见恭亲王带同大学士桂良、周祖培，军机大臣户部左侍郎文祥。乃载垣等肆言

---

① 中国第一历史档案馆藏，《上谕档》，咸丰十一年七月份。

不应召见外臣,擅行拦阻,其肆无忌惮,何所底止,前旨仅于解任,实不足以蔽辜。着恭亲王奕䜣、桂良、周祖培、文祥即行传旨,将载垣、端华、肃顺革去爵职拿问,交宗人府会同大学士、九卿、翰、詹、科、道严行议罪,钦此。①

这时,载垣、端华已被拿送宗人府囚禁。肃顺护送梓宫刚到密云。慈禧太后派御前侍卫明庆、乾清门侍卫何永安昼夜驰往,命睿亲王仁寿、醇郡王奕譞将肃顺即行拿问,酌派妥员押解回京,交宗人府听候议罪。肃顺见到载垣、端华,瞋目而视,怒叱道:"若早从吾言,何至有今日?"载垣、端华说:"事已至此,复何言。"载垣亦怪罪端华说:"吾之罪名,皆听汝言成之。"② 原来,载垣等人也有一番布置,只是慈禧太后回京之后,立即发动政变,使他们措手不及,于是,一个个束手就擒了。

十月初一日,慈禧太后以小皇帝的名义授恭亲王奕䜣为议政王,在军机处行走。同时进入军机处的,还有大学士桂良、户部尚书沈兆霖、户部右侍郎宝鋆、鸿胪寺少卿曹毓瑛以及原军机大臣、户部左侍郎文祥。新的军机处的建立,成为太后垂帘、亲王辅政政治体制的开端。

十月初五日,大学士周祖培奏称"'祺祥'二字,意义微嫌相复,二字连读,声音亦未协和",请饬下军机处,另行酌拟,敬候钦定。他的建议得到慈禧太后的采纳。于是改元同治,以明年为同治元年。

十月初六日,王大臣等奏请将载垣、端华、肃顺凌迟处死,将景寿、穆荫、匡源、杜翰、焦佑瀛革职,发往新疆效力赎罪。慈禧太后为了表示自己的宽大,于同日发布上谕,援议亲、议贵之条,将肃顺改为

---

① 中国第一历史档案馆藏,《上谕档》,咸丰十一年九月份。
② 薛福成:《庸盦笔记》卷一《咸丰季年三奸伏诛》,第17—24页。

斩立决，载垣、端华赐令自尽。景寿革职，仍保留公爵并额驸品级，免其发遣。匡源、杜翰、焦佑瀛革职，免其发遣。穆荫革职，发往军台效力赎罪。当即派肃亲王华丰、刑部尚书绵森前往宗人府空室传旨，令载垣、端华自尽。派睿亲王仁寿、刑部右侍郎载龄前往菜市口监视行刑。肃顺为人，刻薄寡恩，特别是戊午科场案和户部五宇钞票案，无辜受害者更多。人们听说要杀肃顺，交口称快。他的仇家都驾车载酒前往观看。肃顺身体肥胖，面色白皙，因为大丧的缘故，穿着白袍布靴，反接两手，放在一辆牛车上。经过骡马市大街，儿童们欢呼："肃顺亦有今日乎！"有人向他投掷瓦砾泥土，一会儿，就被打得面目模糊，不可分辨。将行刑，肃顺破口大骂，又不肯跪，刽子手用刀柄打断了他的胫骨，他才跪了下来，被斩决了。①

十月二十六日，王大臣等将共同妥议的两宫皇太后亲理大政事宜，召见臣工礼节及一切办事章程，敬缮清单，恭呈慈览，伏候钦定。十一月初一日，载淳奉两宫皇太后在养心殿垂帘听政，慈禧太后开始了她对中国长达四十七年的统治。

综观北京政变的整个过程，可以清楚地看出咸丰十一年九月三十日（1861年11月2日）发布的九月十八日于热河缮定的谕旨，是由慈禧起草，奕𫍽改写，慈禧、慈安、奕䜣、桂良、周祖培、文祥等一起讨论修改定稿交内阁发布的。说这篇谕旨是由奕𫍽草拟或奕𫍽"缮就"都是不准确的，说它与奕䜣无关也是不符合事实的。

（原载《首都博物馆丛刊》2004年第18期）

---

① 薛福成：《庸盦笔记》卷一《咸丰季年三奸伏诛》，第17—24页。

中日甲午战争与慈禧太后

中日甲午战争爆发的时候,慈禧太后早已撤帘归政。照理说,慈禧太后与中日甲午战争不应该有什么关系了。然而,事实并非如此,慈禧太后不仅与中日甲午战争有关,而且在某些方面发生了较大甚至极大的影响。本文仅就慈禧太后修颐和园、慈禧太后六旬庆典、慈禧太后对中日甲午战争的态度三个问题做一些考察。

一

长期以来,有一种非常流行的说法:慈禧太后挪用海军经费修建颐和园影响了海军的建设,导致中日甲午战争的失败。此说的代表人物,就是康有为。康有为在《康南海自编年谱》中写道:

> 时西后以游乐为事,自光绪九年经营海军,筹款三千万,所购铁甲十余舰,至是尽提其款筑颐和园,穷极奢丽,而吏役展转扣克,到工者十得其二成而已。于是,光绪十三年后不复购铁舰矣。败于日本,实由于是。[1]

但是,当我们研究了有关资料之后,却发现康有为的说法并不符合

---

[1] 中国近代史资料丛刊《戊戌变法》(四),神州国光社,1953年,第122页。

事实。

首先，光绪九年（1883）清政府并没有为经营海军筹过三千万两的专款。不仅光绪九年没有，整个光绪朝也没有。

光绪元年（1875），清政府决定创建海军，户部会议奏拨海军经费，每年南北洋各二百万两。但是，这四百万两的海军经费并没有兑现。

光绪八年（1882）八月二十二日，直隶总督兼北洋大臣李鸿章在奏折中说：

> 昔年户部指拨南北洋海防经费，每岁共四百万两。设令各省关措解无缺，则七八年来水师早已练成，铁舰尚可多购。无如指拨之时，非尽有着之款。各省厘金入不敷解，均形竭蹶，闽、粤等省复将厘金截留。虽经臣迭次奏请严催，统计各省关所解南北洋防费。约仅及原议拨四分之一。①

光绪十一年（1885）七月初二日，李鸿章在奏折中又说：

> 光绪元年，奉拨南北洋海防经费，名为四百万，大半无着，岁各仅得银数十万，只能备养船购器零用而已。②

光绪十一年九月，海军衙门成立后，每年四百万两的海军经费，拨给海军衙门。但是，报解的情况仍然不妙。总理海军事务奕譞等于光绪十四年（1888）四月二十一日的奏折中说：

> 查臣衙门部拨常年经费虽有四百万之数，而厘金向按八成拨解，并各关洋税及雷正绾军饷，每有解不足数。通盘牵算，岁入不过二百九十余万左右。岁出之项，北洋用款一百二三十万，南洋用

---

① 中国近代史资料丛刊《洋务运动》（二），上海人民出版社，1973年，第531页。
② 中国近代史资料丛刊《洋务运动》（二），第570页。

款七八十万。现在撙节度支,北洋仅拨银九十余万两,南洋仅拨银五十余万两,并三舰薪粮十八万余两,四快船薪粮二十二万余两,煤油修费二十余万两,东三省练饷一百万两,统计需款三百二十余万两。此就刻下用款而论,已属入不抵出。且三舰、四快船岁需经费有增无减,南北洋常年用款,现在撙节匀拨,已有告竭之势,设使全部拨放,更成无米之炊。①

从海军常年经费的收支情况看,要拿出三百万两来修颐和园都是不可能的,更不用说三千万两了。

其次,颐和园是由海军衙门"承修"的,颐和园经费也由海军衙门"筹画",② 颐和园的经费和海军经费的关系,自然是十分密切的。但是,这并不等于海军经费的全部或大部都用来修颐和园了。

从现有材料看,颐和园的修建经费主要有三个来源:

1. 从海军经费中拨给

光绪十五年(1889)六月十一日,总理海军事务奕劻等在奏片中说:

> 臣衙门自开办以来,部拨各款原备南北洋海防经费,东三省练饷,水操内外学堂,各项费用浩繁,本有入不敷出之势。又加以颐和园工程需款,亦属不赀,又不能不竭力兼筹,用蒇要工。通盘计算,海军经费果能按年全数解清,尚可勉强挹注。以今岁而论,即可每年腾挪三十万两,拨交工程处应用。③

光绪十七年(1891)二月十六日,奕劻等在奏片中又说:

---

① 中国近代史资料丛刊《洋务运动》(三),上海人民出版社,1973年,第59—60页。
② 中国第一历史档案馆藏,光绪十八年十二月二十七日海军衙门片:"臣衙门承修颐和园工程,用款本极繁巨,若再加以垫放三海工程,所需经费,更难筹画。"
③ 中国近代史资料丛刊《洋务运动》(三),第117页。

> 颐和园自开工以来，每岁暂由海军经费内腾挪三十万两，拨给工程处应用。①

但是，颐和园的名称，始见于光绪十四年（1888）二月，而颐和园工程却在光绪十二年（1886）就开始了。这里说的"颐和园自开工以来"，究竟是从光绪十二年（1886）算起，还是从光绪十四年（1888）算起？"每岁暂由海军经费内腾挪三十万两，拨给工程处应用"，持续了多少年？由于资料缺乏，我们就难以断定了。

光绪十四年，海军衙门因经费困难，奏请由户部每年添拨洋药加税银一百万两，在奏折中，奕譞明确地讲了这一百万两的用途。他说：

> 臣奕譞本意，以三十余万两补放款之不足，以二十万两分年缴还赏借三海之款，其余四十万两，一半修颐和园等处工作，一半留为续办第二枝海军经费。②

这一请求，得到慈禧的批准。从光绪十五年（1889）起，由户部如数拨给。但是，海军衙门是否按奕譞原来的设想，将其中的二十万两用于颐和园等处工程，我们还没有发现这方面的资料。

2. 海军巨款息银

海军衙门成立后，使奕譞等感到困扰的一个问题，就是海军经费历年拖欠，进出多有不敷。颐和园工程又给海军衙门增加了负担。为了备海军要需，同时也为了颐和园的修建，奕譞想出了一个主意："筹一大笔银款，存诸北洋生息，本银专备购舰设防一切要务，其余平捐

---

① 中国近代史资料丛刊《洋务运动》（三），第 141 页。
② 中国第一历史档案馆藏，《朱批奏折》，《清末海军史料》，海洋出版社，1982 年，第 684 页。

输二款，拟另款存储，专备工作之需。"① 光绪十四年（1888）冬，他将这一想法函告李鸿章，要李鸿章转商两江、两广、湖广、四川、江苏、湖北、江西各督抚，量力认筹。不久，各督抚先后电复：广东认筹银一百万两，两江认筹银七十万两，湖北认筹银四十万两，四川认筹银二十万两，江西认筹银十万两，直隶认筹银二十万两。这就是人们常说的海军巨款。这笔巨款，自光绪十五年二月起，至光绪十八年（1892）五月止，陆续解往天津，发存生息。"所得息银，专归工用。"② 这笔巨款的本银，直至中日甲午战争爆发，都没有动用。但是，它究竟生出了多少息银？用于颐和园的又是多少？我们就不清楚了。

3. 新海防捐垫款

海防捐的开设，始于光绪十年（1884）中法战争期间。光绪十三年（1887），黄河郑州段决口，改为河工捐。光绪十五年，海军衙门因筹款紧要，仍改为海防捐。这就是新海防捐。光绪十三年（1887）以前的海防捐，和颐和园没有关系，和颐和园有关系的，只有光绪十五年（1889）以后的新海防捐。

光绪十七年（1891）二月十六日，总理海军事务奕劻等在奏片中说：

> （颐和园）每年拨工之款，原属无多，各省认筹银两，亦非一时所能解齐。钦工紧要，需款益急。思维至再，只有腾挪新捐，暂作权宜之计。所有工程用款，即由新海防捐输项下，暂行挪垫。一俟存津生息集有成数，陆续提解臣衙门分别归款。③

---

① 中国第一历史档案馆藏，光绪十四年十二月十五日海军衙门折，《洋务运动·海军152》。
② 光绪十七年二月十六日总理海军事务奕劻等片，中国近代史资料丛刊《洋务运动》（三），第141页。
③ 中国近代史资料丛刊《洋务运动》（三），第141页。

这一经费来源，不同于海军经费拨款和海军巨款息银。这是属于"挪垫"。是要用存津生息的海军巨款息银陆续提解归款的。

光绪二十年（1894）七月十四日，户部在议复文廷式奏请停止捐例折中说："自光绪十五年新海防开例以来，京外所收捐项不下八百余万，以常年通计，每年约收银一百七八十万两。"①但是，新海防捐项下究竟挪垫过颐和园工程银多少？由津生息巨款息银提解归还了多少？我们就不得而知了。

从目前情况看，要想从海军经费的收支弄清颐和园的修建经费是不可能的，我们只能通过别的途径求得一个比较符合实际的数字。

颐和园是在清漪园的废墟上兴建的。它基本上沿袭了清漪园的布局。前山前湖的建筑，有的按旧式重建，有的则改变了原来的形状和名称。后山后湖的建筑，除了为安置原大报恩延寿寺的佛像，在原为三层高阁的香岩宗印之阁的旧址上兴建了一座一层的同名的庙宇之外，其他均未恢复。但是，为了新的需要，慈禧在颐和园的一些地方，特别是在东部兴建了一大批为行政和生活服务的建筑。从园林部分看，颐和园的规模不如清漪园；从总体看，颐和园和清漪园的建筑又是大体相当的。

根据中国第一历史档案馆保存的乾隆三十二年（1767）大学士傅恒等查核万寿山（清漪园）等工用过银两折，万寿山（清漪园）自乾隆十五年（1750）兴修起，至二十九年（1764）工竣，历时十五年，共用银四百四十万二千八百五十一两九钱五分三厘。由于情况不同，我们不能在清漪园和颐和园修建经费之间画一个等号，但是，它对于我们研究颐和园的修建经费是有参考价值的。

关于颐和园，我们没有发现像清漪园那样完整的材料，我们发现的是清代主管皇家工程的专门机构"算房"关于颐和园五十六项工程用工、

---

① 中国第一历史档案馆藏，《内务府杂件》。

用料、用银的估算，相当于我们现在的预算。这五十六项工程，约占颐和园工程的一半以上，共用银三百一十六万六千六百九十九两八钱三分三厘。① 由此推算，颐和园的修建经费，当在五百万两至六百万两之间。

还应该指出，这五六百万两白银是在光绪十二年（1886）至光绪二十一年（1895）之间陆续支出的，它对海军的建设影响不大。事实上，光绪十四年（1888），北洋海军已有大小舰船二十五艘。这些舰船，全部是光绪二年（1876）至十四年之间购置的。光绪十七年（1891）李鸿章与山东巡抚张曜在校阅北洋海军之后，在奏折中扬扬自得地写道："综核海军战备，尚能日异月新，目前限于饷力，未能扩充。但就渤海门户而论，已有深固不摇之势。"② 有人说，当时的北洋海军是亚洲第一，不是没有根据的。

至于光绪十三年（按：应为光绪十四年）后没有添购舰船，并不等于这笔经费就用于颐和园了。因为当时清王朝的财政确实困难，而统治集团内部又存在着深刻的矛盾。李鸿章在给郭嵩焘的信中就曾大发牢骚："都中群议，无能谋及远大，但以内轻外重为患，鳃鳃然欲收将帅疆吏之权，又仅挑剔细故，专采谬悠无根之浮言。"在清廷对李鸿章心存疑忌的情况下，怎么可能大力支持北洋海军的建设呢？我认为，中日甲午战争的失败，不能简单地归结为慈禧修颐和园。说慈禧修颐和园影响了海军的建设，不如说慈禧对李鸿章的疑忌影响了海军的建设更恰当些。

二

光绪二十年（1894）十月初十日，是慈禧太后的六十岁生日。按照

---

① 参阅拙著《颐和园修建经费新探》，《清史研究》1993年第1期。
② 光绪十七年五月初五日李鸿章、张曜折，中国近代史资料丛刊《洋务运动》（三），第146页。

中国的传统，六十岁是"一轮花甲"，非寻常的生日可比。对于这次生日，慈禧非常重视。早在光绪十八年（1892）二月初二日，就委派礼亲王世铎、庆郡王奕劻等总办万寿庆典。光绪十九年（1893）春，又成立庆典处，专门负责庆典事宜。为了在颐和园接受祝贺，慈禧对颐和园的修建工作抓得非常之紧。主管修建的官员，每五天要向她作一次工程进度的书面报告，甚至在春节期间也照常施工。仿照乾隆年间为皇太后祝寿的成例，自紫禁城西华门经西安门出西直门由石路至颐和园东宫门跸路所经，分设六十段点景，建造各种不同形式的龙棚、经坛、戏台、牌楼和亭座。每段点景，约需银四万两。江南、杭州、苏州三个织造衙门，特造彩绸十万匹，粤海关监督，采办足金一万两，以供庆典之需。慈禧的六旬庆典，成为清政府压倒一切的头等大事。日本政府之所以在这个时候发动侵略战争，原因之一就是："日知今年慈圣庆典，华必忍让。"①

甲午战争爆发后，慈禧虽然主战，但是，当有人建议停止颐和园工程，停办点景，移作军费的时候，慈禧却非常生气，说："今日令吾不欢者，吾亦将令彼终身不欢。"② 八月十五日，光绪诣慈宁宫，向慈禧恭进玉册、玉宝，在她原有的徽号慈禧端佑康颐昭豫庄诚寿恭钦献之后又加上"崇熙"二字，颁诏天下，对有关人员分别进行赏赐。第二天，清军在平壤失利。第三天，北洋海军在黄海之战中受到严重挫折，形势日益严峻，慈禧不得不于八月二十六日发布上谕："所有庆辰典礼，着仍在宫中举行，其颐和园受贺事宜，即行停办。"③ 在大连陷落，旅顺危急的情况下，慈禧在宁寿宫度过了她的六十岁生日。

按照原来的计划，十月初三日至十七日的庆典日程是这样安排的：

---

① 清政府驻朝鲜总理交涉通商事宜袁世凯电。
② 转引自王芸生《六十年中国与日本》第二卷，中华书局，1979年，第222页。
③ 《光绪朝东华录》，光绪二十年八月庚午（二十六日），中华书局，1958年，第3465页。

光绪二十年十月初三日申刻,皇帝率领王公百官诣仁寿殿筵宴,皇帝进爵。初四日巳刻,皇帝率领妃嫔等位公主福晋命妇等诣仁寿殿筵宴,皇帝进爵。初五日辰刻,还宫。初六日午刻,诣寿皇殿行礼。初八日午刻,还颐和园。初十日巳刻,御排云殿受贺。十二日卯刻,皇帝率近支王公百官等诣仁寿殿筵宴,进舞。十三日申刻,皇后率领妃嫔等位、公主、福晋、命妇等家宴。十七日辰刻,还宫。皇帝在万寿寺进膳。①

从这个日程安排可以看出,原定的六旬庆典,要往来于颐和园和紫禁城之间,与庆典有关的处所——乾清宫、慈宁宫、宁寿宫、颐和园、西苑以及长河岸边的万寿寺都修葺一新,并安挂架彩彩绸。颐和园仁寿殿前一座彩棚,所需各色彩绸,就是一万七千五百匹。既然六旬庆典仍在宫中举行,颐和园、万寿寺等处就不用预备,自西华门至颐和园东宫门的六十段点景也可以停办了。

尽管如此,慈禧的六旬庆典,规模仍相当可观。

九月二十五日,王大臣以及外省各大臣呈进万寿贡物,拉开了慈禧六旬庆典的序幕。从十月初一起,内外臣工"穿蟒袍补褂一月",隆重的祝寿活动正式开始了。

十月初二日辰初,慈禧从西苑仪鸾殿院内乘八人花杆孔雀顶轿出内东三座门至蕉园门外彩殿降舆,乘金辇,光绪率王公等跪送毕,慈禧乘金辇,光绪步行前引,出外东三座门至北长街内跪送毕,乘八人孔雀顶轿进神武门、顺贞门,由琼苑东门、东长街出内左门,由景运门至锡庆门外降舆,至黄幄次等候。慈禧乘金辇至锡庆门外彩殿降金辇,光绪率王公等跪接毕,慈禧乘八人花杆孔雀顶轿,光绪步行前引,进锡庆门、皇极门、宁寿门,由皇极殿出宁寿宫东穿堂进养性门。光绪先至阅是楼

---

① 《光绪朝东华录》,光绪十九年十二月乙亥(二十一日),第3304页。

等候，慈禧乘八人花杆孔雀顶轿至阅是楼院内降舆，光绪率皇后、瑾妃、珍妃跪接，侍膳，进果桌，看戏。戏毕，光绪率皇后、瑾妃、珍妃跪送，慈禧从院内乘八人花杆孔雀顶轿还乐寿堂。

西苑与紫禁城，虽然近在咫尺，但是，慈禧从西苑回宫的典礼却非常隆重，亲身参与庆典的翁同龢，在日记中不禁赞叹道："济济焉，盛典哉！"①

十月初五日，慈禧升皇极殿宝座，光绪率领王公百官诣皇极殿筵宴，光绪向慈禧进酒爵。

十月初六日，慈禧升皇极殿宝座，皇后率领妃嫔等位、公主、福晋、命妇等诣皇极殿筵宴，皇后向慈禧进酒爵。

十月初十日，是慈禧六旬庆典的高潮。这天，宁寿门外至皇极门外设慈禧皇太后仪驾。辰刻，慈禧御礼服，由乐寿堂乘八人花杆孔雀顶轿出神武门，进北上门，至寿皇殿列圣前拈香行礼。又至承乾宫、毓庆宫、乾清宫东暖阁、天穹宝殿、钦安殿、斗坛等处拈香行礼毕，还乐寿堂。

巳初，慈禧由乐寿堂乘八人花杆孔雀顶轿出养性门，由宁寿宫东穿堂至皇极殿后隔扇降舆，步行至东暖阁少坐。外边转传总管二名奏请慈禧步行，升皇极殿宝座。礼部堂官引光绪于宁寿门槛外正中立，大学士于案上捧表跪进光绪，光绪跪受表文，接捧兴，由中门入。宫殿监侍二员前引至皇极殿槛外止。光绪进皇极殿，诣慈禧前跪进表文，宫殿监侍一员跪接表文安于宝座东旁黄案上。宫殿监侍二员前引，光绪步行至宁寿门槛外拜褥上立，鸣赞官奏："跪、拜、兴。"光绪率诸王大臣等行三跪九叩礼。礼毕，还宫。总管二名引皇后、瑾妃、珍妃步行至殿内拜褥上，诣慈禧前行六肃三跪三拜礼。荣寿固伦公主、福晋、命妇等在槛外随从行礼毕，皇后退。总管二名引敦宜荣庆皇贵妃等位，祺贵妃等位步行至殿内拜褥上，诣慈禧前行六肃三跪三拜礼。礼毕，慈禧起座，从后

---

① 《翁同龢日记》，光绪二十年十月初二日，中华书局，1997年，第2746页。

隔扇乘八人花杆孔雀顶轿出宁寿宫东穿堂，进养性门，还乐寿堂，升宝座，光绪诣慈禧前跪递如意毕，皇后率瑾妃、珍妃诣慈禧前跪递如意毕，敦宜荣庆皇贵妃等位，祺贵妃等位率荣寿固伦公主、福晋、命妇等诣慈禧前跪递如意毕，总管二名奏请慈禧由乐寿堂乘八人花杆孔雀顶轿至阅是楼院内降舆，光绪率瑾妃、珍妃跪接进膳，进果桌，看戏。戏毕，光绪率皇后、瑾妃、珍妃跪送，慈禧乘八人花杆孔雀顶轿还乐寿堂。

十二日卯刻，慈禧升皇极殿宝座，光绪率领近支王、贝勒、贝子、公等诣皇极殿筵宴，光绪向慈禧进酒爵，进舞。

十三日申刻，慈禧升皇极殿宝座，皇后率领妃嫔等位、公主、福晋、命妇等诣皇极殿筵宴，皇后向慈禧进酒爵，进舞。

十五日，光绪御文华殿，美、俄、英、德、法、瑞典、比利时、日斯巴尼亚等国驻京使臣觐见，祝贺慈禧六旬万寿。

十七日辰初，总管二名奏请慈禧太后由乐寿堂乘八人花杆孔雀顶轿出养性门，至锡庆门外彩殿降舆，乘金辇，光绪率王公等跪送毕，步行前引至御箭亭跪送毕，乘八人孔雀顶轿由景运门出神武门，至蕉园门外降舆，至黄幄次等候。慈禧乘金辇至蕉园门外彩殿降金辇，光绪率王公等跪接毕，乘八人孔雀顶轿进东三座门，由御河桥进福华门至遐瞩楼后角门降舆，步行至颐年殿等候。慈禧乘八人花杆孔雀顶轿至纯一斋后角门降舆，步行至颐年殿。光绪率皇后、瑾妃、珍妃跪接，侍膳，进果桌，看戏。戏毕，光绪率皇后、瑾妃、珍妃跪送，慈禧步行，从纯一斋后角门乘八人花杆孔雀顶轿还仪鸾殿。慈禧的六旬庆典，到此结束。

前线的将士们和敌人进行着殊死的搏斗，紫禁城里却忙于为慈禧太后祝寿，歌舞升平。特别是初九、初十、十一三天，"听戏三日，诸事延搁"。① 这样的政府，怎么可能领导一场胜利的战争。

---

① 《翁同龢日记》，光绪二十年十月初九日，第2748页。

据户部奏称，这次万寿庆典，各衙门承办工程差务等项共需银五百四十一万六千一百七十九两五钱六分二厘三毫。[1]而在战争过程中，户部给前线的两次筹款却只有二百五十万两（第一次筹款三百万两，第二次筹款二百万两，户部、海军衙门各筹一半）。还不到庆典支出的二分之一。如果光绪二十年（1894）没有慈禧的六旬庆典，全国上下一心一意地对日作战，恐怕战争将是另一种结局。

三

慈禧太后对中日甲午战争的态度，有一个变化过程。当战争刚刚爆发的时候，光绪一力主战，慈禧亦主战，并"不准有示弱语"。[2]但是，当清王朝的军队在朝鲜战场上不断失利，北洋海军又在黄海之战中遭受严重挫折之后，慈禧动摇了。光绪二十年（1894）八月二十八日，她召见翁同龢，要他去天津面询李鸿章："俄人喀希尼前有三条同保朝鲜语。今喀使将回京，李某能设法否？"尽管慈禧表白自己："吾非欲议和也，欲暂缓兵耳。"[3]但是，我们可以清楚地看出慈禧的态度发生了变化，希望外国出面干涉，尽快结束战争了。

十月二十四日，旅顺失守。美使田贝根据美国政府的指示，为中日调处，先令停战，若议不成，再开战。光绪认为："冬三月，倭人畏寒，正我兵可进之时而云停战，得无以计误我耶？"[4]不愿接受。主战派与主和派之间的斗争更加激烈。珍妃之兄礼部侍郎志锐"上疏画战守策，累万言"[5]，并与文廷式等弹劾李鸿章、孙毓汶、徐用仪等主和派大

---

[1] 中国第一历史档案馆藏，光绪二十二年十二月十三日户部折，军机处来文。
[2] 《翁同龢日记》，光绪二十年六月十五日，第2708页。
[3] 《翁同龢日记》，光绪二十年八月二十八日，第2733页。
[4] 《翁同龢日记》，光绪二十年十月二十五日，第2753页。
[5] 《清史稿》卷四百七十《志锐传》，中华书局，1986年，第12797页。

臣。为了打击主战派，十月二十九日，慈禧以"近来习尚浮华，屡有乞请之事"为借口，将晋封不久的瑾妃、珍妃降为贵人。① 一天之后，又说珍妃位下太监高万枝"诸多不法"，交内务府杖毙。② 接着，将奉光绪之命在热河练兵的志锐召回北京，调充乌里雅苏台参赞大臣，并裁撤满汉书房以孤立光绪。但是，主战的呼声并未因之停止。十二月初二日，御史安维峻上书，请杀李鸿章，并弹劾军机大臣，认为"此举非议和也，直纳款耳，不但误国，而且卖国"。并托之传闻说，"和议出自皇太后，太监李莲英实左右之"。尽管他表示，对于这样的传闻，"未敢深信"。而未敢深信的理由则是："皇太后既归政，若仍遇事牵制，将何以上对祖宗，下对天下臣民？"把矛头直接指向慈禧。慈禧大怒，斥责安维峻"肆口妄言，毫无忌惮，若不严行惩办，恐开离间之端"，将安维峻革职，发往军台效力赎罪。③

光绪二十一年（1895）一月十三日，威海卫日舰及炮台夹攻刘公岛及北洋舰队，利顺轮沉没，鱼雷艇十艘突围被虏，勇弁鼓噪哗变。而清廷派往日本议和的使臣张荫桓、邵友濂又遭到日本拒绝，要求另派十足全权、曾办大事、名位最尊、素有声望的人为谈判代表。慈禧决定派遣李鸿章。这时，李鸿章因未能迅赴戎机，以致日久无功，已被光绪拔去三眼花翎，褫去黄马褂，革职留任。一月十八日，慈禧面谕军机大臣："即着伊去，一切开复，即令来京请训。"奕䜣说："上意不令来京，如此，恐与早间所奉谕旨不符。"慈禧一听，便勃然大怒，说："我自面商，既请旨，我可作一半主张也。"④ 次日，发布上谕，李鸿章着赏还翎顶，开复革留处分，并赏还黄马褂，作为头等全权大臣前往日本议和。

---

① 《光绪朝东华录》，光绪二十年十月壬申（二十九日），第 3498 页。
② 《翁同龢日记》，光绪二十年十一月初二日，第 2755 页。
③ 《光绪朝东华录》，光绪二十年十二月甲辰（初二日），第 3516 页。
④ 《翁同龢日记》，光绪二十一年一月十八日，第 2778 页。

光绪二十一年三月二十三日（1895年4月17日），李鸿章与日本代表签订了《马关条约》。

《马关条约》的主要内容有：1. 承认日本对朝鲜的控制。2. 割让辽东半岛、台湾全岛以及所有附属岛屿与澎湖列岛。3. 赔偿军费白银二万万两。4. 增开沙市、重庆、苏州、杭州四个通商口岸，日船可沿内河驶入以上各口。

这个严重的丧权辱国的条约，遭到了全国人民的反对，正在北京应试的举人康有为等一千三百多人上书光绪要求废约拒和，并发出改良政治，挽救危亡的强烈呼吁。在讨论批约时，光绪沉痛地对军机大臣们说："台割，则天下人心皆去，朕何以为天下主！"[1] 慈禧亦知道，批准这个条约必将受到天下人的唾骂。当光绪要奕劻和军机大臣请见皇太后面陈和战事宜的时候，慈禧却令内监传懿旨："今日偶感冒，不能见，一切请皇帝旨办理。"[2] 第二天，又传旨："和战重大，两者皆有弊，不能断，令枢臣妥商一策以闻。"[3] 到四月五日，慈禧"犹持前说，而指有所归"[4] 初八日，光绪才"幡然有批准之谕"，但是，"书斋入侍，君臣相顾挥涕"，[5] 光绪是在怎样的情况下批准了《马关条约》，是不难想象的。

由此可见，慈禧对和战的态度，直接影响了中日甲午战争的进程，她在中日甲午战争中的作用，是极为明显的。

（原载《清史研究》1994年第4期）

---

[1] 《翁同龢日记》，光绪二十一年三月二十九日，第2797页。
[2] 《翁同龢日记》，光绪二十一年四月初一日，第2797页。
[3] 《翁同龢日记》，光绪二十一年四月初二日，第2798页。
[4] 《翁同龢日记》，光绪二十一年四月初五日，第2798页。
[5] 《翁同龢日记》，光绪二十一年四月初八日，第2800页。

慈禧光绪的恩怨情仇

——兼论光绪之死

光绪三十四年十月（1908年11月），38岁的光绪与74岁的慈禧于二十一日（14日）酉时和二十二日（15日）未时先后去世，死亡的时间相距不到20小时。究竟是偶然的巧合，还是另有隐情？在当时，社会上就议论纷纷，有人认为，光绪是被毒死的。因为缺乏确凿的证据，光绪之死就成为晚清的一大疑案。20世纪80年代，一些历史学家、档案专家和医学专家根据清宫档案中保存的光绪脉案进行研究，认为光绪之死，既无中毒或伤害性的迹象，也没有突然性早亡的迹象，应该是属于正常的病亡。由于缺乏实物的佐证，这个问题仍然没有得到彻底解决。2003年以来，中国中央电视台、中国原子能科学研究院、北京市公安局法医检验鉴定中心、清西陵文物管理处等单位的有关专家组成了清光绪死因专项研究课题组，用先进的技术和精密的仪器对光绪的头发、遗骨、衣物及其表面附着物和墓内外环境样品等进行反复的检验和缜密研究。历时5年，最终得出了光绪系死于急性肠胃型砒霜中毒的结论。这个百年疑案，终于尘埃落定。

光绪的死因确定了，接下来的问题自然是要弄清谁是杀害光绪的凶手。在有确凿证据判定谁是凶手之前，不妨探讨一下谁是杀害光绪的最大嫌疑人。本文仅从光绪与慈禧的恩怨情仇，对这个问题做一些考察。

一、选立幼主，意在垂帘

同治十三年十二月初五日（1875年1月12日）酉时，年仅19岁的同治死于养心殿的东暖阁。戌时，慈禧和慈安就在养心殿西暖阁召见奕誴、奕訢、奕譞、李鸿藻、翁同龢等20余位王公大臣。慈禧首先发问："此后垂帘如何？"一位军机大臣回答说："宗社为重，请择贤而立，然后恳请垂帘。"慈禧说："文宗无次子，今遭此变，若承嗣年长者，实不愿。须幼者乃可教育。现在一语即定，永无更移。我二人同心，汝等敬听。"①她选定的这个人，就是醇亲王奕譞的儿子，年仅4岁的载湉。于是，载湉以承继文宗显皇帝为子的名义入承大统为嗣皇帝，是为光绪。

按照清朝的祖制，父亲死后，皇位由他的儿子继承。同治没有儿子，理应为同治立嗣。但是，为同治立嗣，慈禧就成了太皇太后，不仅立一个年长的，她不能垂帘听政，立一个年幼的，她也不能垂帘听政。慈禧要垂帘听政，就只能为咸丰立嗣，而且不能立长，只能立幼。载湉是咸丰同父异母弟醇亲王奕譞的儿子，又是慈禧的胞妹所生。既是慈禧的侄子，又是慈禧的外甥，具有双重的血缘关系，而且年仅4岁，可塑性很强，所以，他就成了继承皇位的最佳人选。选立载湉，慈禧就可以"嗣皇帝此时尚在冲龄，且时事多艰，王大臣等不能无所禀承"②为理由，名正言顺地垂帘听政了。

为了把年幼的光绪"教育"成理想的接班人，同治十三年十二月二十四日（1875年1月31日），慈禧在一道懿旨中说："皇帝尚在冲

---

① 《翁同龢日记》，同治十三年十二月初五日，中华书局，1989年，第1086—1087页。
② 中国第一历史档案馆藏，《上谕档》，同治十三年十二月初八日。

龄，养正之功，端宜讲求。所有左右近侍，止宜老成质朴者数人，凡年少轻佻者概不准其服役。"①光绪元年十二月初二日（1876年1月6日）慈禧又发布懿旨，要钦天监于明年四月内选择吉期，让光绪在毓庆宫入学读书。派署侍郎、内阁学士翁同龢，侍郎夏同善充当师傅。光绪的课程及毓庆宫一切事宜，由他的父亲醇亲王奕𫍽妥为照料。国语、清文和蒙古语言文字及骑射等事，派御前大臣随时教习，亦由奕𫍽一体照料。

翁同龢原在弘德殿行走，为同治讲授《帝鉴》，效果较好，得到慈禧的赏识，所以把他选为光绪的师傅。按照慈禧的安排，翁同龢负责授书，夏同善负责承直、写仿等事。光绪二年四月二十一日（1876年5月14日），光绪在毓庆宫开始了他的读书生活。

翁同龢是一位封建时代的学者，他对光绪的教育，不外乎儒家的修身、齐家、治国、平天下。一方面"于列圣遗训，古今治乱，反复陈说"，要光绪做一个勤政爱民的明君；另一方面又强调"以圣孝为本"，要光绪做一个顺从慈禧的孝子。这样的教育，对光绪的一生产生了重大的影响。

光绪十二年（1886），光绪即将年满15岁。六月十日，慈禧面谕醇亲王奕𫍽及军机大臣世铎等，自本年冬至大祀圜丘（天坛）为始，皇帝亲诣行礼，于明年正月举行亲政典礼。光绪当即长跪恳辞，奕𫍽、世铎等也恳请从缓，都遭到慈禧的拒绝。十五日，发布懿旨："皇帝亲政典礼，于明年正月十五日举行。所有应行事宜，着各该衙门敬谨预备。"②接着，王大臣等又纷纷上书，恳请训政。经过光绪和王大臣等的再三请求，慈禧才同意于皇帝亲政后再行训政数年。

光绪十四年十月初五日（1888年11月25日），由慈禧做主，将自

---

① 中国第一历史档案馆藏，《上谕档》，同治十三年十二月二十四日。
② 中国第一历史档案馆藏，《上谕档》，光绪十二年六月十五日。

209

己的胞弟、副都统桂祥之女叶赫那拉氏指立为光绪的皇后，侍郎长叙的两个女儿他他拉氏同时入选，封为瑾嫔、珍嫔。慈禧把桂祥之女"指立"为光绪的皇后，从表面看是亲上加亲，而慈禧的目的则是为了加强对光绪的控制。这种违反本人意愿的政治婚姻，怎能不出现日后夫妻反目的结局呢？

光绪十五年正月（1889年2月），光绪大婚礼成，二月初三日，慈禧撤帘归政。

二、和战之争，帝后龃龉

慈禧撤帘归政，并不意味着她交出了手中的权力。许多军国大事，仍然由她做主。翁同龢在日记中说："现在办事，一切照旧。大约寻常事上决之，稍难事枢臣参酌之，疑难者请懿旨。"[①] 所以，在归政的初期，慈禧和光绪的关系还是相当融洽的。但是，从"辛酉政变"以来，慈禧在"垂帘听政""训政"的二十多年中，她的周围已形成了一股强大的政治势力，特别是在光绪十一年（1885），慈禧以中法战争中清军一再受挫为借口，将奕䜣集团从军机处和总理各国事务衙门排挤出去之后，她的亲信掌握了清王朝内政、外交的大权。由于光绪的亲政，他的周围也逐渐形成了一股政治势力。这就是人们所说的后党和帝党。后党和帝党在中日甲午战争中发生了激烈的斗争。

光绪二十年五月（1894年6月），中日战争爆发，中外舆论都认为中国必胜。光绪一力主战，慈禧亦主战，"不准有示弱语"。后来，清军在朝鲜战场上接连失利，北洋海军在黄海之战中又受到挫折，为了不影响自己的六旬庆典，慈禧转而支持李鸿章避战求和的方针，幻想英、俄出面调停，结果都落了空。由于形势更加紧张，慈禧不得不宣布："所

[①] 《翁同龢日记》，光绪十五年二月初十日，中华书局，1992年，第2262页。

有庆辰典礼,着仍在宫中举行,其颐和园受贺事宜,即行停办。"[1]在大连陷落、旅顺危急的情况下,慈禧在宁寿宫度过了她的六十岁生日。

十月二十四日,旅顺失守。美国驻华公使田贝根据美国政府的指示为中日调处。"先令停战,若议不成,仍开战。"光绪认为:"冬三月,倭人畏寒,正我军可进之时而云停战,得无以计误我耶?"[2]不愿接受。主战派和主和派之间的斗争更加激烈。瑾、珍二妃之兄、礼部侍郎志锐"上书画战守策,累万言"。[3]并与文廷式等弹劾李鸿章、孙毓汶、徐用仪等主和派大臣。为了打击主战派,十月二十九日,慈禧以"近来习尚浮华,屡有乞请之事"为借口,将晋封不久的瑾妃、珍妃降为贵人。[4]一天之后,又说珍妃位下太监高万枝"诸多不法",交内务府杖毙。[5]接着,将奉光绪之命在热河练兵的志锐召回北京,调充乌里雅苏台参赞大臣,并裁撤满汉书房以孤立光绪。但是,主战的呼声并未因之停止。十二月初二日,御史安维峻上书,请杀李鸿章,并弹劾军机大臣,认为:"此举非议和也,直纳款耳,不但误国,而且卖国。"并托之传闻说:"和议出自皇太后,太监李莲英实左右之。"尽管他表示,对于这样的传闻,他"未敢深信",而未敢深信的理由则是:"皇太后既归政皇上,若仍遇事牵制,将何以上对祖宗,下对天下臣民?"把矛头直接指向慈禧。这番言论,不仅触怒了慈禧,而且使光绪处于十分尴尬的地位。当日,光绪就发布上谕,以"肆口妄言,毫无忌惮","若不严行惩办,恐开离间之端",将安维峻革职,罚往军台效力赎罪。[6]

光绪二十一年正月十三日(1895年2月7日),刘公岛陷落,北洋

---

[1] 中国第一历史档案馆藏,《上谕档》,光绪二十年八月二十六日。
[2] 《翁同龢日记》,光绪二十年十月二十五日,中华书局,1997年,第2753页。
[3] 《清史稿》卷四百七十《志锐传》,中华书局,1986年,第12797页。
[4] 中国第一历史档案馆藏,《上谕档》,光绪二十年十月二十九日。
[5] 《翁同龢日记》,光绪二十年十一月初二日,中华书局,1997年,第2755页。
[6] 中国第一历史档案馆藏,《上谕档》,光绪二十年十二月初二日。

海军全军覆灭。而清政府派往日本议和的使臣张荫桓、邵友濂又遭到拒绝，要求另派十足全权、曾办大事、名位最尊、素有声望的人为谈判代表。慈禧决定派遣李鸿章。这时，李鸿章因未能迅赴戎机，以致日久无功，光绪已谕令将他拔去三眼花翎，撤去黄马褂，革职留任。正月十八日，慈禧面谕军机大臣："即着伊去，一切开复，即令来京请训。"奕䜣说："上意不令来京。如此，恐与早间所奉谕旨不符。"慈禧说："我自面商。既请旨，我可作一半主张也。"① 明日，发布上谕：李鸿章"勋绩久著，熟悉中外交涉，为外洋各国所共倾服。今日本来文，隐有所指。朝廷深维至计，此时全权之任，亦更无出该大臣之右者"。着赏还翎顶，开复革留处分，并赏还黄马褂，作为头等全权大臣前往日本议和。② 三月二十三日，李鸿章与日本签订了割地赔款、丧权辱国的《马关条约》。

三、围园劫后，恩断情绝

中日甲午战争之后，帝国主义掀起了瓜分中国的狂潮，民族危机空前严重。在维新运动的影响下，光绪锐意变法，遭到了守旧势力的反对。光绪二十四年（1898）春，光绪对庆郡王奕劻说："太后若仍不给我事权，我愿退让此位，不甘作亡国之君。"奕劻转告慈禧，慈禧非常生气，说："他不愿坐此位，我早已不愿他坐之。"奕劻再三劝说，慈禧才表示同意："由他去办，俟办不出模样再说。"③ 四月二十三日，慈禧面告光绪："前日御史杨深秀、学士徐致靖言国是未定，良是。今宜专讲西学，明白宣示。"④ 于是，光绪发布了由翁同龢起草的《明定国是

---

① 《翁同龢日记》，光绪二十一年正月十八日，中华书局，1997年，第2778页。
② 中国第一历史档案馆藏，《上谕档》，光绪二十一年正月十九日。
③ 苏继祖：《清廷戊戌朝变记》，中国近代史资料丛刊《戊戌变法》（一），神州国光社，1953年，第331页。
④ 《翁同龢日记》，光绪二十四年四月二十三日，中华书局，1998年，第3132页。

诏》，把讲求西学、变法自强作为清王朝的国策公之于世，使维新运动获得了合法地位。

四月二十五日，光绪下诏，命工部主事康有为、刑部主事张元济于本月二十八日进见。四月二十七日，慈禧却迫使光绪下诏，以"近来办事，多未允协"，"每于召对时，谘询事件，任意可否，喜怒见于词色，渐露揽权狂悖情状，断难任枢机之任"为借口，将翁同龢开缺回籍。[①]并接连发布几道上谕：命王文韶迅即来京陛见，以荣禄暂署直隶总督。嗣后在廷臣工，如蒙皇太后赏加品级及补授满汉侍郎以上各官，均着具折恭诣皇太后前谢恩，各省将军、都统、督抚等官，亦着一体具折奏谢。并寄谕荣禄，定于本年秋间，恭奉太后由火车路巡幸天津阅操。五月初五日，光绪采纳了宋伯鲁的建议，发布上谕，自下科为始，乡会试及生童岁科各试，一律废除八股文，改试策论。同日，光绪又按慈禧的要求发布上谕，以王文韶为户部尚书，在军机大臣上行走，在总理各国事务衙门行走。实授荣禄为直隶总督兼充办理通商事务北洋大臣，节制北洋三军。以崇礼为步军统领。于是，清王朝的人事、财政和军事大权又牢牢地掌握在慈禧手中。为了加强对北京的控制，五月初六日，令甘肃提督董福祥统领的甘军移驻近畿。

《明定国是诏》颁布之后，变法的诏书联翩而下，但是，部院大臣和各省督抚大都采取观望态度。个别认真执行的，则遭到地方守旧士绅的指责。为了动员舆论，推动变法，光绪于六月十五日发布上谕："部院司员有条陈事件者，着由各堂官代奏。士民有上书言事者，着赴都察院呈递，毋得拘牵忌讳，稍有阻隔。"[②]礼部主事王照应诏上书，奏陈转移观听之法，其中一条是，请皇上奉皇太后圣驾巡幸中外，以益光荣而定趋向。王照是礼部司员，请求礼部堂官代递。因为他的奏折"开人所

[①] 中国第一历史档案馆藏，光绪朱谕原件。
[②] 中国第一历史档案馆藏，《上谕档》，光绪二十四年六月十五日。

不敢开之口，又责诸臣之谬为持正而敢于谤上不忠"。礼部尚书怀塔布、许应骙等不肯代递。王照又具折参劾其堂官阻遏，到礼部大堂亲递。并说，如不代递，他就前往都察院呈递。怀塔布等不得已，同意代奏。但是，在代奏的同时，许应骙又具折弹劾王照"咆哮署堂，借端挟制"。又说王照的奏折："请皇上游历日本，日本多刺客，昔俄太子、李鸿章曾蒙大祸。王照置皇上于险地，故不敢代递。""王照居心叵测，请加惩治。"光绪看到奏折后，勃然大怒，于七月十六日发布上谕说："是非得失，朕心自有权衡，无烦该堂官等鳃鳃过虑。若如该尚书等所奏，辄以语多偏激，抑不上奏，即系狃于积习，致成壅蔽之一端，岂于前奉谕旨毫无体会耶！"怀塔布等均着交部议处。怀塔布等的行为，是违抗谕旨，而部议的结果却是："查律载，应奏而不奏者杖八十，系私罪，降三级调用。"显然是吏部尚书徐桐等避重就轻，有意包庇。七月十九日，光绪亲自起草了一道朱谕，严肃指出："怀塔布等竟敢首先违抗，借口于献可替否，将该部主事王照条陈一再驳斥，经该主事面斥其显违诏旨，始不得已勉强代奏。似此故为抑格，岂以朕之谕旨为不足遵耶！若不予以严惩，无以儆戒将来。"将礼部尚书怀塔布、许应骙、左侍郎堃岫、署左侍郎徐会沣、右侍郎溥颋、署右侍郎曾广汉六人全部革职。王照不畏强御，勇猛可嘉，着赏给三品顶戴，以四品京堂候补。"[①]

就在这一天，光绪发布上谕：礼部尚书着裕禄、李端棻署理，礼部左侍郎着寿耆、王锡蕃署理，礼部右侍郎着萨廉、徐致靖署理。礼部尚书、侍郎均系一、二品大员，没有得到慈禧的同意，不能正式任命。七月二十二日，经慈禧批准，正式任命裕禄、李端棻为礼部尚书，阔普通武为礼部左侍郎，萨廉为礼部右侍郎。七月十九日，光绪谕旨中提出的六名人选，只有三名得到正式任命。慈禧还责备光绪说："九列重臣，

---

① 中国第一历史档案馆藏，《上谕档》，光绪二十四年七月十九日。

非有大故，不可弃。今以远间亲，新间旧，徇一人而乱家法，祖宗其谓我何？"光绪回答说"祖宗而在今日，其法必不若是。儿宁坏祖宗之法，不忍弃祖宗之民，失祖宗之地，为天下后世笑也"，置酒玉澜堂，不乐而罢。① 这一事件表明，随着变法的深入，慈禧与光绪之间的矛盾激化了。

为了使变法能更好地进行，七月二十日，光绪赏给内阁候补侍读杨锐、刑部候补主事刘光第、内阁候补中书林旭、江苏候补知府谭嗣同等四品卿衔，在军机章京上行走，参与新政事宜。二十二日，光绪撤销了李鸿章、敬信在总理各国事务衙门行走的差使而代之以裕禄。接着，为了逐步改变政府机构中新旧力量的对比，光绪根据徐致靖的建议，设置三、四、五品卿，三、四、五、六品学士等职，遇有对品卿缺及翰林院衙门对品缺出，即由吏部一体开单，请旨录用。仍着按品给予俸禄。令吏部详议条款，着为定例。

这时，谭嗣同等急于推行新政，主张开设议院。康有为认为"制度局不开，琐碎拾遗，终无当也"，极力劝止。但是，康有为提出的开制度局的建议，早已在旷日持久的廷议中夭折。于是，康有为建议仿先朝开懋勤殿故事，选举英才，并邀请东西洋专门政治家共议制度，将一切应兴应革之事全盘筹算，定一详细规则，然后施行。光绪采纳了他的意见，令谭嗣同拟旨，并让谭查阅历朝圣训，将雍正、乾隆、嘉庆三朝开懋勤殿故事写进上谕。这种做法，表面上是在效法祖宗成法，实质上是要从慈禧手中夺权。七月二十九日，光绪到颐和园向慈禧请求开懋勤殿。"太后不答，神色异常。"② 光绪感到自己的处境非常危险，召见杨锐，赐给密诏，要他与林旭、刘光第、谭嗣同及诸同志妥速筹商良策。谭嗣同捧诏大哭，奔告康有为。康有为说："太后当国几四十年，是更

---

① 胡思敬：《戊戌履霜录》，中国近代史资料丛刊《戊戌变法》（一），第376页。
② 苏继祖：《清廷戊戌朝变记》，中国近代史资料丛刊《戊戌变法》（一），第343页。

215

变多而猜忌甚，未可口舌争也。"谭嗣同说："是不难，当为主上了之。"引康有为入卧室，取盘灰作书，密谋争取正在天津小站练兵的直隶按察使袁世凯的支持，以所部新建军围颐和园。以兵劫太后，迫使交出政权。康有为瞪大眼睛，握着谭嗣同的手说："母后固若是其可劫耶！"谭嗣同说："此兵谏也。事成，请自拘于司败，古人有行之者矣。"次日，以告梁启超、林旭。梁启超认为很好，林旭认为，袁世凯巧诈多智谋，恐事成难制，请召董福祥，谭嗣同不以为然。①

八月初一日，光绪在颐和园玉澜堂召见袁世凯，着开缺以侍郎候补，专办练兵事务。八月初三日，谭嗣同夜访法华寺，劝袁世凯于初五日请训时，请光绪面付朱谕一道，令其带领本部兵赴天津，见荣禄，出朱谕宣示，立即正法，即以袁某代为直隶总督，传谕僚属，张挂告示，布告荣禄大逆罪状，即封禁电局、铁路，迅速载所部兵入京，"派一半围颐和园，一半守宫"。袁世凯表示同意，并满有把握地说："杀荣禄如杀一狗耳！"但是，守旧势力并没有睡觉。早在七月二十日以后，怀塔布、立山、杨崇伊等就先后前往天津与荣禄密商。袁世凯奉诏入京之后，荣禄即假称有英国兵船数只游弋海口，传令各营，准备听调。令聂士成带兵十营来津，驻扎陈家沟，以断袁军入京之路，并派人给袁世凯送信，要他立即回防。

这时，日本前首相伊藤博文来北京访问，光绪准备于八月初五日召见。一些维新派人士认为，如果对伊藤"縻以好爵，使近在耳目，博览周谘，则新政立行""中国转贫为富，转弱为强，转危为安之机实系乎此"。守旧势力则认为："伊藤果用，则祖宗所传之天下，不啻拱手让人。"八月初三日，御史杨崇伊通过庆郡王奕劻呈递密折，指控维新派"蛊惑人心，紊乱朝政，引用东人，贻误宗社"，并"吁恳皇太后即日

---

① 胡思敬：《戊戌履霜录》，中国近代史资料丛刊《戊戌变法》（一），第377页。

训政，以遏乱谋"。当天，奕劻、载漪同赴颐和园，哭请太后训政，并说："伊藤已定于初五日觐见，俟见，中国事机一泄，恐不复为太后有矣。"①慈禧立即决定改变原定计划，于八月初四日由颐和园还宫。慈禧直入光绪寝宫，抄走了所有的折件，并将光绪召来，怒斥道："我抚养汝二十余年，乃听小人之言谋我乎？"光绪战栗不发一语。过了一会儿，才结结巴巴地说："我无此意。"慈禧唾之曰："痴儿！今日无我，明日安有汝乎？"当即令人将光绪送往瀛台。②从此，光绪失掉了人身自由，尽管八月初五日的袁世凯请训，伊藤博文觐见都按原计划进行。但是，这些活动，都有慈禧太后的心腹严密监视了。八月初六日，慈禧以光绪的名义发布上谕：吁恳太后训政，"由今日始，在便殿办事。本月初八日，朕率诸王大臣在勤政殿行礼。一切应行礼仪，着各该衙门敬谨预备"。从此，慈禧又以训政的名义，将朝政大权完全收回自己的手中。

接着，慈禧以"结党营私，莠言乱政"的罪名，将工部主事康有为革职，并令步军统领衙门将康有为及其弟康广仁拿交刑部治罪。以"滥保匪人，平素声名恶劣"的罪名，将御史宋伯鲁革职，永不叙用。八月初八日，慈禧在勤政殿举行训政大典。由于袁世凯的告密，慈禧知道了康有为等的密谋。八月初九日，又以光绪的名义下诏，将张荫桓、徐致靖、杨深秀、杨锐、林旭、谭嗣同、刘光第革职，交步军统领衙门拿解刑部审讯。根据刑部的请求，派出军机大臣会同刑部、都察院严行审讯。御史黄桂鋆奏称："若稽时日，恐有中变。"于是，未经复奏，即以"与康有为结党，隐图煽惑""同恶相济，罪大恶极"等罪名，于八月十三日将康广仁、杨深秀、谭嗣同、林旭、杨锐、刘光第六人杀害。

---

① 苏继祖：《清廷戊戌朝变记》，中国近代史资料丛刊《戊戌变法》（一），第344页。
② 恽毓鼎：《崇陵传信录》，《近代稗海》第十三辑，四川人民出版社，1989年，第491页。

康有为、梁启超在外国人的帮助下逃亡国外。许多参与或支持维新变法的官员，分别受到了降级、革职、流放、监禁的处分，一切新政全被废除，一场自上而下的变法维新运动夭折了。

康有为等"谋围颐和园，劫制皇太后"，虽然并未成为事实，光绪也并不知情。但是，在慈禧看来，这是光绪对她的背叛，从感情上彻底决裂了。

四、中毒而死，事在必然

戊戌政变之后，慈禧就想制造借口，另立新君。光绪二十四年八月初十日（1898年9月25日），慈禧以光绪的名义发布上谕："朕躬自四月以来，屡有不适。调治日久，尚无大效。京外如有精通医理之人，即着内外臣工切实保荐候旨，其现在外省者，即日驰送来京，勿稍延缓。"[1]并每日编造脉案、处方，传示各衙门并送交东交民巷各国使馆。人们纷纷传说，光绪的皇位即将被别人取代。英、法等国使臣同至总理衙门推荐法国医生给光绪看病，一再请求，都遭到拒绝。但是，英、法使臣态度坚决。他们告诉总署："荐医者，非为治病吃药，缘贵国此番举动离奇，颇骇听闻，各国商定验看大皇帝病症，为释群疑。已奉国家之电，不能不看。"慈禧迫不得已，派奕劻、载漪和军机大臣监同看脉。[2]光绪本来没有什么大病，一旦真相大白，废立的理由也就不能成立了。慈禧以废立之事电商各省督抚。两江总督刘坤一在给总理衙门的信中说："经权之说须慎，中外之口宜防。"希望皇太后、皇上"慈孝相孚，尊亲共戴，护持宗社，维系民心"。[3]明确表达了他反对废立的态

---

[1] 中国第一历史档案馆藏，《上谕档》，光绪二十四年八月初十日。
[2] 苏继祖：《清廷戊戌朝变记》，中国近代史资料丛刊《戊戌变法》（一），第352页。
[3] 刘坤一：《寄总署》，光绪二十四年八月二十八日。

度。最后，慈禧采纳了荣禄的建议，以光绪"痼疾在身，艰于诞育"为理由，于光绪二十五年十二月二十四日（1900年1月24日），立端郡王载漪之子溥儁为大阿哥。

由于列强和中外臣工的反对，慈禧杀害光绪另立新君的计划没有实现。但是，慈禧对光绪的监控却更加严密，她在紫禁城或三海时，就将光绪囚在南海的瀛台；她到颐和园，就将光绪囚在昆明湖畔的玉澜堂。瀛台四面环水，只有一桥相通。玉澜堂是个四合院，从东配殿霞芬室可以到仁寿殿上朝，从西配殿藕香榭可以到昆明湖泛舟，从正殿的后门可以到皇后居住的宜芸馆。为了囚禁光绪，霞芬室、藕香榭都砌起了一道从地面到屋顶的砖墙，玉澜堂正殿的后门则用砖封死，可供出入的只有由慈禧的心腹太监看守的大门玉澜门了。

尽管如此，仍不能解慈禧的心头之恨，她对光绪的仇恨，从升平署档案中慈禧关于修改《天雷报》的两道懿旨中清楚地表现出来。《天雷报》写的是状元张继保不肯赡养曾经靠打豆腐、卖草鞋抚养他一十三年的养父养母，致使贫病交加的二老碰死，他自己也被雷击死的故事。光绪二十六年三月十五日（1900年4月14日），著名京剧演员谭鑫培、罗寿山等为慈禧演出《天雷报》，慈禧传旨："《天雷报》添五雷公、五闪电。张继保魂见雷祖，打八十后改小花脸。添开道锣、旗牌各四个，中军一名。""众求赏白：'求状元老爷开恩，赏给二老几两银子，叫他二老回去吧。'碰死后，状元白：'撇在荒郊。'"四月初五日，慈禧又一次传谭鑫培等演《天雷报》，太监王得祥传旨："《天雷报》添风伯、雨师。"[①]在短短的二十天中，慈禧两次传演《天雷报》，并一再传旨，对剧本进行修改，一方面突出张继保对养父养母的不孝，另一方面则增强神灵的阵容，加重对张继保的惩罚。他被雷击死之后，还要让他的鬼

---

① 《旨意档》，光绪二十六年，转引自周明泰《清升平署存档事例漫抄》卷三。

魂出场，"见雷祖，打八十后改小花脸"。她对《天雷报》的修改，就是她对光绪的仇恨的发泄。

光绪二十六年七月二十日（1900年8月14日），八国联军进入北京，慈禧决定带着光绪出逃。因为如果光绪留下，必将在列强的支持下成为拥有实权的皇帝，慈禧手中的权力将彻底丧失。这种情况是慈禧不愿见到的。而自戊戌政变以来就被囚禁在紫禁城三所的珍妃却偏偏请求慈禧将光绪留在北京与列强谈判。慈禧大怒，令太监崔玉贵将珍妃投入乐寿堂后的井中。

《辛丑条约》签订后，慈禧和光绪回到北京。一年多的流亡生活并没有解开她和光绪之间的心结。光绪三十年五月十四日（1904年6月27日），时任外务部右侍郎的伍廷芳与日本驻京公使内田康哉作过一次长谈。事后，内田将谈话的内容向日本外务省做了较为详细的书面报告。当内田问及皇太后驾崩后皇帝会如何的时候，"伍言道：亦如世间传闻，诚为清国忧心之事，万望无生此变"。内田认为，"伍话中之意，皇太后驾崩，诚为皇上身上祸起之时。今围绕皇太后之宫廷大臣及监官等俱知太后驾崩即其终之时。于太后驾崩时，当会虑及自身安全而谋害皇上。此时，万望以我守备兵救出皇帝"。[1]从内田的报告可以看出，早在慈禧和光绪相继去世之前四年，社会上已经广泛流传：慈禧"驾崩"之日，就是光绪"身上祸起之时"了。但是，他们没有料到，光绪之死，竟然是在慈禧驾崩的前一天。那么，这个谋害皇上的重大嫌疑人就不能不是既有作案动机又有作案条件的慈禧了。

我认为，慈禧谋害光绪，并不仅仅是为了自身的安全，更重要的是为了大清政权的平稳过渡。戊戌政变使支持光绪的政治势力受到了致命的打击，八国联军入京又使得支持慈禧的政治势力备受摧残。而背叛光

---

[1] 孔祥吉、[日]村田雄二郎：《罕为人知的中日结盟及其他》，巴蜀书社，2004年，第9页。

绪，以维新志士的鲜血染红顶子的袁世凯却在政坛崛起。即使光绪复出，也很难收拾残局。为了使大清的政权能平稳过渡，就必须使光绪死去，以便在她撒手人寰之前将政权交到她选定的继承人的手中。光绪三十四年十月二十日（1908年11月13日），慈禧以光绪的名义发布上谕："醇亲王载沣之子溥仪着在宫内教养，并在上书房读书。""醇亲王载沣着授为摄政王。"① 二十一日酉时，光绪死于瀛台涵元殿。是日，慈禧发布懿旨："摄政王载沣之子溥仪，着入承大统为嗣皇帝。""摄政王载沣之子溥仪承继穆宗毅皇帝为嗣，兼承大行皇帝之祧。""着摄政王载沣为监国，所有军国政事，悉秉予之训示裁度施行。俟嗣皇帝年岁渐长，学业有成，再由嗣皇帝亲裁政事。"② 二十二日，慈禧又发布懿旨："现予病势危笃，恐将不起。嗣后军国政事，均由摄政王裁定。遇有重大事件，必须请皇太后（光绪的皇后隆裕）懿旨者，由摄政王面请施行。"③ 就在这一天的未刻，慈禧崩于仪鸾殿，结束了她长达四十七年的统治。

综观慈禧光绪的恩怨情仇，可以看出，光绪之死于砒霜中毒，是慈禧和光绪之间矛盾斗争的必然结果。杀害光绪的不是别人，正是慈禧。

（原载《清史研究》2009年第3期）

---

① 中国第一历史档案馆藏，《上谕档》，光绪三十四年十月二十日。
② 中国第一历史档案馆藏，《上谕档》，光绪三十四年十月二十一日。
③ 中国第一历史档案馆藏，《上谕档》，光绪三十四年十月二十二日。

慈禧太后

慈禧太后，那拉氏，祖居叶赫，故称叶赫那拉。满洲镶蓝旗人。生于道光十五年十月初十日（1835年11月29日）。父惠征，曾任安徽宁池太广道。咸丰元年（1851），诏选秀女。二年，那拉氏被选入宫，封兰贵人。四年，晋封懿嫔。咸丰六年三月二十三日（1856年4月17日），生皇长子载淳，晋封懿妃。七年正月，晋封懿贵妃。从此，她在宫中的地位，仅次于咸丰的皇后钮钴禄氏。由于得到咸丰皇帝的宠幸，"时时披览各省章奏"[1]，开始干预朝廷政事。

咸丰十年（1860）六月，英法联军攻陷大沽炮台，占领天津，进逼北京。八月七日，清军与英法侵略军大战于八里桥，清军失利。次日黎明，咸丰帝挈带着皇后、妃嫔、子女和一些贵族官僚匆匆从圆明园出发，逃往热河（今河北省承德市）避暑山庄。留下他的异母弟恭亲王奕訢与英法侵略军进行谈判。

当咸丰即将出发的时候，懿贵妃极力谏阻，和咸丰帝发生了分歧。到达避暑山庄之后，肃顺乘机劝说咸丰帝像汉武帝将太子的生母钩弋夫人赐死那样杀掉懿贵妃。咸丰帝"懦需不忍"，没有按他的意见办[2]。但是，懿贵妃已"声势大减，诸所钻求，不敢轻诺"了[3]。

---

[1] 濮兰德、白克好司：《慈禧外纪》，中华书局，民国六年（1917），第7页。
[2] 黄濬：《花随人圣盦摭忆》，上海古籍书店，1983年，第2页。
[3] 《热河密札》第十二函。

咸丰十一年（1861）七月十七日，咸丰帝病死于避暑山庄，6岁的载淳即皇帝位，年号祺祥。尊皇后为母后皇太后，尊懿贵妃为圣母皇太后。不久，又分别加上徽号，称慈安太后、慈禧太后，俗称东太后、西太后。

咸丰帝临死的时候，一方面派怡亲王载垣，郑亲王端华，御前大臣景寿，尚书肃顺，军机大臣穆荫、匡源、杜翰、焦佑瀛等8人赞襄一切政务，另一方面，又赐给皇后和载淳各一颗图章作为权力的象征。发布谕旨，均由赞襄政务王大臣草拟缮递后，请皇太后、皇上钤用图章发下，上曰"御赏"二字，下曰"同道堂"三字以为符信。慈禧则以皇帝生母的身份代行皇帝的职权。当时人称这种体制是"垂帘辅政，盖兼有之"[①]。

但是，载垣等人为了独揽大权，不仅排斥远在北京的奕䜣，亦不愿两位皇太后干预朝政。慈禧非常不满。她首先说服慈安，然后派人和奕䜣取得联系。奕䜣不顾载垣等以皇帝名义发布的"无庸前赴行在"的上谕，请求叩谒梓宫。八月初一日，奕䜣到达热河，哭祭后，慈禧传旨召见，载垣等竭力阻挠。但是，慈禧坚决要见，多次派太监传旨。奕䜣请端华作陪。端华目视肃顺，肃顺笑着说："老六，汝与两宫叔嫂耳，何必我辈陪哉！"于是，奕䜣单独进见，和慈禧、慈安秘密策划从载垣等手中夺权[②]。奕䜣认为，热河是载垣等的势力范围，要除掉他们，非回北京不可。慈禧担心外国人出面干涉，奕䜣满有把握地说："外国无异议，如有难，惟奴才是问。"[③] 这次密谈长达两个多小时。在一切安排就绪之后，奕䜣离开热河，连夜赶回北京。

八月初六日，山东道监察御史董元醇奏请皇太后权理朝政，更于亲

[①] 《热河密札》第十二函。
[②] 薛福成：《庸盦笔记》卷一《咸丰季年三奸伏诛》，江苏人民出版社，1983年，第17—24页。
[③] 王闿运：《祺祥故事》，《东方杂志》第14卷，第12期。

王中简派一二人，令同心辅弼一切事务。慈禧看后，非常高兴。十一日，召载垣面谕照所请传旨。载垣等却以祖宗旧制向无皇太后垂帘之礼为理由，坚持写明发上谕痛加驳斥。焦佑瀛起草了一份措辞严厉的上谕稿，送交慈禧，慈禧将它和董元醇的原折一起留下，不予发抄。[①] 慈禧召见载垣等人，载垣等怒形于色，说他们是"赞襄皇上，不能听太后之命"，"请太后看折，亦系多余之事"。[②] 慈禧气得两手颤抖，小皇帝吓得直哭，把慈禧的衣服也尿湿了。慈安从中调停，劝双方"留着明日再说"。第二天清晨，慈禧没有传旨召见，载垣等以"搁车"相威胁，发下的折件，他们拒绝开视，说："不定是谁来看。"到了中午，慈禧才将董元醇的奏折和焦佑瀛所拟谕旨发下照抄，载垣等要求钤用图章，慈禧也照办了。载垣等始"照常办事，言笑如初"。[③] 载垣等以为，慈禧已经向他们屈服，不再把慈禧放在心上，而慈禧则利用对方的麻痹，积极进行政变的准备。九月十八日，慈禧就在热河行宫让她的妹夫、咸丰的异母弟醇郡王奕譞草拟谕旨，准备回北京后发布。

根据奕訢在热河时一同商定的日程，九月二十三日，咸丰的梓宫从避暑山庄启运回京。慈禧、慈安和载淳在避暑山庄丽正门外恭送梓宫上车后，就从小路先行，同行的有载垣、端华、景寿、穆荫。肃顺则和奕譞等随梓宫后发。赞襄政务王大臣中的三位核心人物——载垣、端华、肃顺，被巧妙地分割开了。

九月二十八日，慈禧到达石槽，钦差大臣、督办直隶山东军务、兵部右侍郎胜保奏请皇太后亲理大政，并另简近支亲王辅政。九月二十九日，慈禧一行进德胜门回宫。九月三十日，大学士贾桢、周祖培，户部尚书沈兆霖，刑部尚书赵光等4人联名上疏，请皇太后亲操政权以振纪

[①]《热河密札》第四函。
[②] 中国第一历史档案馆藏，《上谕档》，咸丰十一年十月初十日。
[③]《热河密札》第四函。

纲而防流弊。政变的时机已经成熟。于是，慈禧以皇帝的名义发布早在热河就已经拟好的上谕，以不能尽心和议，阻挠咸丰回銮，反对太后垂帘等罪名，将载垣、端华、肃顺解任，令景寿、穆荫、匡源、杜翰、焦佑瀛退出军机处。接着，慈禧又以载垣、端华"肆言不应召见外臣，擅行阻拦"，将载垣、端华、肃顺革去爵职拿问。[①]不久，肃顺被斩首，载垣、端华赐令自尽，景寿、穆荫、匡源、杜翰、焦佑瀛均被革职。改年号为同治，以明年为同治元年。

咸丰十一年（1861）十一月初一日，载淳奉两宫皇太后在养心殿垂帘听政。奕䜣任议政王、军机大臣、管理总理各国事务衙门事务，集内政、外交大权于一身，成为统治集团的核心人物。

慈禧登上最高统治者的宝座之后，依靠曾国藩、李鸿章组织的湘军和淮军，勾结外国侵略势力，先后镇压了太平天国、捻军和云南、贵州、陕西、甘肃等地的苗民、回民起义，使清王朝的统治得到暂时稳定。在统治集团内部，她一方面采用洋务派"自强"和"求富"的方针，购买洋枪、洋炮，训练海军、陆军，开办一些新式的军事工业和民用工业以加强清王朝的实力，另一方面又支持顽固派对洋务派进行牵制，以巩固自己的统治。

随着慈禧地位的巩固，慈禧和奕䜣之间的矛盾日益尖锐。同治四年（1865）三月初四日，编修蔡寿祺上疏弹劾奕䜣贪墨、骄盈、揽权、徇私，并要他"归政朝廷，退居藩邸，请别择懿亲议政"。尽管所劾各款均不能指出实据，慈禧却以同治的名义，在一篇别字连篇的上谕中指责奕䜣："从议政以来，妄自尊大，诸多狂敖（傲），以（倚）仗爵高权重，目无君上。看朕冲龄，诸多挟致（制），往往谙始（暗施）离间，不可细问。每日召见，趾高气扬，言语之间，许多取巧，满口胡谈乱

---

① 中国第一历史档案馆藏，《上谕档》，咸丰十一年十月初十日。

道。"① 于三月初七日发布上谕，革去他的一切差使。但是，这种做法，遭到了许多亲王和大臣们的反对。惇亲王奕誴于三月初八日上书慈禧，说："恭亲王自议政以来，办理事务，未闻有昭著劣迹，惟召对时语言词气之间诸多不检，究非臣民所共见共闻。而被参各款，查办又无实据，若遽行罢斥，窃恐传闻中外，议论纷然，于用人行政，似有关系，殊非浅鲜。"请求"饬下王公大臣集议，请旨施行"②。当天，慈禧召见孚郡主奕譓及军机大臣文祥等三人，令传谕王公大臣翰詹科道明日于内阁会议，将惇王、蔡寿祺的奏折发下，并对他们说："恭亲王于召见时一切过失，恐误正事，因蔡寿祺折，不能不降旨示惩。惇王折亦不能不交议，均无成见，总以国事为重。朝廷用舍，一秉大公，从谏如流，固所不吝。君等固谓国家非王不治，但与外廷共议之，合疏请复任王，我听许焉可也。"但是，在会议之前，慈禧召见倭仁、周祖培、瑞常、万青藜、基溥、吴廷栋、王发桂等，却又讲了另一番话，她说："恭王狂肆已甚，必不可复用。即如载龄人才，岂任尚书者乎？而王必予之。惇王今为疏争，前年在热河言恭王欲反者非惇王耶？汝曹为我平治之。"这两种意见，截然相反。文祥、倭仁分别在会议上做了传达，诸臣相顾愕然，无所适从，不成议而散，定三月十四日再议③。

三月十三日，醇郡王奕譞自东陵赶回北京，急上一疏为恭王求情，他说："恭亲王感荷深恩，事烦任重，其勉图报效之心，为我臣民所共见。至其往往有失于检点之处，乃小节之亏，似非敢有心骄傲，且被参各款，本无实据，若因此遽尔罢斥，不免骇人听闻，于用人行政，殊有关系。"请求慈禧宽其既往，令其改过自新，以观后效。慈禧将这一奏折发交王大臣会议。

---

① 中国第一历史档案馆藏，朱谕原件。
② 中国第一历史档案馆藏，奕誴折，同治四年三月初八日。
③ 吴语亭：《越缦堂国事日记》第2册。

三月十四日，王大臣等再次在内阁会议，经过激烈的争论，赞成奕䜣意见的人越来越多，最先认为醇王等疏可置勿议的倭仁，不得不四次修改自己的疏稿，肃亲王隆勤写成另一疏稿，许多人表示赞同，后来，军机大臣列名于倭仁折，礼亲王世铎及王公宗室大臣70余人则在肃王折上署名。都察院、宗人府别有折，内阁学士殷兆镛、潘祖荫，给事中谭锺麟、广成，御史洗斌，学士王维珍等均有折上呈。慈禧感到这个问题如果得不到妥善解决，不仅会遭到统治集团内部的反对，而且会引起外国的干涉，既然惩儆的目的已经达到，于是顺水推舟，于十六日发布上谕：恭亲王奕䜣着即加恩仍在内廷行走，并仍管理总理各国事务衙门事务。四月十四日，慈禧又以奕䜣因谢恩召见，伏地痛哭，深自引咎，颇知愧悔为理由，让他仍在军机大臣上行走，议政王名目则不再恢复，奕䜣的权力被大大地削弱了。

同治十二年（1873）正月，同治亲政，两宫皇太后撤帘归政。同治十三年（1874）十一月初一日，同治皇帝染病，御医诊断为天花，不能批阅章奏。在慈禧的授意下，所有内外各衙门陈奏事件，又由她批览裁定。

同治十三年十二月初五日（1875年1月12日）酉刻，同治死于养心殿东暖阁。戌刻，慈禧就在养心殿西暖阁召见奕䜣、奕䜣、奕譞、李鸿藻、徐桐、翁同龢等20余位王公大臣。慈禧首先发问："此后垂帘如何？"一位军机大臣回答说："宗社为重，请择贤而立，然后恳乞垂帘。"慈禧说："文宗无次子，今遭此变，若承嗣年长，实不愿，须幼者乃可教育。现在一语即定，永无更移，我二人同心，汝等敬听。"她选的这个人，就是醇亲王奕譞的儿子，她的外甥，年仅4岁的载湉。这个决定，使与会诸臣都感到吃惊。奕譞"惊遽敬唯，碰头痛哭，昏迷伏地，掖之不能起"①。诸臣遵命，退至军机处拟旨。慈禧派遣御前大臣及孚郡王奕譓等以暖舆前往宣武门外太平湖醇亲王府迎接载湉。初六日凌晨，数百名侍卫和太监，手提灯笼，簇拥着4岁的载湉，蟒袍补褂入大清门，从正路入乾清门，至养心殿谒见两宫皇太后，以继承文宗显皇帝为子的名义入承大统为嗣皇帝，年号光绪。慈禧和慈安又一次垂帘听政。

光绪七年（1881）三月初九日，45岁的慈安突然死去，她的死因引起人们怀疑，有人认为，慈安是被慈禧毒死的②。光绪九年（1883）十一月，中法战争爆发，清军接连受挫。慈禧以奕䜣"因循委靡，决难振作"为借口，免去他的一切职务，撤去恩加双俸，家居养疾。宝鋆、李鸿藻、景廉、翁同龢等四位军机大臣全部罢免，令礼亲王世铎在军机大臣上行走，庆郡王奕劻管理总理各国事务衙门事务，结束了北京政变以来"办夷之臣即秉政之臣"的局面③。世铎、奕劻才具平庸，唯慈禧之命是听，慈禧的权力得到进一步加强。

光绪十一年（1885）二月，清军大败法军于镇南关（今友谊关），法国茹费理内阁倒台。慈禧不顾中国军民的反对，决意乘胜求和，下令撤军，并授权李鸿章与法国公使巴德诺于四月二十七日在天津签订《中法和约》。

光绪十二年六月初十日，慈禧面谕醇亲王奕譞及军机大臣世铎等，于明年举行亲政典礼。光绪当即长跪恳辞，奕譞、世铎等也恳请从缓，都遭到慈禧的拒绝。不久，发布懿旨：皇帝亲政典礼，于明年正月十五日举行。王大臣等又纷纷上书恳请训政，经过再三请求，慈禧才表示同意于皇帝亲政后，再行训政数年。

---

① 《翁文恭公日记》，同治十三年十二月初五日，商务印书馆，1925年手稿影印本。
② 《清朝野史大观》卷一《慈安后薨逝二则》，上海书店，1981年，第86页。
③ 中国第一历史档案馆藏，奕譞密折，同治十年正月二十六日。

光绪十四年（1888）十月初五日，由慈禧做主，将自己的胞弟副都统桂祥之女指立为光绪的皇后，侍郎长叙的两个女儿同时入选，封瑾嫔、珍嫔。光绪十五年（1889）正月，大婚礼成。二月初三日，慈禧撤帘归政，御史屠仁守奏请明降懿旨，外省密折、廷臣封奏，仍书皇太后圣鉴字样，恳恩披览，然后施行。慈禧斥为"乖谬"，将屠仁守开去御史，交部议处。但是，慈禧的急于归政，并不是她自愿放弃权力，她的一再推辞，甚至处分屠仁守，只不过是企图使人们相信"垂帘听政，本非意所乐为"，她的垂帘听政、训政，都是"一时权宜"，出于"万不得已"而已。

先是，光绪十一年（1885）九月，成立海军衙门，派醇亲王奕𫍽总理海军事务，庆亲王奕劻，大学士、直隶总督李鸿章为会办。他们秉承慈禧的意旨，以办海军名义，修葺清漪园。为了掩人耳目，恢复昆明湖水操，并设水师学堂于昆明湖。光绪十四年二月初一日，慈禧以光绪的名义发布上谕，将这一工程公开，取"颐养冲和"的意思，将清漪园改名颐和园。

光绪二十年（1894）十月初十日，是慈禧的60岁生日，准备在颐和园大规模地进行庆祝。十八年（1892）十二月，委派礼亲王世铎、庆郡王奕劻总办万寿庆典。十九年（1893）春，又成立庆典处，专办庆典事宜。仿照乾隆年间为皇太后祝寿的成例，自紫禁城西华门至颐和园东宫门跸路所经，分设60段点景，建造各种不同形式的龙棚、经坛、戏台、牌楼和亭座。江南、杭州、苏州三个织造衙门，特造彩绸10万匹，以供庆典之需。

光绪二十年（1894）五月，中日战争爆发，中外舆论都认为中国必胜。光绪一力主战，慈禧亦主战，"不准有示弱语"。但是，当有人建议停止颐和园工程，停办点景，移作军费的时候，慈禧却非常生气，说："今日令吾不欢者，吾亦将令彼终身不欢。"后来，清军在朝鲜战场上接连失利，北洋海军又在黄海之战中受到严重挫折，慈禧转而支持李鸿章避战求和的方针，幻想外国出面调停。由于形势日益紧张，慈禧不得不宣布："所有庆辰典礼，着在宫中举行，其颐和园受贺事宜，即行停办。"①在旅顺、大连万分危急的情况下，慈禧在宁寿宫度过了她的60岁生日。

十月二十四日，旅顺失守。美使田贝根据美国政府的指示为中日调处。先令停战，若议不成，再开战。光绪认为："冬三月倭人畏寒，正我兵可进之时而云停战，得无以计误我耶？"②不愿接受。主战派与主和派之间的斗争更加激烈。珍妃之兄礼部侍郎志锐，"上书画战守策，累万言"。并与文廷式等弹劾李鸿章、孙毓汶、徐用仪等主和派大臣。为了打击主战派，十月二十九日，慈禧以"近来习尚浮华，屡有乞请之事"为借口，将晋封不久的瑾妃、珍妃降为贵人。一天之后，又说珍妃位下太监高万枝"诸多不法"，交内务府杖毙。接着，将奉光绪之命在热河练兵的志锐召回北京，调充乌里雅苏台参赞大臣。并裁撤满汉书房以孤立光绪。但是，主战的呼声并未因之停止。十二月初二日，御史安维峻上书，请杀李鸿章并弹劾军机大臣，认为"此举非议和也，直纳款耳，不但误国，而且卖国"。并托之传闻说"和议出自皇太后，太监李莲英实左右之"。尽管他表示，对于这样的传闻，他"未敢深信"，而"未敢深信"的理由则是："皇太后既归政，若仍遇事牵制，将何以上对祖宗，下对天下臣民？"把矛头直接指向慈禧。慈禧大怒，将安维峻革职，发往军台效力赎罪。

光绪二十一年（1895）正月十三日，刘公岛陷落，北洋海军全军覆灭。而清廷派往日本议和的使臣张荫桓、邵友濂又遭到拒绝，要求另派

---

① 《光绪朝东华录》，光绪二十年八月庚午（二十六日），中华书局，1958年，第3465页。
② 《翁文恭公日记》，光绪二十年十月初九，商务印书馆，1925年手稿影印本。

十足全权、曾办大事、名位最尊、素有声望的人为谈判代表。慈禧决定派遣李鸿章。正月十八日，慈禧面谕军机大臣："即着伊去，一切开复，即令来京请训。"奕劻说："上意不令来京。如此，恐与早间所奉谕旨不符。"慈禧说："我自面商。既请旨，我可作一半主张也。"①明日，发布上谕，李鸿章作为头等全权大臣前往日本议和。三月二十三日，李鸿章与日本代表签订了《马关条约》。

中日甲午战争之后，帝国主义掀起了一个瓜分中国的狂潮，民族危机空前严重。在维新运动的影响下，光绪锐意变法，遭到了守旧势力的激烈反对。二十四年（1898）春，光绪对庆亲王奕劻说："太后若仍不给我事权，我愿退让此位，不甘作亡国之君。"奕劻转告慈禧，慈禧非常生气，说："他不愿坐此位，我早已不愿他坐之。"奕劻再三劝说，慈禧才表示同意，"由他去办，俟办不出模样再说"②。四月十日，恭亲王奕䜣病死。四月二十三日，慈禧面告光绪："前日御史杨深秀、学士徐致靖言国是未定，良是。今宜专讲西学，明白宣示。"③于是，光绪发布了由翁同龢起草的《明定国是诏》。四月二十五日，诏命康有为等于四月二十八日进见。四月二十七日，慈禧却迫使光绪下诏，将协办大学士、户部尚书翁同龢开缺回籍。并接连发布几道上谕：命王文韶来京陛见，以荣禄暂署直隶总督；嗣后在廷臣工，如蒙皇太后赏加品级及补授满、汉侍郎以上各官，均着于具折后诣皇太后前谢恩，各省将军、都统、督抚、提督等官，亦着一体具折奏谢。并寄谕荣禄：定于本年秋间恭奉太后由火车路巡幸天津阅操。五月五日，王文韶补授户部尚书，在军机大臣上行走。荣禄补授直隶总督，兼充办理通商事务北洋大臣，节制北洋三军。崇礼补授步军统领。慈禧将人事、财政和军事大权牢牢掌

---

① 《翁文恭公日记》，光绪二十一年正月二十七日，商务印书馆，1925年手稿影印本。
② 苏继祖：《清廷戊戌朝变记》，《史说慈禧》，辽沈书社，1994年，第200页。
③ 《翁文恭公日记》，光绪二十四年四月二十三日，商务印书馆，1925年手稿影印本。

握在自己手里。

当变法的诏书联翩而下的时候，守旧势力非常惶恐。满洲大臣及内务府官员多跪请于太后，请她出面禁止，慈禧笑而不言。有人再三哭求，慈禧笑着说："汝管此闲事何为乎？岂我之见事犹不及汝耶？"七月二十日，光绪赏给谭嗣同、杨锐、刘光第、林旭4人四品卿衔，在军机章京上行走，参预新政事宜。康有为建议仿先朝开懋勤殿故事，选举英才，并延请东西洋专门政治家日夕讨论，讲求治理。七月二十九日，光绪去颐和园向慈禧请求开懋勤殿，"太后不答，神色异常"①。光绪感到自己的处境非常危险，召见杨锐，赐给密诏，要他与林旭、刘光第、谭嗣同及诸同志妥速筹商良策。谭嗣同建议争取正在小站练兵的直隶按察使袁世凯的支持。八月初一日，光绪在颐和园玉澜堂召见袁世凯，着开缺以侍郎候补，专办练兵事务。八月初三日，谭嗣同夜访法华寺，劝袁世凯于八月初五日请训时，请光绪面付朱谕一道，令其带领本部兵赴天津，见荣禄，出朱谕宣读，立即正法，即以袁某代为直隶总督，传谕僚属，张挂告示，布告荣禄大逆罪状，即封禁电局铁路，迅速载所部兵入京，"派一半围颐和园，一半守宫"。袁世凯表示同意，并满有把握地说："诛荣禄如杀一狗耳！"但是，守旧势力并没有睡觉。早在七月二十日以后，怀塔布、立山、杨崇伊等就先后前往天津与荣禄密谋，袁世凯奉召入京之后，荣禄即假称有英国兵船数只游弋大沽海口，传令各营整备听调。令聂士成带兵十营来津，驻扎陈家沟，以断袁军入京之路，并派人给袁送信，要他立即回防。八月初三日，御史杨崇伊通过庆亲王奕劻呈递密折，指控维新派"蛊惑人心，紊乱朝政，引用东人，贻误宗社"，并"吁恳皇太后即日训政，以遏乱谋"。这天，奕劻、载漪同赴颐和园，哭请太后训政，并说："伊藤已定于初五日觐见，倘见，中

---

① 苏继祖：《清廷戊戌朝变记》，《史说慈禧》，第210页。

国事机一泄，恐不复为太后有矣。"①慈禧立即决定，改变原定计划，提前于八月初四日由颐和园还宫。慈禧直入光绪寝宫，抄走了所有的奏折，并将光绪召来，怒斥道："我抚养汝二十余年，乃听小人之言谋我乎？"光绪战栗不发一语，过一会儿，才结结巴巴地说："我无此意。"慈禧唾之曰："痴儿，今日无我，明日安有汝乎？"②当即令人将光绪送往瀛台。从此，光绪失掉了人身自由，尽管八月初五日袁世凯请训、伊滕博文觐见，都按原计划进行，但是，这些活动，都有慈禧的心腹严密监视了。

八月初六日，慈禧以光绪的名义发布上谕，由慈禧再行训政，将朝政大权完全收回自己的手中。就在这一天，慈禧以"结党营私，莠言乱政"的罪名，将工部候补主事康有为革职，并令步军统领衙门将康有为及其弟康广仁拿交刑部治罪。以"滥保匪人，平素声名恶劣"的罪名，将御史宋伯鲁革职，永不叙用。

八月初八日，慈禧在勤政殿举行训政大典。由于袁世凯的告密，慈禧已经知道康有为等的密谋。八月初九日，又下诏将张荫桓、徐致靖、杨深秀、杨锐、林旭、刘光第革职，交步军统领衙门拿解刑部审讯。未俟复奏，即以"与康有为结党，隐图煽惑"的罪名，于八月十三日将康广仁、杨深秀、谭嗣同、林旭、杨锐、刘光第等六人杀害。一切新政，全被废除。一场自上而下的救亡图存的维新运动，被以慈禧为首的守旧势力扼杀了。

但是，慈禧并不以此为满足，她还想以光绪病重为借口，另立新君。由于列强和一些地方督抚的反对，慈禧的计划没有实现。最后，她采纳了荣禄的建议，于光绪二十五年十二月二十四日（1900年1月24

---

① 苏继祖：《清廷戊戌朝变记》，《史说慈禧》，第212页。
② 恽毓鼎：《崇陵传信录》，《近代稗海》第十三辑，四川人民出版社，1989年，第491页。

日），立端郡王载漪之子溥儁为大阿哥。

义和团运动刚刚在山东兴起，开展"灭洋仇教"的反帝斗争的时候，慈禧是一意主剿的。她曾多次谕令地方督抚，"实力搜剿，毋得养痈贻患"[①]。随着义和团运动的发展和帝国主义侵略的加深，慈禧的态度逐渐发生变化。光绪二十五年（1899）十一月十四日，慈禧屈服于帝国主义的压力，撤换了同情和支持义和团的山东巡抚毓贤而代之以袁世凯。但是，在10天之内，她接连三次发布谕旨，要袁世凯严饬各属，"遇有民教相仇之案，持平办理，不可徒恃兵力"。"总以弹压解散为第一要义"，"倘办理不善，以致腹地骚动，惟袁世凯是问"。四月二十四日，涞水义和团杀死了前往镇压的清军副将杨福同。二十九日，义和团约3万人占据了涿州。各国驻华公使在照会清政府强烈要求镇压义和团之后，又不顾清政府的反对，坚持调兵进京保护使馆。五月初三日，军机大臣、刑部尚书兼顺天府尹赵舒翘，顺天府尹何乃莹奏称：义和团声势浩大"诛不胜诛，不如抚而用之。统以将帅，编入行伍，因其仇教之心，用作果敢之气，化私忿而为公义，缓急可恃"[②]。对于这样的意见，慈禧非常欣赏。但是，义和团是否可靠，慈禧还没有把握。五月初九日，慈禧派遣赵舒翘、何乃莹前往涿州，"名为宣旨解散，实隐察其情势"[③]。次日，慈禧又加派协办大学士刚毅前往涿州。当晚，慈禧召集王公大臣密议对付义和团的策略。经过激烈的争论，决定对义和团实行招抚。五月十五日，义和团大规模地进入北京。第二天，北京义和团开始焚烧教堂。慈禧派遣启秀等以她的名义慰问各国公使和他们的夫人，并派许景澄、敬信、那桐、赵舒翘等赴英使馆会晤窦纳乐，再次劝阻各国调兵进京。各国公使却联名照会总署，声称"各国之兵现已决计入

[①] 中国第一历史档案馆藏，电寄档，光绪二十二年五月二十七日。
[②] 中国第一历史档案馆藏，赵舒翘等折附片，光绪二十六年五月初三日。
[③] 恽毓鼎：《崇陵传信录》，《近代稗海》第十三辑，第495页。

京,我等无力阻止,深为贵国惋惜"。以保卫使馆为名进入北京的侵略军,在各国使馆官员的指挥下,在北京街头肆意抓捕、驱赶、枪杀甚至炮击义和团及中国居民。五月十八日,刚毅自涿州奏报察看良乡、涿州一带义和团情形,强调"芸芸之众,诛不胜诛","非推诚布公,剀切晓谕,使之改悔,不能期其相安,断无轻于用剿之理"[①]。统治集团内部,围绕着对义和团是剿还是抚,对帝国主义是战还是和的斗争更加激烈。以载漪、刚毅、徐桐为代表的顽固派,主张招抚义和团,抗击列强,而奕劻、王文韶、刘坤一、张之洞、袁世凯等中央大员和地方督抚,则主张痛剿义和团,避免列强的武装侵略。慈禧虽然倾向于前者,但是,向列强宣战,事关重大。所以,在一段时间里,依违于剿抚和战之间。为了争取更多人的支持,从五月二十日至二十三日,慈禧连续召开了4次御前会议。在第一天的会议上,两派就展开了激烈的论争。太常寺卿袁昶认为,义和团是乱民,万不可恃,就令有邪术,自古及今,断无仗此成事者。慈禧立即加以驳斥:"法术不足恃,岂人心亦不足恃乎?今日中国积弱已极,所恃者人心耳,若并人心而失之,何以立国?"当天晚上,江苏粮道罗嘉杰派遣他的儿子面见荣禄,送上一份机密情报,据称得悉洋人照会,内容共有四条:1.指明一地,令中国皇帝居住;2.代收各省钱粮;3.代掌天下兵权;4.勒令皇太后归政。荣禄得到这一情报,绕屋而行,彷徨终夜,次日黎明,即进呈慈禧。慈禧看后,悲愤交加,决心对列强宣战。二十一日申刻,在仪鸾殿召开第二次御前会议。慈禧在宣读了所谓洋人照会的前三条之后,接着表明自己的意见:"今日衅开自彼,国亡在目前,若竟拱手让之,我死无面目见列圣。等亡也,一战而亡,不犹愈乎?"与会诸臣纷纷表示愿效死力,有的甚至痛哭流涕。端郡王载漪、侍郎溥良,更是激昂慷慨,极力主战。慈禧又

---

① 中国第一历史档案馆藏,刚毅等折,光绪二十六年五月十八日。

高声说道:"今日之事,诸大臣均闻之矣。我为江山社稷,不得已而宣战。顾事未可知,有如战之后,江山社稷仍不保,诸公今日皆在此,当知我苦心,勿归咎予一人,谓皇太后送祖宗三百年天下。"诸臣又叩头说:"臣等同心报国。"于是,慈禧命徐用仪、立山、联元往使馆,谕以利害,若必欲开衅者,可即下旗归国。立山以自己不是总理衙门官员为理由,不愿前往。慈禧勃然大怒说:"汝敢往,固当往;不敢往,亦当往!"立山只好与徐用仪、联元一起叩头退出。慈禧又令荣禄以武卫军备战守,并要他派兵遥护身入险地的徐用仪等3人。

五月二十二日,慈禧召开第三次御前会议,筹议和战。二十三日,慈禧已经得知罗嘉杰递送的情报纯属伪造。但是,法国驻天津总领事杜士兰关于各国水师提督、统领限清军于五月二十一日凌晨两点将大沽口各炮台交出,否则以武力夺取的照会,已由直隶总督裕禄奏报清廷。杜士兰的照会表明,战争即将开始。当慈禧读到这份照会的时候,大沽口各炮台早已陷落了。这天未刻,慈禧在仪鸾殿召开第四次御前会议,决定宣战。命许景澄等往告各国使臣,限他们于24小时内离开北京。光绪不愿开战,拉着许景澄的手说:"更妥商量。"慈禧怒斥道:"皇帝放手,勿误事!"①五月二十五日,慈禧以光绪的名义发布宣战诏书。慈禧明令嘉奖义和团为"义民",并令各省督抚,将他们"招集成团,借御外侮"。派左翼总兵英年、署右翼总兵载澜会同刚毅办理义和团事宜。为了加强对义和团的控制,二十七日,慈禧派庄亲王载勋,协办大学士刚毅统率京津一带义和团,并派英年、载澜会同办理。但是,慈禧的决定,遭到了刘坤一、张之洞等地方督抚的反对。他们联名电奏清廷,力主剿团乞和,并积极活动,与列强订立条约,实行"东南互保"。慈禧的决心开始动摇。五月二十九日,慈禧电谕李鸿章、李秉衡、刘坤

---

① 恽毓鼎:《崇陵传信录》,《近代稗海》第十三辑,第497页。

一、张之洞等沿海沿江各督抚,说明此次宣战,并非衅自我开。当天下午,慈禧命荣禄前往使馆慰问各国使臣,并于北玉河桥竖立木牌,牌上大书:"钦奉懿旨,力护使馆。"六月三日,慈禧在给各驻外使臣的谕旨中,虽仍然坚持此次兵端并非衅自我开,但是,义和团则成了"乱民"。说什么:"中国即不自量,亦何至与各国同时开衅?并何至恃乱民以与各国开衅?"要他们向各国外交部切实声明,达知中国本意,并表示对各国使馆,仍严饬带兵官照前保护,对"乱民",将"设法相机,自行惩办"。在帝国主义的进攻面前,慈禧一方面继续声称"现在中外业经开战,断无即行议和之势",要求各省将军、督抚,"务将和之一字,先行扫除于胸中",认真布置战守事宜①。另一方面,她却分别致国书于俄、英、日三国君主,请他们出面"排难解纷"②。接着,任命李鸿章为直隶总督兼北洋大臣,准备与列强谈判。对义和团虽仍继续利用,六月初十日,慈禧还拿出内帑银10万两,发给天津浴血奋战的义和团以示奖励。但是,在这之前,慈禧就已谕令载勋,"务将假托冒充义和团,借端滋事之匪徒驱逐净尽,倘仍有结党成群,肆意仇杀者,即行拿获,按照土匪章程惩办,以靖地方"了③。六月十八日,天津失陷。二十一日,慈禧又分别致国书于德皇和美、法两国总统,请他们"设法维持,执牛耳以挽回时局"。令荣禄停止攻打使馆,并令总理衙门给各使馆送去西瓜、面粉、蔬菜、水果、冰块等物。但是,帝国主义并没有停止进攻。七月十八日,八国联军攻陷通州。二十日,进入北京。二十一日凌晨,慈禧装扮成民间妇女,头挽便髻,身穿蓝布夏衫,带着光绪、皇后、瑾妃、大阿哥及王公大臣十余人,在二千余名兵勇的护卫下仓皇出逃。行前,将请求让光绪留京的珍妃投入乐寿堂后的井中。令奕劻、李

---

① 中国第一历史档案馆藏,《上谕档》,光绪二十六年六月初七日。
② 中国第一历史档案馆藏,《上谕档》,光绪二十六年六月初七日。
③ 中国第一历史档案馆藏,《上谕档》,光绪二十六年六月初四日。

鸿章为全权大臣与列强进行谈判。八月十四日,慈禧到达山西崞县,正式发布谕旨,说:"此案初起,义和团实为肇祸之由,今欲拔本塞源,非痛加划除不可。"① 由于慈禧的叛卖,一场轰轰烈烈的反对帝国主义的群众运动被断送了。

慈禧以为,只要她把责任推给义和团,就可以取得侵略者的谅解。但是,各国使臣却以请太后归政,严惩支持义和团的王公大臣作为议和的先决条件。同时,要求慈禧、光绪及早回銮。在侵略者的压力下,慈禧于闰八月初三日发布上谕,以"纵庇拳匪,启衅友邦"的罪名,将载勋、溥静、载濂、载滢革去爵职,载漪撤去一切差使,交宗人府严加议处,并着停俸。载澜、英年,交宗人府、都察院议处,刚毅、赵舒翘交都察院、吏部议处。对于回銮一事,慈禧很不愿意。因为,北京在八国联军的控制之下,一旦回銮,光绪就可以恢复自由,行使皇帝的权力,慈禧则不能"再预国政",只有退居深宫,以乐余年了②。这样的条件,慈禧是绝对不能接受的。她不仅不回銮,反而走得更远。闰八月初八日,慈禧一行离开太原,前往西安。

经过几个月的反复交涉,除了参加武装侵略的俄、英、美、日、德、法、意、奥八个国家之外,又加上比利时、西班牙和荷兰,共同拟定了议和大纲十二条草案。十一月初一日,奕劻、李鸿章从美国使馆抄得,立即电告军机处,转呈慈禧。慈禧得悉没有将她列为祸首,也没有要她归政光绪,如获大赦,当天就电复奕劻、李鸿章,大纲十二条,原则上"照允"。光绪二十六年十二月二十六日(1901年2月14日),慈禧发布上谕,表示要"量中华之物力,结与国之欢心"③。为了尽快达成和议,全部接受了帝国主义提出的条件。光绪二十七年七月二十五日

---

① 中国第一历史档案馆藏,《上谕档》,光绪二十六年八月十四日。
② 《字林西报》1900年10月13日。
③ 中国第一历史档案馆藏,《上谕档》,光绪二十六年十二月二十六日。

（1901年9月7日），奕劻、李鸿章代表清政府与11个帝国主义国家签订了丧权辱国的《辛丑条约》。

八月二十四日，慈禧自西安行宫启跸，取道河南、直隶回京，在开封度过了她的67岁生日，并颁发上谕，撤去溥儁大阿哥名号，立即出宫。光绪二十七年（1901）十月二十八日午刻回到北京，结束了她一年零五个月的流亡生活。

为了讨好帝国主义，缓和统治阶级的内部矛盾，欺骗人民，抵制革命，慈禧在西逃的途中，就以光绪的名义下诏罪己，下诏求直言，到达西安后，又下诏变法。光绪二十七年（1901）三月初三日，谕令设立督办政务处，作为筹办新政的机关，派奕劻、李鸿章、昆冈、荣禄、王文韶、鹿传霖为督办政务大臣，刘坤一、张之洞遥为参预。根据刘坤一、张之洞等人的建议，陆续实行了一些新政。光绪三十年（1904）六月十四日，慈禧选派载泽、戴鸿慈、徐世昌、端方、绍英等五大臣分赴东西洋各国考察政治。三十二年（1906）六月，载泽等先后回国，奏请宣布立宪。经过激烈的争论，七月十三日，慈禧发布了仿行宪政的上谕。但是，立宪的原则是："大权统于朝廷，庶政公诸舆论。"实际上是以立宪之名行专制之实。并且以"目前规制未备，民智未开"为借口，没有宣布实行立宪的时间。由于要求速开国会的呼声日益高涨，而参加这个行列的已不只是资产阶级上层的代表人物，还包括一些驻外使臣、地方督抚、中央官员以至皇室成员。为了拉拢立宪派，共同对付革命党人，光绪三十四年（1908）八月初一日，颁布《钦定宪法大纲》，并且宣布：预备立宪，以9年为期。

这时，清王朝的统治已处于风雨飘摇之中，阶级矛盾、民族矛盾、统治阶级的内部矛盾日益尖锐，慈禧"万几待理，心力俱殚"。光绪三十四年夏天，"时有不适"，九月，出现腹泻。十月初十，她在西苑度过了她的74岁生日，由于举行庆典，活动较多，病情继续发展，"周身疼痛，面目发浮"①。十月二十一日，光绪在瀛台含恨死去。慈禧为了继续掌握朝政大权，将光绪的同父异母弟醇亲王载沣之子、年仅3岁的溥仪立为皇位继承人，年号宣统。继承同治，兼祧光绪。慈禧被尊为太皇太后。授载沣为摄政王，一切军国政事，均秉承慈禧的"训示""裁度施行"。她万万没有料到，第二天的未正三刻，她长达47年的统治就随着她生命的终结而结束了。因为她和光绪的死，仅相隔一天，所以，光绪的死因引起了人们的怀疑，产生了种种传说，成为晚清的一大疑案。慈禧是同治、光绪两朝的实际统治者，她的丧礼，按照清朝列代皇帝的规格举行。她生前的徽号，已有慈禧端佑康颐昭豫庄诚寿恭钦献崇熙16字，她死后的谥号，将徽号全部保留，前面加孝钦2字，后面加配天兴圣显皇后7字，史称孝钦显皇后。宣统元年十月初四日（1909年11月16日）葬定陵东菩陀峪，称定东陵。

（原载《清代人物传稿》下编第8卷，辽宁人民出版社，1993年3月）

---

① 中国第一历史档案馆藏，《清太医院档案》。

慈安太后

慈安，钮钴禄氏，满洲镶黄旗人，广西右江道穆扬阿之女。生于道光十七年七月十二日（1837年8月12日）。咸丰二年（1852年）二月，以秀女入选，封贞嫔。五月，晋封贞贵妃。六月，立为皇后。因为晋封的时间相距很近，她封嫔与晋封贵妃的典礼均未举行。

咸丰十年（1860）八月，英法联军进逼北京，她跟随咸丰皇帝逃往热河（今河北省承德市），这时，太平天国、捻军等农民起义正席卷大江南北，而外国侵略者又占领了作为首都的北京。清王朝的统治处在风雨飘摇之中。咸丰心力交瘁，以声色自娱。并手书"且乐道人"四字，张挂于行宫殿内。慈安立即进行规劝，她说："天子一日万几，安有自求逸乐之理？今虽蒙尘，尤不宜有此。"亲督内侍，将它撤去[①]。

咸丰十一年七月十六日（1861年8月21日）子初三刻，咸丰皇帝弥留之际，诏立皇长子载淳为皇太子，派载垣、端华、景寿、肃顺、穆荫、匡源、杜翰、焦佑瀛等八人赞襄一切政务，并赐给钮钴禄氏和载淳各一颗图章，一曰"御赏"，一曰"同道堂"。"凡应用朱笔者，用此代之，述旨亦均用之，以杜弊端。"[②]七月十七日，咸丰皇帝逝世，皇太子载淳即皇帝位，尊钮钴禄氏为皇太后。当天，皇太后率琳贵太妃等至咸

---

① 《清朝野史大观》卷一《热河之狩》，上海书店，1981年，第67页。
② 《热河密札》第十二函。

丰灵前奠酒，载淳的生母那拉氏不愿以懿贵太妃的身份前往行礼。次日，又尊那拉氏为皇太后。钮钴禄氏为母后皇太后，那拉氏为圣母皇太后。不久，分别加上徽号，称慈安太后、慈禧太后。

咸丰皇帝刚刚逝世的时候，由于"礼节细故"，两宫皇太后之间"不甚惬洽"①。为了扩大她们之间的矛盾，肃顺"自请分见两宫皇太后，于召对时，词气之间，互有抑扬"②。但是，肃顺等人的专横，引起了慈安的不满。共同的利害，使她和慈禧的关系得到了改善。她们"俯巨缸而语，计议甚密"③。她们派遣心腹，急召恭亲王奕䜣前往热河，秘密策划从赞襄政务八大臣手中夺权。八月初十日，御史董元醇请求皇太后暂时权理朝政并于亲王中简派一二人令同心辅弼一切事务的奏折送达行在。慈禧十分赞赏。一日，慈安、慈禧召见载垣等人，拟照所请传旨。载垣等则以"我朝向无皇太后垂帘之礼"为理由，坚持写明发上谕加以痛驳。谕旨缮真递上，慈禧将它和董元醇的原折一并留中不发。再次召见时，载垣等人和慈禧发生了激烈争吵。杜翰甚至宣称："若听信人言，臣不能奉命。"慈禧气极，以至手颤。慈安从旁劝解，要求双方停止争吵，"留着明日再说"。十二日，两宫皇太后没有召见载垣等人，他们以"搁车"相要挟，发下的早事等件，他们拒绝开视。慈禧也不肯让步，"定要临朝"。慈安出来转弯，劝慈禧姑且将就。日将中，慈禧才将董元醇奏折及载垣等所拟谕旨发下照抄④。载垣等请求钤盖图章，慈禧和慈安也照办了。这次事件，进一步加强了慈安和慈禧除去八大臣的决心。九月十八日，慈禧在热河行宫令醇郡王奕譞修改由她以小皇帝的名义草拟的谕旨，准备在回北京后即行发布。

---

① 《热河密札》第十二函。
② 中国第一历史档案馆藏，奕䜣等奏折，咸丰十一年十月初六日。
③ 薛福成：《庸盦笔记》卷二《慈安皇太后圣德》，江苏人民出版社，1983年，第25页。
④ 《热河密札》第四函。

九月二十三日，慈安、慈禧和载淳于避暑山庄丽正门外恭送咸丰梓宫上车后，就从小路先行。九月二十九日未时，慈安与载淳同乘一舆，慈禧在后，进德胜门回宫。三十日，以小皇帝的名义发布早在热河就已经拟好回到北京后又经奕䜣等改定的上谕，将载垣、端华、肃顺革去爵职拿问。不久，肃顺被斩决，载垣、端华赐令自尽，景寿、穆荫、匡源、杜翰、焦佑瀛均被革职，穆荫被发往军台效力赎罪。

咸丰十一年（1861）十一月初一日，载淳奉两宫皇太后在养心殿垂帘听政。奕䜣任议政王、军机大臣，管理总理各国衙门事务。改年号祺祥为同治，以明年为同治元年。史称北京政变、辛酉政变或祺祥政变，事详《慈禧太后传》。

慈安性"浑厚"，"见大臣，呐呐如无语者"。每有奏牍，必慈禧"为诵而讲之"。慈禧"性机敏，锐于任事"，慈安"悉以权让之，颓然若无所与者"[1]，名义上是两宫垂帘，而掌握实权的只不过慈禧一人而已。

同治八年（1869），太监安德海奉慈禧之命往苏州采办龙袍，一路招摇煽惑，途经泰安，为泰安知县何毓福诱获，解送济南。山东巡抚丁宝桢用四百里专折奏闻。这时，慈禧正在病中，慈安召集军机及内务府大臣会议。大家认为：祖制，太监不得出都门，犯者死无赦。当就地正法。慈安令军机大臣寄谕丁宝桢将安德海即行斩决并严惩其随行人员，"天下皆服丁公之胆而颂太后之明"[2]。

清代帝后喜欢园居，从康熙中叶开始，在北京西北郊先后兴建了畅春园、圆明园、万寿山清漪园、玉泉山静明园、香山静宜园，人们称之为"三山五园"，咸丰十年（1860），英、法联军攻陷北京，将三山五园焚毁。邻近紫禁城的西苑（亦称三海，即北海、中海、南海），也因年

---

[1] 薛福成：《庸盦笔记》卷二《慈安皇太后圣德》，第26页。
[2] 薛福成：《庸盦笔记》卷二《慈安皇太后圣德》，第26页。

久失修，不免残破。每当慈安、慈禧和同治、奕䜣等到西苑游玩时，慈禧往往以言试探说："此处该修了。"奕䜣正色厉声而言曰："喳！"绝无下文。慈安则说："空乏无钱奈何！"慈禧修园的愿望，不得不暂时收敛①。

同治十二年（1873）正月，载淳亲政，慈安和慈禧撤帘归政。明年十二月初五日，同治病死，慈禧选立醇亲王奕𫍽之子年仅4岁的载湉为皇位继承人，是为光绪，慈安、慈禧又一次垂帘听政。这时，慈安"益务韬晦"，"事无巨细，必待西宫裁决，或委枢府主持"。②对国家大事，已不大过问了。

光绪七年（1881）三月初九日，慈安偶感风寒，当即进汤药调治，不到一个时辰，病情急剧恶化，"类风痫甚重"。神识不清、牙紧、痰壅气闭、遗尿等症状相继出现，初十日戌时，崩于钟粹宫③，年45岁。因为她死得很突然，社会上出现了许多传说。有人认为，她是被慈禧太后毒死的，直到现在，慈安之死仍然是一个谜。

慈安生前，已加上徽号慈安端裕康庆昭和庄敬10字，她死后于徽号10字内酌留6字，谥曰：孝贞慈安裕庆和敬仪天祚圣显皇后。光绪七年（1881）九月十七日，葬定陵东普祥峪定东陵。光绪三十四年（1908）十月，溥仪即位，加上尊谥曰：孝贞慈安裕庆和敬诚靖仪天祚圣显皇后。

（原载《清代人物传稿》下编第8卷，辽宁人民出版社，1993年3月）

---

① 坐观老人：《清代野记》卷上《慈禧之侈纵》，巴蜀书社，1988年，第14页。
② 薛福成：《庸盦笔记》卷二《慈安皇太后圣德》，第26页。
③ 《翁文恭公日记》，光绪七年三月初十、十一日，商务印书馆，1925年手稿影印本。

关于丽妃

看了影片《垂帘听政》后，许多观众纷纷提出疑问：丽妃被砍去手足，装在一只黑色的大瓮里，头发散乱，面容憔悴，奄奄一息，这是真事吗？我们请中国人民大学清史研究所的王道成同志解答这个问题。

——编者

根据清代的历史文献和档案材料，咸丰的妃嫔中，确有丽妃其人。但是，她的遭遇和影片中的情况是大不一样的。

丽妃，他他拉氏，生于道光十七年二月二十七日（1837年4月2日），比慈禧（那拉氏）小一岁零八个月。父亲庆海，曾做过清王朝的主事。咸丰二年（1852），她与那拉氏一起被选入宫，分别被封为丽贵人和兰贵人。后来，又先后被封为丽嫔、丽妃和懿嫔、懿妃。咸丰七年（1857），懿妃又晋封懿贵妃。从此，那拉氏在宫中的地位就仅次于皇后钮钴禄氏了。

咸丰十一年七月十七日（1861年8月22日），咸丰死后，载淳即位，懿贵妃被尊为圣母皇太后。不久，上徽号为慈禧。九月三十日，慈禧发动北京政变，从赞襄政务八大臣手中夺取政权，和慈安（钮钴禄氏）一起垂帘听政。十月初十，是慈禧的生日，慈禧以年仅六岁的小皇帝的名义发布上谕，封丽妃为丽皇贵妃。同治十三年（1874）十一月十六日，同治又根据慈禧的"懿旨"，封丽皇贵妃为丽皇贵太妃。

光绪十六年十一月十五日（1890年12月26日），丽皇贵太妃"薨逝"，年54岁。光绪"亲诣奠酒行礼。大内以下，宗室以上并王公文武官员，着于是日素服一日"。这时，离咸丰之死已经29年了。

以上事实说明，影片中的情节完全是虚构的。这一情节，不禁使人想到西汉初年吕后对待刘邦宠姬戚夫人的故事。公元前195年，汉高祖刘邦死后，吕后"断戚夫人手足、去眼、煇耳，饮喑药，使居厕中，命曰'人彘'"。吕后这样做是因为戚夫人的儿子赵王如意几乎取代了她自己的儿子，也就是后来的汉惠帝刘盈皇位继承人的资格。所以她上台之后，就要置之于死地。

丽妃却不然，她在政治上对慈禧并没有威胁，随着咸丰的死去，丽妃更是无足轻重，因此，慈禧不仅没有杀她，反而一再晋封以表示宽厚。我想编导将吕后的事移植到慈禧身上，大概是为了用一个文艺虚构的情节来表现慈禧的凶残狠毒吧。

（原载《北京日报》1983年9月17日）

隆裕太后

隆裕，叶赫那拉氏，满洲镶黄旗人。慈禧皇太后胞弟副都统桂祥之长女。同治七年正月初十日（1868年2月3日）生于北京朝阳门内之方家园。光绪十四年（1888）十月，由慈禧做主，指立为光绪皇后。光绪十五年（1889）正月，大婚礼成，颁诏天下。

光绪皇帝的生母，是慈禧太后的胞妹，从血缘关系讲，隆裕皇后是光绪的表姊。但是，他们的结合，完全是出于慈禧的政治需要。这时，光绪已年满18岁，即将亲政，把自己的侄女选立为皇后，就是为了加强对光绪的控制。

皇后作为慈禧的侄女，政治上倾向慈禧，在光绪的心目中成了异己，而珍妃的得宠，又使皇后在感情上和光绪疏远。他们之间的隔阂，随着帝后两党矛盾的尖锐而加深。中日甲午战争之前，两人就不愿见面，在慈禧面前，也毫不掩饰，"辄望影互避"[①]。戊戌政变之后，光绪遭到囚禁，更是不相往来。至今依然存在的封闭颐和园玉澜堂和宜芸馆之间的通道的厚厚的砖墙，就是他们当年夫妻关系的见证。

光绪三十四年十月二十一日（1908年11月14日），光绪死于瀛台，慈禧选立醇亲王载沣之子3岁的溥仪为嗣皇帝，继承同治，兼祧光

---

① 王照（小航）：《方家园杂咏纪事（二十首）》注，《清宫词》，北京古籍出版社，1986年，第135页。

绪。尊皇后为皇太后。以载沣为摄政王,所有军国大事,都秉承慈禧的训示裁度施行。次日,慈禧病死,在她临终的时候,留下一道懿旨:"嗣后军国政事,均由摄政王裁定。遇有重大事件,必须请皇太后懿旨者,由摄政王随时面请施行。"①十一月二十五日,上徽号曰隆裕,称隆裕皇太后。

隆裕为人,庸懦无能,对权力却非常热衷,企图像慈禧太后那样"垂帘听政",为此与载沣常常发生冲突。宣统二年(1910)五月,载沣任命毓朗、徐世昌为军机大臣。不数日,隆裕就要载沣将二人罢免。载沣请予从缓,隆裕不听。载沣不得已,当面对隆裕说:摄政王用人行政之权,太后不应干预。隆裕无可奈何,只好不了了之。②

宣统三年(1911)八月十九日,革命党人在武昌起义,各省响应,纷纷宣布独立。隆裕根据奕劻的建议,起用罢职家居的袁世凯。八月二十三日,授袁为湖广总督。九月初六日,授袁为钦差大臣。九月十一日,以奕劻为首的皇族内阁辞职,又授袁为内阁总理大臣。军政大权完全落入袁世凯手中。袁世凯为了实现攫取最高权力的野心,一方面以清政府为工具,压迫革命党就范,一方面借革命党的力量,迫使清政府交出一切权力。在北洋军攻下汉口、汉阳之后,袁世凯即下令停战,派出代表与民军代表议和。以赞成共和为诱饵,骗取了革命党人举他为临时总统的许诺,然后回过头来"逼宫"。

十一月二十八日,袁世凯与内阁成员联衔密奏,请求召开皇族会议"速定方针","以息兵祸而顺民心"。十一月二十九日,隆裕召开御前会议,商讨对策。贝子溥伦首先提出清帝"自行逊位"和让袁世凯做总统的主张,奕劻随声附和,恭亲王溥伟以及载泽等则表示反对。隆

---

① 《宣统政纪》卷一。
② 载润:《隆裕与载沣之矛盾》,《晚清宫廷生活见闻》,文史资料出版社,1982年,第77页。

裕毫无主意，唯抱宣统皇帝痛哭。十二月初一日，内阁开会，溥伟虽然高唱"乘胜痛剿"的调子，但无人敢和。胡惟德、赵秉钧、梁士诒等又联衔奏称："人心已去，君主制度，恐难保全，恳赞同共和，以维大局。"① 这天辰刻，隆裕又在养心殿召开御前会议。她问大家："是君主好，还是共和好？"与会者回答："臣等皆力主君主，无主张共和之理，求太后圣断坚持，勿为所惑。"隆裕说："我何尝要共和，都是奕劻同袁世凯说'革命党太厉害，我们没枪炮、没军饷，万不能打仗'。"溥伟说：冯国璋曾向载泽表示，革命党甚不足惧，但求发饷三月，定能奏功。请求将宫中金银器皿赏出几件，暂充战费。隆裕说："胜了固然好，要是败了，连优待条件都没有，岂不是要亡国么？"溥伟说："优待条件是欺人之谈，即使可恃，以朝廷之尊受臣民优待，岂不贻笑列邦，贻笑千古？"并请求皇太后、皇上赏兵，情愿杀敌报国。隆裕问载涛："你管陆军，知道我们的兵力怎么样？"载涛说："奴才没有打过仗，不知道。"隆裕默然。这次参加会议的有满蒙王公大臣14人，除溥伟、善耆、载泽、那彦图发言外，其余都缄口不言，会议毫无结果②。接着，隆裕召见国务大臣，将国体问题推给国会解决。袁世凯见清廷不肯就范，便向隆裕施加压力，奏称："如改为国会议决国体，则优待皇室条件，似亦应由国会议定，能否照前优隆，臣未敢预决。"③ 同时指示党羽，掀起请愿风潮。十二月初七日，杨度等人在北京组成共和促进会，发表宣言，对阻挠共和的亲贵王公及顽旧之徒猛烈抨击，声言唯有共和才能保全皇室和国家。次日，段祺瑞等46位北洋将领联名电奏清廷，指斥载泽、溥伟阻挠共和，要求明降谕旨，宣示中外，立定共和政

---

① 张国淦：《辛亥革命史料》，龙门联合书局，1958年。
② 《让国御前会议日记》，中国近代史资料丛刊《辛亥革命》（八），上海人民出版社，1957年。
③ 《宣统政纪》卷六十九。

体，以免生灵涂炭。当天晚上，发生了革命党人彭家珍炸伤宗社党领袖良弼的事件，王公亲贵人人自危，纷纷逃离北京。隆裕闻讯，更是胆战心惊，掩面而泣。她对袁世凯的心腹梁士诒、赵秉钧、胡惟德说："我母子二人性命，都在你三人手中，你们回去，好好对袁世凯说，务要保全我母子二人性命。"①十二月十二日，隆裕召开御前会议，亲贵们一筹莫展，相对欷歔。次日，隆裕召见奕劻、载沣二人，皆以"官军既无斗志，不若逊位全终，犹得优遇"作答。十二月十六日，隆裕召见袁世凯，嘱曰："诸事听卿裁处，但求保全余及皇帝之尊荣，亦无他求。"授袁世凯以全权，迅速与民军商酌条件。十二月二十四日，隆裕接受了双方商定的优待条件，决定清帝退位。宣统三年十二月二十五日（1912年2月12日）清晨，隆裕带着6岁的小皇帝溥仪在紫禁城内的养心殿举行了最后一次朝见仪式，颁布退位诏书，结束了清王朝268年的统治。

清帝退位之后，隆裕丧失了一切权力，心情抑郁，浸以成疾。1913年2月22日凌晨，病死于长春宫，年46岁。她的丧事，仍按清朝列后成案办理，谥曰：孝定隆裕宽惠慎哲协天保圣景皇后。3月，隆裕梓宫用火车运往西陵梁各庄暂安殿，同年与光绪梓宫合葬于崇陵。

（原载《清代人物传稿》下编第8卷，辽宁人民出版社，1993年3月）

---

① 《三水梁燕孙先生年谱》（上）。

珍妃（附：瑾妃）

珍妃（1876—1900），他他拉氏，满洲镶红旗人。祖父裕泰，陕甘总督；父长叙，礼部侍郎；伯父长善，广州将军。

珍妃幼聪慧，光绪十四年（1888）十月，年十三，选封珍嫔。次年二月入宫，得到光绪的宠爱。她"喜作男子装"，与光绪"时常互换装束，以为游戏"。[1] 光绪二十年（1894）正月，因慈禧六旬庆典，晋封珍妃。

江西文廷式曾客长善幕中，与珍妃兄志锐友善。光绪八年（1882），文廷式中顺天乡试第三名，"誉噪京师"。[2] 光绪十六年（1890）恩科会试中式，殿试第一甲第二名，授翰林院编修。由于珍妃推荐，光绪二十年（1894）大考翰詹，皇帝"亲定等第"，文廷式名列一等第一。[3]

中日甲午战争爆发后，清统治集团内部在和战问题上发生了严重分歧，帝党主战，后党主和，随着战局的发展，两派之间的斗争更加激烈。珍妃之兄礼部侍郎志锐"上疏画战守策，累万言"。[4] 并与文廷式等弹劾李鸿章、孙毓汶、徐用仪等主和派大臣。为了打击帝党，慈禧以"近来习尚浮华，屡有乞请之事"[5] 为理由，于十月二十九日将珍妃和她

---

[1] 《故宫周刊》1930 年第 30 期《珍妃专号》。
[2] 《昭萍志略·人物志》。
[3] 《清德宗实录》卷三百三十八。
[4] 《清史稿·志锐传》，中华书局，1977 年，第 12797 页。
[5] 《光绪朝东华录》，光绪二十年十月壬申（二十九日），中华书局，1958 年，第 3498 页。

的姐姐瑾妃均降为贵人。

十一月初一日，慈禧又发布一道懿旨，缮写装裱，挂在珍妃的住处：

> 皇后有统辖六宫之责。俟后妃嫔等如有不遵家法，在皇帝前干预国政，颠倒是非，着皇后严加访查，据实陈奏，从重惩办，决不宽贷，钦此。①

十一月初二日，慈禧以珍妃位下太监高万枝"诸多不法"，未经审讯，即"交内务府扑杀"。②

这时，珍妃之兄志锐正奉光绪之命在热河募勇设防，慈禧说他"举动荒唐"，于初三日被召回京。初八日，降授乌里雅苏台参赞大臣。③珍妃成了帝后两党斗争的牺牲品。光绪二十一年十月十五日（1895年12月1日），慈禧又令敬事房传知礼部恢复珍妃和瑾妃的位号。④

光绪二十四年（1898）变法维新期间，珍妃又是光绪的积极支持者。志锐的幼弟工部笔帖式志锜，"尝侦宫中密事，输告新党"。⑤政变发生后，珍妃又一次受到打击，被囚禁于紫禁城东北部的北三所中。珍妃位下太监戴恩如被加上"干预国政，搅乱大内，来往串通是非"的罪名，交内务府大臣即日板责处死。⑥珍妃位下另外六名太监也被加上"结党串通是非"或"串通是非，不安本分"的罪名，分别受到了"重责二百板，永远枷号"和"板责一百，枷号二年"的处分。⑦慈禧还谕

---

① 松龄：《挟制珍妃确有禁牌》，《北京晚报》1983年7月18日。
② 《翁文恭公日记》，光绪二十年八月初二日，商务印书馆，1925年手稿影印本。
③ 《翁文恭公日记》，光绪二十年八月初三、初八日，商务印书馆，1925年手稿影印本。
④ 《翁文恭公日记》，光绪二十一年十月二十日，商务印书馆，1925年手稿影印本。
⑤ 胡思敬：《戊戌履霜录》卷四《志锜传》，汤志钧：《戊戌变法人物传稿》上册，中华书局，1982年，第352页。
⑥ 中国第一历史档案馆藏，《内务府杂件》。
⑦ 中国第一历史档案馆藏，《内务府杂件》。

令所有太监，不准为珍妃传递事件，"如不遵者，查出即行正法，决不姑容"。①

光绪二十六年七月二十一日（1900年8月15日），八国联军侵入北京，慈禧太后唯恐光绪在外国侵略者的支持下取代自己的统治，决定携带光绪一同出逃。行前，令后宫妃嫔均来请安，珍妃也被从三所带来。慈禧告诉大家暂时勿庸同行，珍妃请求慈禧将光绪留在北京，主持和议。慈禧听后，大发雷霆，令太监崔玉贵将珍妃推入乐寿堂后的井中。后来，人们将这口井称为"珍妃井"。

光绪二十七年（1901），慈禧和光绪回到北京。慈禧发布懿旨，把珍妃的死说成是"仓猝之中，扈从不及""洵属节烈可嘉，加恩着追赠贵妃位号，以示褒恤"。②将她的尸体从井中打捞出来，浅葬西直门外田村，后移葬崇陵妃园寝，追谥恪顺皇贵妃。

瑾妃（1874—1924），他他拉氏，珍妃之姐。光绪十四年（1888），年十五，与珍妃同时被选，封瑾嫔。次年二月入宫。光绪二十年（1894）正月，晋封瑾妃。同年十月，与珍妃同降贵人。二十一年（1895）十月，仍复瑾妃位号。光绪三十四年十月二十五日（1908年11月18日），宣统即位，晋封瑾贵妃。辛亥革命后，清皇室又尊为端康皇贵妃。民国十三年九月二十二日（1924年10月20日）病死，年五十一，葬崇陵妃园寝。

（原载《清代人物传稿》下编第4卷，辽宁人民出版社，1988年1月）

---

① 中国第一历史档案馆藏，《内务府杂件》。
② 《清德宗实录》卷四百九十。

慈禧其人

慈禧太后（1835—1908），是晚清同治、光绪两朝的最高决策者，她以垂帘听政、训政的名义统治中国47年。长期以来，有关慈禧的史学论著和文艺作品，大都只讲慈禧祸国殃民的一面，甚至把一些与慈禧毫不相干的恶行也加在慈禧的身上。在人们的心目中，慈禧已成为一个昏庸、腐朽、专横、残暴的妖后。那么，历史上的慈禧究竟是怎样一个人呢？

宽厚与残忍

1861年11月2日，慈禧在以奕䜣为首的贵族、官僚和帝国主义的支持下发动北京政变，从载垣、端华、肃顺等8位赞襄政务王大臣手中夺取政权，以垂帘听政的名义登上了统治者的宝座。但是，巩固政权比夺取政权要困难得多。为了赢得统治阶级和人民群众的支持，她做出了一系列重大的决策。其中，最值得注意的是对政敌的处理和清理狱讼。

北京政变后，载垣、端华、肃顺被革去爵职，拿交宗人府，会同大学士、九卿、翰、詹、科、道定拟罪名，照大逆律凌迟处死。慈禧将载垣、端华两位亲王改为赐令自尽。端华之弟肃顺改为斩立决。其余5人，原拟革职，发往新疆效力赎罪。因为景寿是道光皇帝的女婿，奕䜣的姐夫，慈禧对他的处分改为革职，仍留公爵并额驸品级，免其发遣。

除穆荫照原拟革职，发往军台效力赎罪外，匡源、杜翰、焦佑瀛均改为革职，免其发遣。

查办载垣、端华、肃顺党羽时，仅将尚书陈孚恩、侍郎刘琨、黄宗汉、成琦、太仆寺卿德克津泰、候补京堂富绩6人革职。后来，从查抄肃顺家产中发现陈孚恩亲笔书信多封，并有暧昧不明之语。于是，查抄陈孚恩的家产，并照刑部所拟罪名，将陈孚恩发往新疆效力赎罪。但是，从查抄肃顺家产中发现的账目、书信，还涉及许多中央和地方官员，如果一一查办，势必株连甚众。为了表示自己"宽厚和平"，使这些官员放下包袱，慈禧谕令议政王、军机大臣，将此次查抄肃顺家产内账目、书信，"即在军机处公所公同监视焚毁，毋庸呈览"。

总之，这一次大的政变，处理得十分圆满。原8位顾命赞襄政务王大臣，处死3人，处分5人；与其关系密切的处理了陈孚恩等6人，太监5人，共计19人。这与肃顺办理的戊午科场案动辄处分牵连数百人，不可同日而语。政变从发动到处理完毕，也只有一个月时间。时间之短促，也是令人吃惊。以上事实说明，慈禧是宽厚的；但是，在另一方面，她又十分残忍。她依靠曾国藩的湘军、李鸿章的淮军，先后镇压了太平天国、捻军以及回民和苗民起义。1864年7月19日，湘军攻破太平天国的首都天京（今南京）的时候，分段搜杀，三日之间，杀害太平军将士10余万人，"秦淮河尸首如麻"。所谓的"同治中兴"，是建立在对千百万革命人民残酷镇压的基础上的。

革新与守旧

19世纪60年代至90年代，清王朝的一部分中央和地方官员主张学习西方近代的科学技术，训练新军，购买枪炮、军舰，发展中国的军事工业和民用工业，以达到富国强兵的目的。他们的代表人物，在中央有奕䜣、文祥，在地方有曾国藩、李鸿章、左宗棠、张之洞。尽管他们的改革没有触及封建专制的政治制度和社会制度，但是，在顽固派看来，却是"用夷变夏"，违背了祖宗成法和圣贤古训。所以，洋务运动一开始，就遭到顽固派的坚决反对。在洋务派与顽固派的斗争中，慈禧虽然采取了平衡的策略，一方面，支持以奕䜣为首的洋务派；另一方面，又扶植顽固派以牵制洋务派。但是，洋务新政毕竟有利于清王朝的统治。所以，在顽固派气焰嚣张的时候，慈禧又站在洋务派一边予以压制。

1866年12月，奕䜣奏请在同文馆内添设分馆，招收科举出身的人员学习天文、数学。大学士倭仁亲自出马，上书慈禧，坚决反对。他认为，让科举出身的人员向外国人学习天文、数学是斯文扫地。他声称，中国之大，不愁没有人才，只要多方访求，一定可以找到精通天文、数学的人，为什么一定向外国人学习呢！慈禧让他保举几名精通天文、数学的人才，并由他负责选定地方办一个天文数学馆与同文馆分馆互相砥砺。他只好承认实无可保之人。慈禧又让他到主持洋务的总理事务衙门行走。倭仁一向痛恨洋务，现在要他去办洋务，感到是对自己的侮辱，再三推辞，慈禧却不肯收回成命，弄得这位顽固派的代表人物十分难堪。他到上书房给同治帝讲课，有所感触，不禁流下了眼泪。倭仁最后以养病为理由，奏请开缺。经慈禧批准，免去他的一切职务。

由于慈禧的支持，洋务运动才得以冲破重重阻力向前发展，成为中国近代化的开端。

中日甲午战争失败后，帝国主义掀起了瓜分中国的狂潮，民族危机空前严重。在维新派的影响下，光绪锐意变法。变法和反变法的斗争非常激烈。1898年6月11日，慈禧面告光绪："前日御史杨深秀、学士徐致靖言国是未定，良是。今宜专讲西学，明白宣示。"于是，光绪发布了由翁同龢起草的《明定国是诏》，把讲求西学，变法自强，作为清王朝的国策，使维新运动取得了合法地位。但是，这次变法，涉及了清王朝的政治体制，而慈禧改革的底线是祖宗之法不能变。随着变法的深入，慈禧和维新派的分歧越来越大。特别是康有为建议的仿先朝开懋勤殿一事，选举英才，并邀请东西洋专门政治家共议制度，将一切应革之事全盘筹算，然后施行，更是慈禧所不能接受。当光绪向慈禧提出这一请求的时候，"太后不答，神色异常"。从慈禧的表情，光绪感到变法已出现危机。为了使变法能进行下去，康有为、谭嗣同等密谋策划，争取正在天津小站练兵的袁世凯以所部新建陆军入京，围颐和园，逼迫慈禧退出政治舞台。由于顽固派势力强大，袁世凯又是一个投机分子，根本不可能站在维新派一边。这场自上而下的改革失败了。谭嗣同等6人被杀害，康有为、梁启超逃亡国外，一些参与或支持变法的官员，受到了降级、革职、流放的处分。一切新政全被废除。

主战与求和

慈禧的一生，经历了从1840年至1900年帝国主义侵略中国的5次战争。第一次鸦片战争，她还是一个5岁的孩子。第二次鸦片战争，她已是咸丰皇帝的懿贵妃。以后的中法战争、中日甲午战争、八国联军入侵，她则是清王朝的最高决策者，从慈禧的主战与求和，可以看出慈禧与帝国主义关系的变化。

1860年9月21日，清军在八里桥之战中遭到失败，英法联军进逼北京，咸丰决定逃往热河避暑山庄。当咸丰即将出发的时候，懿贵妃极力谏阻，请求咸丰留在北京，继续抵抗。为此，她触怒了咸丰，差一点引来杀身之祸。奕䜣与英法联军签订《北京条约》，懿贵妃深以为耻，劝咸丰废约再战。因为咸丰病危，只好作罢。

中法战争爆发后，主战派和主和派的斗争非常激烈。慈禧将清军的接连失利归罪于奕䜣的"因循委靡",免去他的一切职务,其他4位军机大臣也全部罢免。但是,清政府内部的和战之争并未停止。1884年8月23日,法国军舰向福建水师发动突然袭击,福建水师全军覆没。慈禧谕令对法宣战,并将继续坚持和议的张荫桓等6位总理衙门大臣革职。1885年2月,法军攻占谅山,慈禧转向主和。镇南关(今友谊关)的失守,慈禧更丧失了对战争胜利的信心。授权中国海关驻伦敦办事处的英国人金登干到巴黎与法国外交部秘密议和。1885年4月4日,授权金登干与法国政府签订《巴黎停战协定》。6月9日,又授权李鸿章,在天津与法国驻华公使巴德诺签订《中法新约》。

光绪二十年(1894)十月初十,是慈禧的60岁生日,准备在颐和园大规模地进行庆祝。除了在颐和园大兴土木之外,还在从紫禁城西华门至颐和园东宫门跸路所经分设60段点景,建造各种形式的龙棚、经坛、戏台、牌楼和亭座。正当清政府紧锣密鼓筹备太后六旬庆典的时候,中日战争爆发了。中外舆论认为,中国必胜。光绪主战,慈禧亦主战,"不准有示弱语"。但是,当有人提出停止颐和园工程,停办点景,移作军费的时候,慈禧却非常生气,说:"今天谁让我不高兴,我就要他一辈子不高兴。"后来,清军在朝鲜战场上接连失利,北洋水师在黄海之战中又遭受严重挫折。为了不影响自己的六旬庆典,慈禧希望外国出面干涉,尽快结束战争。她支持李鸿章避战求和的方针,以各种借口,打击以光绪为首的主战派。由于形势日益紧张,她不得不改变原来的计划,所有庆辰典礼,着仍在宫中举行,其颐和园受贺事宜,即行停办。在金州、大连相继陷落,旅顺万分危急的情况下,慈禧在紫禁城内的宁寿宫度过了她的60岁生日。1895年2月7日,威海卫日舰及炮台夹攻刘公岛,北洋水师全军覆没。1895年4月17日,李鸿章与日本代表伊藤博文签订了丧权辱国的《马关条约》。

义和团运动刚刚在山东兴起,开展"灭洋仇教"的反帝斗争的时候,慈禧是主剿的。她多次谕令地方督抚"实力剿捕,毋得养痈贻患"。由于义和团的迅猛发展并进入北京,各国驻华公使在照会清政府强烈要求镇压义和团之后,又不顾清政府的反对,坚持调兵进京,在使馆官员的指挥下,肆意抓捕、驱赶、枪杀甚至炮击义和团及中国居民。统治集团内部,以载漪、刚毅、徐桐为代表的顽固派,主张招抚义和团,抗击列强。而奕劻、王文韶、刘坤一、张之洞、袁世凯等中央和地方官员,则主张痛剿义和团,避免列强的武装侵略。因为"外国人欺我太甚",慈禧早已耿耿于怀,对顽固派的意见非常欣赏。同时,她看到一份所谓的"洋人照会",要勒令她归政,更是忍无可忍,决意宣战。就在这一天,八国联军已经攻占大沽口炮台了。6月21日,慈禧以光绪名义发布对各国宣战的诏书。但是,慈禧的决定,遭到了刘坤一、张之洞等地方督抚的反对。他们联名电奏清廷,力主剿团乞和,并积极活动,与列强订立条约,实行"东南互保"。慈禧的决心开始动摇。她一方面要求各省将军督抚认真布置战守事宜,并继续利用义和团围攻使馆、抗击八国联军。另一方面,她令荣禄前往使馆慰问各国使臣,并于北玉河桥竖立木牌,牌上大书"钦奉懿旨,保护使馆"。又分别致国书于俄、英、日、德、美、法等国国家元首,请他们出面"排难解纷""挽回时局"。将两广总督李鸿章调任直隶总督兼北洋大臣,准备与列强谈判。但是,八国联军并没有停止进攻。8月14日,进入北京。次日凌晨,慈禧带着光绪,在2000余名兵勇的护卫下仓皇出逃。令奕劻、李鸿章为全权大臣,与列强进行谈判。把战争的责任推到义和团身上,对义和团"痛加剿除"。经过几个月的反复交涉,除了参加侵略的俄、英、美、日、德、法、意、奥八国之外,又加上比利时、西班牙和荷兰共同拟定了议和大纲12条。12月22日,李鸿章从美国使馆抄得一份材料,立即电告军机处,转呈慈禧。慈禧看到没有将她列为祸首,也没有要她归政光绪,如获大赦。当天就电复奕劻、李鸿章,大纲12条,原则上照允。

并发布上谕,要"量中华之物力,结与国之欢心"。为了尽快达成和议,全部接受列强提出的条件。1901年9月7日,奕劻、李鸿章代表清政府与11个帝国主义国家签订了空前屈辱的《辛丑条约》。慈禧完全屈服了,清政府成了洋人的朝廷。

(原载《人民论坛》2003年第6期)

凤凰卫视世纪大讲堂：慈禧

王道成简历

1933年4月生，四川高县人。1955年毕业于四川大学中文系，分配到北京大学中文系，1956年调入中国人民大学，从事中国现代文学、古代文学、古代汉语、古代文论的教学和研究。1972年调清史研究所，研究清代政治史、文化史。主要著作有：《红楼梦与清代封建社会》《颐和园》《圆明园》《慈禧太后》等。

曾子墨：在晚清历史上，有一位人物不能不提，那就是慈禧太后。在中国近代史上，这个以垂帘听政和训政的名义，统治中国大约47年的满族女性，长期以来就像一个谜留在人们心目中。她到底是什么样的女人？她的性格、能量如何影响了晚清的政坛？我们有请中国人民大学清史研究所教授王道成先生为我们演讲。

王先生，您原来学中文，怎么会对历史感兴趣呢？

王道成：人的一生总是有些偶然的事情。1972年4月，中国人民大学中国历史教研室的一位先生到我家来，说中国人民大学要成立一个清史研究小组，你愿不愿意来呀？这个小组是以中国历史教研室为基础的。我说没有搞过清史。他说现在全国也没有几个搞清史的。要全面研究清史，文学也是一个重要的组成部分。我说可以吧。这样就搞清史了。

曾子墨： 毕竟您原来学的是中文，后来又长时间从事古代文学、古代汉语方面的教学，一下就放弃了，不觉得可惜吗？

王道成： 不可惜，因为文史这两个东西，实际上是不可分的。

曾子墨： 您从史料中接触慈禧这么长时间，她身上的哪些地方让您印象特别深呢？

王道成： 我开始接触慈禧的时候，主要还是看现有的一些东西，觉得许多关于慈禧的书或者文章都不符合事实。所以我就想，要真正地了解慈禧这个人，必须扎扎实实地做一些工作，要从第一手的资料做起。

曾子墨： 您怎么就能判断出当代这些书籍不符合事实呢？

王道成： 我先是看这个人这么讲，那个人那么讲，就想找些能够判断这些事情的真伪的东西，所以下决心看档案。我看档案看多久呢？在中国第一历史档案馆，我看了7年。档案是当时的人记当时的事，特别是宫廷的东西，是每天记的，譬如说哪一天，皇帝下了一道谕旨，兰贵人晋封懿嫔，它有的就是个纸条，就这么放在档案里。档案里像这类的东西很多，你把它一个一个地放在一起，你就知道，这个才是真的。

曾子墨： 那看档案，枯不枯燥呢？

王道成： 枯燥，很枯燥，看档案，是大海捞针。有时候你看一天可能毫无收获，但是有的时候，你可能发现一条材料，使你高兴得跳起来。

曾子墨： 我想翻阅了这么多的档案，有许多发现是让王道成先生惊喜的，又有30多年的悉心研究，他对慈禧也有着深入的了解。下面我们欢迎王道成先生进行今天的主题演讲，晚清人物系列之《慈禧》。

慈禧太后生于 1835 年，死于 1908 年，活了 74 岁。她是晚清同治、光绪两朝的最高决策者，虽然当时有皇帝，但是皇帝不能拍板，皇帝要听她的。她以垂帘听政、训政的名义统治中国 47 年。长期以来，讲慈禧太后的一些史学著作，不论是专著、论文，还是小说、电影、戏剧，都是讲慈禧太后如何祸国殃民，于是，在人们心目中，慈禧就是一个昏庸、腐朽、专横、残暴的人。历史上的慈禧太后真是这样吗？不是。下面我想从三个方面来谈谈我所了解的慈禧太后。第一个是宽厚与残忍，第二个是革新与守旧，第三个是主战与求和。

先讲第一个问题，宽厚与残忍。1861 年 11 月 2 日，26 岁的慈禧太后在以奕䜣为首的贵族官僚和帝国主义的支持下发动北京政变，从载垣、端华、肃顺等八个赞襄政务大臣手里夺取政权，登上了最高统治者的宝座。但是，巩固政权比夺取政权要困难得多。慈禧上台以后，采取了一系列的措施，有两个最值得我们注意：一个是对政敌的处理，就是赞襄政务的八大臣；另一个是清理狱讼，用现在的话讲就叫平反冤假错案。这两件事情，最能表现慈禧宽厚的一面。北京政变以后，载垣、端华、肃顺 3 个人要按照大逆罪凌迟处死。但是慈禧说，还是宽大一点吧，载垣是怡亲王，端华是郑亲王，这两个人都是清朝的八大铁帽子王里面的，他们的祖先都为清王朝的建立立过大功，就让他们自尽吧，给个全尸。对肃顺，慈禧说要斩立决，马上弄到菜市口去杀掉了。其他五个人怎么处理？有个人叫景寿，是道光皇帝的女婿，恭亲王奕䜣的姐夫，那怎么办？原来议定这 5 个人都革职，把他们发到新疆去充军。慈禧说，对这个景寿，可以革职，但是保留公爵并额驸品级，不发往新疆充军。对于其他 4 人，除一人革职并发往新疆充军外，另 3 人只是革职就完了。

后来有人说，应该查办载垣、端华、肃顺的党羽，又处理了 6 个官员、5 个太监，都是跟肃顺关系很密切的。整个北京政变，杀了 3 个人，处理了16个人，总共是19个人。一场政变仅仅处理了这么一些人，在古今中外恐怕都是少有的。从这里可以看出慈禧宽厚的一面。所以，慈禧太后上台以后，她在统治阶级内部的威望很快上升，有些人甚至说她是女中尧舜。

但是，慈禧太后也有很残忍的一面。譬如说在1864年7月19日，湘军攻下了太平天国的首都天京，就是现在的南京，分段截杀太平军，三天杀了十几万人。有的历史资料讲，"秦淮河尸首如麻"，表现了慈禧残忍的一面。

第二个问题是革新与守旧。很多人认为慈禧是顽固派，是反对革新的。实际上，慈禧有守旧的一面，也有革新的一面。尽管洋务派推行的洋务运动并没有改变封建的政治体制和社会制度，但是在顽固派看来，这是"用夷变夏"，所以坚决反对。慈禧太后对于这两派，采取平衡策略，她既支持洋务派搞洋务，也支持顽固派来牵制洋务派。当顽固派气焰嚣张时，她又回过头来压制顽固派，支持洋务派。一个典型事例就是在同文馆设新馆的问题上：1866年12月，奕䜣提出要在同文馆设天文算学馆，在进士、举人里边选拔人来学习，立即遭到顽固派的反对。有一个很著名的理学家、大学士倭仁，就坚决反对。他说，让科举出身的人向洋人学习天文算学，简直是斯文扫地。他说，我们中国这么大，人才是很多的呀，只要你好好地去找，去发现人才，一定能够找着懂得天文算学的人，为什么一定要向外国人学。慈禧太后说，好啊，那你就推荐几个中国人里边懂天文算学的，找一个地方，也去办一个天文算学馆，你们两家可以竞赛一下，看究竟谁办得好。这个时候倭仁只好说，我实在没有发现这样的人才。后来慈禧说，这样吧，你到总理衙门去做做事，了解了解情况吧。因为总理衙门是主持洋务运动的，倭仁认为这简直是对他的侮辱，请求慈禧收回成命。慈禧坚决不允，把他弄得十分难堪。他是同治皇帝的师傅，到上书房给同治讲书的时候，有所感触，这个老头子居然哭起来。正是由于慈禧对洋务派的支持，洋务运动才能够得到比较顺利的发展。而洋务运动今天看来就是中国现代化的开端。

中日甲午战争失败后，帝国主义掀起了一个瓜分中国的狂潮，民族危机空前严重。在维新思想的影响下，光绪一心要变法，变法和反变法的斗争非常激烈。有人主张变，有人反对变。奕訢虽然是洋务派首领，但是，反对维新变法。为什么呢？因为变法涉及了清王朝的政治制度，用我们现在的话讲，就是要进行政治体制改革。慈禧认为，变法是需要的，但有一个底线，就是祖宗之法不能变，破坏稳定的事不能做。随着变法的深入，慈禧和维新派的分歧越来越大，特别是在康有为提出要效法过去康熙、乾隆、咸丰时期开懋勤殿的故事，选拔一些优秀人才，并聘请东西方专门政治家，在故宫的懋勤殿一起讨论清王朝的制度哪些应该改革，议定就予施行。而这点慈禧就接受不了。所以，当光绪到颐和园向慈禧提出要开懋勤殿，慈禧脸色就很难看，一言不发。随即发生戊戌政变，这场自上而下的救亡图存的维新运动就被扼杀了。谭嗣同等6人被杀，康有为、梁启超在外国人的帮助下逃亡国外。其他的一些参与维新运动的官员，分别受到了降级、革职或者流放的处分。所有的新政全部被废除。在新政里边唯一留下来的一个东西，就是北京大学的前身京师大学堂。1900年8月14日，八国联军进入北京，慈禧出逃。到西安以后，就下诏变法，回京后，又成立督办政务处，作为推行新政的机构。后来又采纳刘坤一、张之洞的建议实行新政，废科举，兴学校，派遣留学生，鼓励农工商业，调整政府机构，编练新军，等等。把戊戌维新提出的一些问题，逐步加以实现。有人说慈禧太后成了戊戌维新运动遗嘱的执行人是有道理的。当然，慈禧推行新政是形势所迫，不得不为。但是，她这些改革，毕竟是有利于中国历史发展的，是有积极意义的。

第三个问题是主战与求和。慈禧这一生经历了从1840年到1900年间的五次帝国主义侵略中国的战争。第一次鸦片战争的时候,她才5岁;第二次鸦片战争的时候,她是咸丰皇帝的懿贵妃;以后的中法战争、中日甲午战争、义和团运动,她就是最高决策者。从慈禧的主战与求和,可以看出她和帝国主义的关系的变化。1860年9月21日,清军在通州西面的八里桥跟英法联军进行了一次激战,是北京的保卫战。清军失败,英法联军进逼北京,咸丰皇帝准备逃往热河避暑山庄,这时,懿贵妃劝咸丰:你不要走,要留在北京继续抵抗。当时就触怒了咸丰。到了避暑山庄以后,肃顺就向咸丰建议,要像汉武帝杀钩弋夫人那样把懿贵妃杀掉。但是,咸丰不忍心,算是保住了懿贵妃一条命。后来,奕䜣和英法联军签订了《北京条约》,懿贵妃觉得是耻辱,还想废约再战。但是,咸丰已经病重,只好作罢。

中法战争爆发后,主战派与主和派的斗争也很激烈。战场上接连失败,慈禧归罪于奕䜣的"因循委靡",把奕䜣免职了,把军机处的四位军机大臣也全部罢免。这样的大换班,在清朝历史上也是很少的。1884年8月23日,法国的军舰突然向福建水师发动进攻,福建水师全军覆没,慈禧就决定对法宣战,并把主张议和的总理衙门的六个大臣全部免职。但是,1885年2月,法国军队攻下了谅山,慈禧就动摇了。冯子材镇南关(今友谊关)大捷之后,慈禧对议和之事曾有过犹豫。是不是继续打?结果如何,没有把握,于是采纳了李鸿章的建议,见胜即收。她授权李鸿章在天津和法国驻华公使巴德诺签订了《中法新约》。

光绪二十年(1894)十月初十,是慈禧的60岁生日,准备在颐和园大规模地庆祝。在紧锣密鼓筹备这个庆典的时候,中日战争爆发了。当时中外舆论认为中国一定会打胜。因为,原来跟英国打,跟法国打,它们都是资本主义强国,而日本是个小国。所以,光绪主战,慈禧亦主战。慈禧讲,跟日本交涉,不能示弱。当时,有人提出来把颐和园工程停下来,把那些个点景停下来,用这些钱打仗。慈禧很生气,说:今天谁让我不高兴，我就要让他一辈子不高兴。后来，清朝的军队在朝鲜战场上接连失利，北洋海军又在黄海之战中被日本打败，受了损失。慈禧为了不影响她的六旬庆典，想尽快结束这场战争，希望外国调停，先是寄希望于美国，后来又寄希望于俄国，但是这些人后来都不行。北洋海军覆灭后，陆军也节节败退。慈禧派遣李鸿章前往日本议和，签订了割地赔款、丧权辱国的《马关条约》。

  义和团运动刚刚在山东兴起的时候，慈禧是主张镇压的。她一再让各省督抚坚决镇压，不能养痈遗患，但是，义和团运动迅速发展，而且进了北京。各国驻华公使在照会清政府要求镇压义和团的同时，他们自己也派军队进驻北京，说要保护使馆。在使馆工作人员的指挥下，外国军队在北京抓捕、驱赶、枪杀甚至炮击义和团群众。这时，慈禧觉得，受外国人欺负得太狠了，就主张打，主张宣战。在御前会议上，一个大臣说义和团是乱民，从古到今，从来没有靠邪术成功的。慈禧马上反驳："法术不足恃，难道人心也不足恃吗？现在中国已经弱到了极点，如果连人心都没有了，怎么立国？"就在她决定宣战的时候，天津的大沽炮台已被八国联军占领了。慈禧看不行了，马上转过来，派荣禄到使馆去慰问，而且在北玉河桥上立一个牌子，上面大书："钦奉懿旨，保护使馆。"还给使馆送去西瓜、冰块、面粉示好。但是，八国联军并没有停止进攻，先是占领了天津，占领了通州，然后进入北京。八国联军进入北京的第二天，慈禧就出逃了，让李鸿章等跟外国人谈判。外国人原想把慈禧作为祸首惩办，经过反复磋商，又感觉如果没有了慈禧，中国就乱了，对各国不利，所以没有把她作为祸首。后来签订了《辛丑条约》，标志着慈禧完全屈服于帝国主义，而清王朝也就成了洋人的朝廷。

  曾子墨：好，谢谢。的确像您所说的那样，慈禧作为一个历史人物，有着多面性和复杂性。而在很多文艺作品和历史教科书中，慈禧是一直被塑造成为一个祸国殃民、心狠手辣而且昏庸无能的政治人物。那我想问，这种形象的塑造是不是从民国时期就开始了？这种塑造是不是和后来时代的一些政治需求有着某种的联系？

王道成：对。慈禧之所以成为这样一个被妖魔化的人物，有多种原因。慈禧支持洋务派，顽固派要骂她；她搞了戊戌政变，维新派要骂她；她镇压以孙中山为首的革命派，革命派也要骂她。我们只要看一看清末民初的一些诗文、笔记小说，就可以看出那个时候慈禧就已经不是好人了。1949年后，慈禧作为封建统治阶级的代表人物，自然成了批判的重点。1957年，《新观察》杂志连载了容龄的一部回忆录，叫《清宫琐记》。一个历史学家认为，这本书掩盖了慈禧的反动本质，于是写了一篇文章《那拉氏反动的一生》，这就给慈禧定性了。"文化大革命"时期，江青说了一句话："慈禧名为太后，实际上是女皇帝。""四人帮"垮台后，在全国掀起了一个批判慈禧的热潮，实际是批江青。有些文艺作品更是推波助澜，有一个戏叫《懿贵妃》，是写慈禧太后，写北京政变这一段，把肃顺作为正确路线的代表，慈禧是反动路线的代表，肃顺最后走向刑场的时候，简直像一个革命烈士。还有一部影片叫《垂帘听政》，把丽妃的手脚砍掉后放在一个大瓮里边，实际上不是这么回事。这是把吕后对待戚夫人的手段放在慈禧身上了，所以，慈禧的形象越来越坏，最后成了一代妖后。

曾子墨：所幸的是今天我们还有很多学者通过一些史料研究，为我们恢复一个更加真实，或者说至少接近真实的慈禧太后的形象。

有很多的网友，关心慈禧太后及一些轶闻趣事。比如这个叫"爱上李莲英的西太后"的网友问：民间对李莲英和慈禧太后的关系有很多传闻，真实吗？

王道成： 我看这些传说不可靠。说慈禧太后爱李莲英，那看是什么爱。李莲英是河间人，他7岁净身，9岁入宫，慈禧在避暑山庄的时候，他就在那儿了，可以说跟慈禧共过一段患难。后来，他做了慈禧的梳头房太监，帮慈禧梳头，又帮慈禧管过账目。李莲英人很聪明，又很谨慎，特别是他吸取了安德海的教训，办事认真负责，所以，慈禧对他很信任。清朝有这么一条规定，太监最高只能到四品，而慈禧赐给李莲英二品。在清朝历史上，这是唯一例外。但是，李莲英和慈禧的关系，只是主子和奴才的关系，别的关系是不存在的。

观众： 谈到慈禧，我们会联想到历史上另一位女皇帝武则天。我想问的是：为什么慈禧掌握皇权后，没有登上帝位呢？她想过没有，或者有过什么行动没有？

王道成： 她们两个人所处时代不一样。武则天身处封建社会上升期，国家强盛，经济繁荣，政局稳定，所以她做这个事情，比较容易。慈禧太后是处在封建末世，而且当时程朱理学挺厉害。儒家思想里边有一条说：女人是不能当政的，否则叫牝鸡司晨，就是母鸡打鸣。康熙还讲过这样的话："垂帘听政非国家之福。"可以看出，不说当皇帝，要垂帘都不行。北京政变后，慈禧实现了她的愿望，垂帘听政了。但是，在垂帘之前她还发布了一道懿旨说，垂帘听政，本非意所乐为，只是时局困难，大家需要一个人来拿主意，我只好听从大家的意见，出来干这个事。皇帝长大成人后，我马上交出政权。到那个时候，你们一定要提出来。所以说慈禧那个时候，跟武则天的时候不一样。

观众： 有人把慈禧和当时英国的女王做比较，说她们在同一个时代，英国女王在后花园里一边纺线一边想，这个英国怎么样去征服这个世界。而慈禧却在宫廷里玩弄权术，和太监提笼逗鸟。您认为慈禧的所作所为和清朝走向灭亡的历史之间有多少联系呢？

王道成： 一些外国著作常常把慈禧和伊丽莎白相提并论，说她相当于英国的伊丽莎白。但是，她们两人所处的历史条件不一样。慈禧的时代，清王朝已经风雨飘摇。但慈禧并不像人们所说的那样，整天就是吃喝玩乐。她很精明，也有一番抱负，但这时候，外有帝国主义侵略，内有人民大规模起义，慈禧尽管做了很多事情，仍属支撑残局。清王朝已经不行了，实际上早在乾隆时，马戛尔尼访华就讲，清王朝已像一只快要沉没的大船。封建制度只能越来越没落，慈禧的时候更是不行了。我觉得，慈禧是想补天，却又无力。《红楼梦》中有一个金陵十二钗探春的判词，里边有两句"才自精明志自高，生于末世运偏消"，我觉得颇似慈禧。

观众： 请问光绪死后一天，慈禧离奇死亡，光绪是慈禧害死的吗？慈禧的真正死因又是什么？

王道成： 慈禧是病死的，这是无疑的。关键是光绪是怎么死的，直到现在还是个谜。很多人认为，光绪是被慈禧毒死的，但是如果是从档案来看，光绪还是属于正常死亡。光绪身处那种环境，身体不可能好，特别在戊戌政变后，他实际上是被囚禁了。义和团运动时，他宠爱的妃子珍妃也被投到了井里，他的日子是不好过的。从档案里保存的光绪自述病情的材料看，光绪的病是很多的。所以，光绪病死的可能性还是比较大的。但也的确太巧了，他头一天死，慈禧第二天死。所以，这个问题，还可以继续研究，做一个疑案吧。

曾子墨： 最后还想问您一个问题，慈禧这样一个统治中国近半个世纪人物的出现，是一种历史的偶然，还是必然？如果没有她的话，会不会有另外一个人来代替？

王道成： 我觉得慈禧的出现，是时势造成的，是当时的一种需要。在两个太后里边，东太后连字都不认识，看奏折都是慈禧太后给她念，给她讲。慈禧的文化水平也不高，但是很有才干，所以，慈禧的出来，也是形势的需要。如果说慈禧有野心，并得以实现，是有这么一个社会条件。

曾子墨：好，谢谢王道成先生。今天我们推出慈禧这样一个人物，并不是简单地说要为她平反，为她说好话，也并不是要简单地把她塑造成正面人物或负面人物。和历史上所有人物一样，慈禧也有多重性、复杂性，就像王道成先生所言，她在性格上有宽厚的一面，有残忍的一面；在政治上有守旧的一面，也有革新的一面；同样在外交上也有抗争的一面，有妥协的一面。我想单纯的否定或肯定，都是不符合历史实际的。

演讲续语

慈禧入宫与祖制

慈禧太后，那拉氏，祖居叶赫，所以人们称这个家族为叶赫那拉。叶赫，是被清王朝的祖先灭掉的，慈禧则是晚清的最高决策者。她当政期间，内忧外患，国无宁日。她死后3年，清王朝就被推翻了。长期以来，有一个非常流行的传说：慈禧复仇。据说，清王朝的祖先攻打叶赫的时候，大肆杀戮，叶赫部的男子几乎被杀光了。叶赫部的首领在临死前发誓说："叶赫那拉即使剩下一个女儿，也要复仇。"由于这个缘故，清王朝的祖先定了一个制度，叶赫那拉的女儿不备宫闱之选。慈禧被选入宫，是违背祖制的。然而，一加考察，事实却并非如此。

明万历十一年（1583），努尔哈赤的祖父觉昌安、父亲塔克世被明军误杀。为了给祖父和父亲报仇，努尔哈赤脱离明总兵李成梁，投奔叶赫。叶赫贝勒杨吉砮对他非常器重，加礼优待。把小女儿孟古姐姐许配给他。赠马匹盔甲，并派兵护卫，将努尔哈赤送回建州卫。1585年，杨吉砮和他的弟弟清佳砮被明军诱杀，清佳砮的儿子布寨、杨吉砮的儿子纳林布禄继为贝勒。1588年，明军攻叶赫，布寨、纳林布禄被迫投降。这年十月，纳林布禄将他14岁的妹妹孟古姐姐送到赫图阿拉（今辽宁省新宾满族自治县）与努尔哈赤成婚。孟古姐姐，就是史书上说的孝慈高皇后。万历二十年十二月二十五日（1593年1月27日），她生了一个儿子，就是后来的清太宗皇太极。由此可见，叶赫那拉不仅有恩于努尔哈赤，而且与爱新觉罗家族有血缘关系。

但是，这两个家族之间的友好关系并没有保持下去。

万历十九年（1591）正月，叶赫贝勒纳林布禄派人去满洲，要求努尔哈赤将额尔敏、札库木二地割让一处给他，并和哈达、辉发、乌拉一起尊他为盟主，遭到努尔哈赤的严词拒绝。从此，两个家族的关系日益恶化，多次爆发战争。

万历四十四年正月初一日（1616年2月17日），努尔哈赤称帝，国号后金，建元天命，以这年为天命元年。

天命四年（1619），努尔哈赤统率后金军攻打叶赫。破东城，生擒叶赫贝勒金台石。他拒绝投降，被"缢杀"。西城的布扬古被迫投降，但是，态度傲慢，努尔哈赤认为他仍怀仇怨，当天晚上，也派人将他"缢杀"。

但是，努尔哈赤毕竟是一位有远见的政治家。他虽然杀掉了叶赫的两位首领，但是，他们的许多亲属不仅没有被杀害而且得到后金军的保护。当金台石举火焚烧所居高台的时候，他的妻子带着小儿子沙浑逃离高台，准备投奔皇太极。金台石的弟弟阿三拉住她的袖子，逼她自杀。金台石的妻子气愤地说："我儿子沙浑还活着，我怎么能死！"这时，后金军从四面拥来，阿三投火自焚，金台石的妻子和儿子才得以不死。叶赫的军民也受到优待，让他们父子、兄弟、夫妇、亲戚团聚，财物毫无所取。把他们迁到满洲之后，又分给土地、房屋、粮食、用具，1000

多没有马的人还给他们马匹。所谓大肆杀戮，男子几乎被杀光是不符合事实的。

叶赫，作为明王朝统治下的一个地方政权是不存在了，但是，叶赫那拉这个家族却没有被消灭，而且得到后金政权的信任，在清王朝建立的过程中立下了汗马功劳，从而成为满洲八大世家之一。只要看看《八旗满洲氏族通谱》《清史列传》《清史稿》等书，就可以看出这个家族在清代是何等显赫。

清王朝建立后，金台石的儿子德尔格勒，封三等男。尼雅哈，授骑都尉，任郎中。孙子索尔和，加至一等男，兼一云骑尉，历任吏部侍郎。鄂色，任内大臣。明珠，历任内务府总管、宏文院学士、刑部尚书、都察院左都御史、兵部尚书、吏部尚书、武英殿大学士，加太子太傅，晋太子太师。曾孙穆占，任征南将军。揆叙，历任翰林院掌院学士，兼礼部侍郎、工部左侍郎、都察院左都御史。揆芳，和硕额驸。布扬古的弟弟布尔杭武，封三等男。儿子葛巴库，加至一等男。诸孔额，任副都统，议政大臣。孙子音图，任吉林乌喇将军。富拉塔，任刑部尚书。金台石的族弟阿什达尔汉，授一等轻车都尉，历任理藩院尚书。金台石的族人苏纳，是努尔哈赤的女婿，屡立战功，成为清王朝的第一任兵部尚书。苏纳的儿子苏克萨哈，历任领侍卫内大臣，加太子太保。顺治十八年（1661），与索尼、遏必隆、鳌拜同受顾命为辅政大臣。苏纳的另一个儿子孔固济，又与清皇室联姻，称多罗额驸。

以上仅仅是活跃在清前期政治舞台上的叶赫那拉家族的一小部分，但是，这些事实已足以说明叶赫那拉在清代的地位。光绪十五年（1889）正月，立慈禧太后的侄女叶赫那拉氏为皇后的册文中说"教秉名宗，瑞钟华阀"，正是就这个家族在清代的地位而言的。

既然叶赫那拉的子孙可以担任清王朝的要职，可以成为清皇室的额驸，也就不可能有叶赫那拉的女儿不备宫闱之选的祖制。事实也正是如此。

根据《清实录》《清史稿》《清皇室四谱》《清列朝后妃传稿》等书的记载，在慈禧太后之前，列朝皇后妃嫔中姓叶赫那拉的除孝慈高皇后之外，还有努尔哈赤的侧妃、皇太极的侧妃、乾隆的舒妃。姓那拉的有努尔哈赤的大妃和另一侧妃，皇太极的继妃和一位庶妃，顺治的一位庶妃，康熙的惠妃、通嫔和两位贵人，雍正的孝敬宪皇后，乾隆的一位皇后，道光的和妃。这些那拉氏，虽然不一定是叶赫那拉，因为叶赫、哈达、辉发、乌拉以及满洲的其他地方都有那拉氏。"虽系一姓，各自为族。"但是，在她们之中，甚至在一些"未详何氏"的妃嫔中还有叶赫那拉氏，则是可以肯定的。

咸丰皇帝的一生，共有皇后妃嫔19人。过去，我们只知道慈禧太后是叶赫那拉氏。近年来，我们从中国第一历史档案馆保存的档案中发现，原来被《清史稿》《清皇室四谱》《清列朝后妃传稿》称为"不知氏族"或"不详何氏"的璷嫔、玿嫔、玉嫔等都姓叶赫那拉。可见，叶赫那拉的女儿不备宫闱之选的祖制是并不存在的，慈禧的被选入宫，只不过是叶赫那拉与爱新觉罗两个家族之间早已有之的婚姻关系的继续而已。

（原载《清议》，中国友谊出版公司，2007年5月）

三、杂缀篇

《颐和园》史实补正

北京市颐和园、清华大学建筑系编，朝华出版社出版的大型画册《颐和园》，使人感到十分满意。但书中也有一些问题值得商榷。

本书第 80 页图片说明中说："北宫门在清初瓮山行宫时代是正宫门，乾隆时仿圆明园北楼门的形状改建成二层的楼房。"很明显，这是受了长期流传的说法的影响。乾隆十六年（1751）奉宸苑的一封奏折中说："清漪园前昆明湖，向因河道窄狭，并未设有宫殿，又无应役园户，是以本苑酌拨闸军于行船河路随时芟草浚淤。今湖面宽展，均围绕宫殿之间，关系紧要……"[①] 可见乾隆十四年（1749）冬开拓西湖为昆明湖之前，这里并没有宫殿。这里的宫殿，都是从乾隆十五年（1750）起陆续兴建的。因此，所谓清初的瓮山行宫，是根本不存在的。而北宫门也从来没有做过正宫门。

本书所收周维权所写《略谈颐和园的园林艺术》谈到展拓西湖时说："首先，将湖往东、北方向拓展直抵山的东麓，使万寿山全部濒临水面，保留了原来岸上的'龙王庙'……"但书中第 106 页却说："岛上有一座小小的龙王庙。""在乾隆扩展昆明湖时，用泥土堆成了这个小岛……"如果说这个小岛是展拓时用泥土堆成的，岛上的龙王庙就不可能是原有的。显然后者是错了。

---

① 《钦定大清会典则例》卷一百六十七《内务府》。

本书第 52 页在介绍"扬仁风"时说:"扬仁风是乐寿堂西北面的一个附属庭院。在清漪园时期,是帝后观鱼、养鸟的地方。1888 年重修颐和园时,在北山坡上加建了一座扇面形的'扇面殿',殿前地面用汉白玉嵌砌成扇骨形,俨然像一把能开能合的折扇。"

乾隆十九年(1754)闰四月二十二日,总管太监文旦派遣一个姓孙的首领太监到造办处传旨:"万寿山扇面房内磁扇式挂瓶四件,着配绦子、靶圈、丁子。钦此。""二十八日,强锡将扇式挂瓶配得绦子、靶圈、丁子,特赴扇面房交讫。"[①] 这里讲的扇面房,也就是我们今天看到的扇面殿——"扬仁风"。既然早已有之,就只能说是"重建"而不能说是"加建"了。

《日下旧闻考》卷八十四说:"慈福楼西为大报恩延寿寺。前为天王殿,为钟鼓楼。内为大雄宝殿。后为多宝殿,为佛香阁。又后为智慧海。大报恩延寿寺之西为罗汉堂,田字式。罗汉堂后为宝云阁。"又说:"(慈福)楼后崇台上石幢勒万寿山昆明湖六字,后刊御制昆明湖记。"从这里我们可以看出除佛香阁、智慧海、石幢、宝云阁(铜亭)和清漪园时期完全一样外,其他的建筑物都已发生了变化。清漪园时期的大报恩延寿寺,是典型的寺庙的布局。而后来的排云殿则是典型的宫殿的布局。清漪园时期的慈福楼、罗汉堂是供奉佛像和五百罗汉的地方,后来的介寿堂、清华轩则是生活用房。特别明显的是,清漪园时期的罗汉堂是"田字式",后来的清华轩则成了四合院。所以,我们只能说慈禧修建颐和园时,在大报恩延寿寺的旧址改建了排云殿,在慈福楼和罗汉堂的旧址改建了介寿堂和清华轩,而不能将两个时期的建筑物等同起来。可是本书第 58 页在介绍排云殿时说:"(大报恩延寿)寺分五进:最前的是山门(今排云门),第二进为天王殿(今二宫门),第三进为大雄宝

[①] 中国第一历史档案馆藏,《乾隆十九年各作成做活计清档》。

殿（今排云殿），第四进为多宝殿（今德辉殿），第五进为佛香阁。寺西为西跨院——宝云阁和罗汉堂（今清华轩）寺东为东跨院——转轮藏和慈福楼（今介寿堂）。"它给人的印象是这些建筑物不是改建而是重建了。

本书第45—46页介绍乐寿堂的时候说："室内还悬挂着华丽的五彩玻璃吊灯，装于1903年，这可能是中国最早的电灯了。"这盏吊灯，并不是颐和园最早的电灯。早在光绪十四年（1888），颐和园工程刚刚公开不久，"承修"这一工程的海军衙门就让神机营机器局总办恩佑用白银6000两向"丹商祁罗弗洋行购买电灯一全份，随锅炉一份及各项什物等件"。同年十一月"全行运京"进行安装[①]。翁同龢在十二月二十九日的日记中就有了"电灯照耀于禁林"的记载。

关于颐和园修建的年代，本书中有三种不同的说法。第20页说"约1886年"，第52页说"1888年"，第117页说"1860年'三山五园'被英、法侵略军焚毁，32年后，颐和园在清漪园的废墟上重新修复建成"。

颐和园建于1888年，是长期以来最流行的说法，根据是光绪十四年（1888）二月初一日的"上谕"。但从中国第一历史档案馆保存的一份《万寿山等处已修齐未修齐工程清单》可以看到，在发布这篇"上谕"之前，颐和园的许多工程如东宫门、仁寿殿、玉澜堂、乐寿堂、长廊以及南湖岛、东堤、西堤上的许多建筑物都已经开工甚至完成了。光绪十二年十二月二十四日（1887年1月17日）翁同龢的日记中，已有了"昆明易勃海，万寿山换滦阳"的记载。勃海，就是渤海；滦阳，就是地处滦河之北的承德避暑山庄。昆明湖代替渤海，万寿山代替滦阳，也就是说慈禧以办海军之名行修清漪园（颐和园）之实。

---

① 中国第一历史档案馆藏，《海军衙门堂谕底》。

1860年后的32年，即1892年颐和园重新修复建成一说的根据，可能是光绪十七年四月二十日（1891年5月27日）的"上谕"。这篇"上谕"写道："前经降旨，修葺颐和园，恭备慈禧端佑康颐昭裕庄诚寿恭钦献皇太后慈舆临幸。现在，工程将次就竣，钦奉慈谕：于四月二十八日幸颐和园，即于是日驻跸……"① 但是，这篇"上谕"不足为据。中国第一历史档案馆保存的大量的颐和园工程清单证明，颐和园的工程，在光绪十七年不但没有"将次就竣"，相反，正在大规模地进行，一些大的工程，如佛香阁、大戏楼、谐趣园等才刚刚开始。为了在颐和园庆祝自己的60岁生日，慈禧对兴建工作抓得非常之紧，主管修建的官员，每五天要向她作一次工程进度的书面报告。为了加快进度，甚至光绪二十年（1894）的春节期间，也不让工人休息。只是因为1894年在中日战争中吃了败仗，翌年裁撤海军衙门，颐和园工程才停止。由此可见，颐和园工程当始于1886年，终于1895年。

（原载《读书》1981年第7期）

---

① 中国第一历史档案馆藏，《上谕档》，光绪十七年四月二十日。

圆明园外颐和园

在圆明园被焚毁 120 周年的时候,《百科知识》发表了《名园遗迹》一文。读了以后,很有启发。但是,文中的某些说法,却值得商榷。譬如"西苑",在清代,通常是指"三海",即南海、中海和北海。因为"三海"在紫禁城之西,故称"西苑"。说圆明园是"北京西苑风景区的中心",是不妥当的。说颐和园是"在圆明园遗迹一隅经营起来的",就更不符合事实了。

颐和园的前身是清漪园。在圆明园西二里许,由万寿山、昆明湖两大部分组成。万寿山,原名瓮山。相传有一老人在山上凿石,得一石瓮,故名。瓮山的南麓,地势比较低洼,附近的玉泉、龙泉等泉水都汇集在这里成为一个湖泊,人们称之为瓮山泊。元世祖忽必烈统一中国以后,大都(北京)成为全国的政治中心。当时,每年要从南方调来数百万石粮食。为了解决粮食的运输问题,杰出的科学家郭守敬建议并亲自主持疏浚瓮山诸泉作为通惠河的水源之一。到了明代,瓮山泊的周围逐渐被开辟为水田,瓮山泊里种植了菱、芡、莲、菰,劳动人民的双手使这一带越来越美了。它和峰峦重叠的西山,形成北京西北郊有名的风景区。明代的一些诗文,常常把这里的景色和江南相比,说它"宛然江南风气"。画家文征明在他的一首诗中对这一带风光有过这样的形容:

春湖落日水拖蓝,天影楼台上下涵。

十里青山行画里，双飞白鸟似江南。

瓮山泊在北京城的西面，于是，人们借用杭州西湖的名称，也称之为西湖。杭州的西湖有十景，北京的西湖也有十景。四月赏西湖景，成为当时北京的风俗。到了夏天，荷花盛开的时候，北京西湖的游人更是熙熙攘攘。文学家袁宗道在《西山十记》中说："每至盛夏之月，芙蓉（荷花）十里如锦，香风芬馥，士女骈阗，临流泛觞，最为胜处矣。"当年北京西湖的盛况，可以想见。

由于这一带景色优美，封建统治者经常到这里游乐。明宣宗朱瞻基在玉泉山下修建望湖亭以观赏西湖风景，明武宗朱厚照在西湖边修筑钓台。1588 年，明神宗朱翊钧还在西湖举行了一次大规模的水猎。北京西湖附近，陆续出现一些官僚贵戚的园林。武清侯李伟的清华园（今北京大学西校门外）和水曹郎米万锺的勺园（今北京大学内），就是这些园林中最有名的两座。

满族统治者入关以后，忍受不了北京夏天的炎热和潮湿，准备择地筑城避暑，并为这项工程筹集了专款。不久，摄政王多尔衮病逝，筑城避暑的计划被搁置起来。康熙中叶，才在明武清侯李伟清华园的遗址上修建了畅春园，在玉泉山修建了静明园，在香山修建了行宫。1707 年，康熙将在畅春园北一里许的一座园林赐给他的第四个儿子胤禛，1709 年，又亲题园额曰：圆明园。1722 年，胤禛即位，就是雍正皇帝。1725 年，雍正在圆明园旧有"亭台邱壑"的基础上加以扩建，"建设轩墀，分列朝署"。从此，圆明园成了清统治者经常居住和处理朝政的地方。

乾隆即位的时候，清王朝已经建立了将近 100 年。国家的统一，政权的巩固，特别是经济的恢复和发展，为乾隆大兴土木提供了物质基础。为了追求山水之乐，乾隆对兴建苑囿具有浓厚的兴趣。先后改建和扩建了康熙、雍正年间在北京西北郊兴建的畅春园、圆明园、静明园、静宜园。对圆明园的经营，更是不遗余力。他在《圆明园后记》中踌躇满志地写道："天宝地灵之区，帝王豫游之地，无以逾此。后世子孙必不舍此而重费民力以创建苑囿。"然而，文章的墨迹未干，清漪园的工程就开始了。

前面讲过，明代的北京西湖，已是一处游览的胜地。但是，湖畔的瓮山却是一座光秃秃的荒山。山的前面，西部是半月形的西湖，东部是一片稻田。湖和稻田之间，则是一道上起瓮山、下至蓝靛厂的十里长堤。这样的地形地貌，是不符合园林要求的。西湖虽然很美，但是，由于多年没有疏浚，山洪骤发，往往泛滥成灾。所以，康熙兴建畅春园的时候，不仅没有把西湖和瓮山圈入园内，为了预防西湖洪水泛滥，还在畅春园的西墙外修筑一道西堤，把西湖和畅春园隔离开来。

尽管如此，瓮山、西湖却有它得天独厚的地方。畅春园、圆明园的湖山，都是出自人工，气魄不够宏伟，香山的静宜园有山无水，玉泉山的静明园也缺乏宽阔的水面。如果对瓮山、西湖进行改造，就可以在这里建造一座揽湖山之胜的理想园林。于是，乾隆结合治理西湖的水利工程开始了清漪园的兴建。

乾隆十四年（1749），乾隆派人对北京西湖水系做了考察。这年冬天，利用农闲的时候雇佣民工仿照杭州的西湖进行疏浚。将湖面向东拓展，使康熙年间修筑的保卫畅春园的西堤成为新湖的堤岸，在湖的西部仿照杭州西湖的苏堤另筑一道西堤，并于湖的西北端将水面沿着瓮山西麓往北伸延，再转而向东，沿着瓮山的北麓开凿后湖。湖中挖出的泥土，堆叠在瓮山的东部。自这以后，这里的自然面貌就完全改观了。

乾隆十五年（1750），乾隆为了庆祝他的母亲崇庆皇太后的60岁寿辰，在瓮山明代圆静寺的旧址上建造了大报恩延寿寺。这年春天，瓮山改名万寿山，西湖改名昆明湖。1751年，命名清漪园。此后，楼台殿阁在湖山之间陆续兴建。乾隆二十九年（1764），全部竣工。历时15年，共用银4402851两9钱5分3厘。

当时，畅春园、圆明园，以及万寿山的清漪园，玉泉山的静明园，香山的静宜园，被称为"三山五园"。畅春园是乾隆的母亲钮钴禄氏居住的地方，圆明园是乾隆经常居住和处理朝政的地方，清漪园、静明园、静宜园则是乾隆闲暇时游玩的地方。由于用途不同，所以，清漪、静明、静宜三园，不属圆明园总理园务大臣管理。1751年奉旨："清漪园设总理园务大臣，特简无定额，兼管静明园、静宜园事务。"1860年，英法侵略军焚毁"三山五园"的时候，圆明园和清漪、静明、静宜三园仍然是分别由两位总管内务府大臣负责管理的。

同治年间，慈禧两次想修圆明园，都因遭到舆论的谴责而停止。1886年，又借办海军的名义修葺清漪园。但是，谎言是不能持久的。清漪园大兴土木的事实，终于在群众中流传开来，并且纷纷传说圆明园工程也将陆续兴办。为了使清漪园工程不致像同治年间的圆明园工程那样因遭到反对而停止，慈禧于1888年3月13日以光绪的名义郑重其事地发布上谕，将清漪园工程公开，并将清漪园改名颐和园。

值得注意的是：上谕在强调修葺清漪园是事关"孝养"之后，特别指出，圆明园工程将要陆续兴办的传说，完全是出于误会。清漪园和圆明园究竟是什么关系，从这里也可以看得非常清楚。

1894年，清王朝在中日战争中遭到失败。1895年，裁撤海军衙门，进行了将近10年的颐和园工程随之停止。慈禧原来还想把万寿山后山稍加整理，也只好作罢。

1900年，颐和园遭到八国联军的破坏。1902年，慈禧又动用巨款加以修复。我们今天看到的颐和园，基本上是这次修复后的规模。

在清代，北京西北郊并不只是"三山五园"。"三山五园"之间，还先后兴建过一些赐给亲王、公主和大臣的园林。其中比较著名的有弘雅园、淑春园、鸣鹤园、镜春园、朗润园、蔚秀园、承泽园（以上4园都在今北京大学校园范围内）、澄怀园、近春园、熙春园、一亩园、自得园等。因为本文的主旨在于说明清漪园既不像某些同志所说是圆明园的属园，更不是圆明园的一隅，它是包括圆明园在内的"三山五园"之一，是圆明园外的又一名园。所以，对于其余这些中小型园林的情况，就一概从略了。

（原载《百科知识》1981年第8期）

慈禧到底姓什么

《工人日报》编辑部：

贵报1983年1月18日第四版《学习》副刊上载："慈禧，那拉氏，满洲镶蓝旗人……父亲惠征……"而北京市西城区教育教学研究中心主编的《青年文科知识回答》(下册)中，《你能勾画出那拉氏罪恶的一生吗？》里却写着："那拉氏即叶赫那拉氏，镶黄旗满洲人……其父惠徵……"这两种说法究竟哪一个对，请编辑同志给予解答。

陕西武功五一信箱四〇九分箱　王宝琳

王宝琳同志：

您给《工人日报》编辑部的信，编辑部的同志已经转给我了。现将您提出的问题答复如下：

慈禧，对于我国广大读者来讲，可以说是既熟悉又陌生。我说熟悉，是因为在中国人民中，不知道慈禧太后的人很少；我说陌生，是因为许多流行的说法并不符合事实。为了还慈禧以本来面目，我们很有必要做一番认真的研究。

慈禧姓什么？有人说是那拉氏，也有人说是叶赫那拉氏。这两种说法都是正确的。但是，决不能说"那拉氏即叶赫那拉氏"。因为，在清代，叶赫、哈达、辉发、乌拉以及满洲的其他地方都有那拉氏。"虽系一姓，各自为族。"(《八旗满洲氏族通谱》卷二十二）清代后妃，除叶赫那拉氏之外，尚有那拉氏、哈达那拉氏、乌拉那拉氏、辉发那拉氏，所以，我在文章中采用了另一种表述方法："慈禧，那拉氏……祖居叶赫，所以人们称这个家族为叶赫那拉。"

慈禧的旗籍，许多书上都说是镶黄旗满洲，但是，这种说法并不准确。清制：满洲八旗，有上三旗和下五旗之分。上三旗是镶黄、正黄、正白。下五旗是正红、镶白、镶红、正蓝、镶蓝。此外，还有内务府三旗包衣。满语"包衣"，是奴隶的意思。从政治地位看，八旗高于内务府三旗，上三旗是由皇帝亲自统率的，所以上三旗又高于下五旗。但是，旗籍是可以改变的。吴振棫《养吉斋丛录》卷一说："至于建立功勋或上承恩眷，则有由内务府旗下抬入满洲八旗者，有由满洲下五旗抬入上三旗者，谓之抬旗。惟本支子孙方准抬，其胞兄弟仍隶原旗。又皇太后、皇后丹阐在下五旗者皆抬旗。丹阐者，清语，谓母家也。"根据中国第一历史档案馆保存的清代档案，慈禧一家，原是满洲镶蓝旗。咸丰十一年七月十七日（1861年8月22日），咸丰病死于热河避暑山庄，慈禧的儿子载淳即位，这就是同治，慈禧被尊为皇太后。北京政变后，慈禧与慈安一起垂帘听政。根据"皇太后、皇后丹阐在下五旗者皆抬旗"的原则，于这年十二月发布上谕："慈禧皇太后母家，着抬入镶黄旗满洲。"（《清穆宗实录》卷十三）因为抬入镶黄旗满洲，是慈禧登上统治者宝座以后的事，所以，我在叙述慈禧家世的时候，采用了她的原籍：镶蓝旗满洲。

慈禧父亲的名字，原是惠徵。但是，1956年国务院公布的《汉字简化方案》，已将"徵"字简化为"征"字。所以，现在出版的书刊已经很少使用"徵"字了。唐代初年，有一个大名鼎鼎的人物，叫作魏徵。1978年4月，上海古籍出版社出版的《说唐》第六回中，既用了"徵"字，又用了"征"字。于是给人一种错觉：魏徵之外，还有一个魏征。其实，魏徵、魏征，是一个人。只不过前者是繁体字，后者用的是简化字罢了。

以上是我个人的看法，不妥之处，请批评指正。

中国人民大学清史研究所　王道成

（原载《工人日报》1983年3月1日）

慈禧到底统治中国多少年

编辑同志：

通过读阅贵报的《学点近代史》，我们学到了不少知识。目前，我们尚有一事不明，望予指教：春节期间，电视台播出的《懿贵妃》结尾中说："从此，慈禧开始了对中国四十八年的统治。"而另一次电视台在介绍北京电影制片厂即将拍成的《垂帘听政》时却说："从此，慈禧开始了对中国四十七年的统治。"这两种说法究竟哪一个对？

　　济南西站工人张延文、宋兆录、温连成、陈红、韩金国、王宏伟

慈禧统治中国多少年？关于这个问题，一向有两种说法：有人说是四十七年，也有人说是四十八年。这两种说法中，究竟哪一种符合实际呢？

慈禧统治中国的时间，可以有两种算法：一种是从咸丰十一年九月三十日（1861年11月2日）慈禧发动北京政变，夺取政权算起，到光绪三十四年十月二十二日（1908年11月15日）慈禧病死为止。另一种则是从咸丰十一年十一月初一日（1861年12月2日）慈禧在养心殿举行垂帘听政典礼算起，同样到慈禧病死时为止。如果按前一种算法，慈禧统治中国的时间是四十七年零十三天；如果按后一种算法，慈禧统

治中国的时间还不到四十七年。我认为，慈禧统治中国的时间，还是说四十七年好。

中国人民大学清史研究所
王道成

（原载《工人日报》，1983年5月3日）

慈禧为什么修改《天雷报》

《天雷报》又名《青风亭》，是劝人行孝的戏，并突出了即使不是亲生父母，也不能忘恩负义的主题。

清代末年，慈禧太后曾多次点名要内廷供奉演出此剧，并对之大加修改。当然，慈禧对《天雷报》的关心是别有一番用心的。

众所周知，光绪皇帝并非慈禧所生，而是她的外甥。慈禧扶持光绪上台，完全是为了巩固她统治地位的需要。光绪二十四年（1898），戊戌政变之后，慈禧就要废黜光绪，另立新君。但是，在顽固派大造光绪病重的舆论时，外国驻京公使却对光绪的健康表示关心，并派法国医生入宫验看。慈禧向各省总督巡抚征询意见的时候，两江总督刘坤一的答复又是"君臣之分已定，中外之口宜防"。在这种情况下，慈禧的计划未能得逞。

光绪皇帝称号的保留，始终是慈禧的一块心病。经过长期的策划，终于在光绪二十五年十二月二十四日（1900年1月24日）以光绪名义发布上谕：立端郡王载漪之子溥儁为大阿哥。准备在明年正月实行废立。这立即引起了强烈的反响。上海电报局总办委员候补知府经元善联合各省绅商士民一千二百三十一人，致电总理各国事务衙门表示抗议。元旦朝贺，各国驻京公使都拒绝参加。康有为、梁启超在国外组织的保皇会更是积极活动，发电报，开演说，写文章，对慈禧进行猛烈抨击。

这一切，使慈禧大为恼火。她下令，对肇事者"即行革职、严拿惩办"。并命李鸿章对康、梁在广东的祖坟"查访确实，即行刨毁"。迫于形势，慈禧不得不将废立阴谋暂时终止。她对光绪及其追随者们的满腔怒火，只好借雷打张继保来发泄了。

光绪二十六年三月十五日（1900年4月14日），著名京剧演员谭鑫培、罗寿山等为慈禧演出《天雷报》，慈禧传旨："《天雷报》添五雷公、五闪电。张继保魂见雷祖打八十后改小花脸。添开道锣、旗牌各四个，中军一名……"

四月初五日，慈禧又一次传谭鑫培演出《天雷报》，太监王得祥传旨"《天雷报》添风伯、雨师"。

在短短的二十天中，慈禧就两次传演《天雷报》，并一再传旨对剧本进行修改，一方面突出张继保的忘恩负义，另一方面则加强鬼神的阵容，加重对张继保的惩罚。张继保被天雷殛死之后，还要让他的鬼魂出场"见雷祖打八十后改小花脸"。

另外，慈禧一再传演并修改《天雷报》，也有从精神上对光绪施加压力的因素。

据光绪身边的起居注官恽毓鼎和光绪的老师翁同龢记载，光绪从小怕雷。听到雷声，惊恐不已，连书也读不下去。直到光绪二十一岁的时候，每当雷声轰然时，还要令人"繁声以乱雷车"。因此，慈禧针对光绪的这一弱点，一再在宫廷演出、修改《天雷报》，其用意是让光绪听从己命，不要对她产生异心。

（原载《北京艺术》1982年第7期）

"实录"不实

——谈《御香缥缈录》中的慈禧坐火车

看了《铁道知识》(1981年第2期)根据新近再版的《御香缥缈录》改写的慈禧坐火车,想谈些意见。

《御香缥缈录》是一部以描写慈禧个人生活为内容的小说。作者德龄,是清末驻法公使裕庚的女儿。她和她的妹妹容龄,都曾经做过慈禧的"侍从女官",而且较为得宠。由于这个缘故,在一些同志的心目中,这本书竟成为"慈禧私生活实录",可供"了解晚清王朝统治者的宫廷内幕和研究晚清历史作参考"了。(见云南人民出版社1980年版《御香缥缈录》书前《说明》。)

文学是一种语言的艺术。为了塑造人物,取得较好的艺术效果,一个作家完全可以对生活素材进行加工、改造甚至虚构。我们不能要求一部小说像一部历史著作那样忠于历史事实。但是,当有的同志把小说中的情节误认为历史事实的"实录"的时候,我们就有必要指出它的不实之处了。

慈禧坐火车去奉天(盛京,今沈阳)谒陵,是《御香缥缈录》中的主要情节。全书三十五章,这一情节的描写就占了二十二章的篇幅。研究一下慈禧的奉天之行,就不难得出《御香缥缈录》是否是慈禧私生活实录的结论。

《御香缥缈录》告诉我们:慈禧的奉天之行,德龄是"亲身经历"的。根据德龄的另一部著作《清宫二年记》,她在清宫的时间是1903年

3月至1905年3月。在这两年期间,慈禧是否会去奉天谒陵呢?

在清代,谒陵是一个大典。我们且不谈慈禧以前的清统治者谒陵的情况,也不谈1900年八国联军侵略中国以前慈禧谒陵的情况。只要看一看1902,1903两年,慈禧和光绪"祇谒"东陵(在今河北省遵化市)、西陵(在今河北省易县)的情况,就可以看出谒陵的典礼何等隆重。这两次谒陵,都是在农历的三月,但是,准备工作却早就进行了。正月初发布谒陵日期的上谕,要求"各该衙门敬谨豫备"。接着,选派随扈谒陵及留京办事王大臣,具体安排谒陵的活动日程。谒陵礼成,又要蠲免经过州县钱粮,对有关人员进行奖赏。一次谒陵,发布的上谕就有二三十道之多。清统治者每次谒陵,在历史文献中都是有案可查的。但是,在1903至1905年这两年间不仅《清史稿》《光绪朝东华录》《清德宗景皇帝实录》中,没有慈禧去奉天谒陵的记载,在中国第一历史档案馆保存的档案中,也没有发现有关这一问题的任何材料。可见,慈禧坐火车去奉天谒陵,完全是作者虚构的。

《清宫二年记》是德龄清宫生活的回忆录。从这部作品中,我们可以看出德龄在担任"侍从女官"期间,不仅没有跟随慈禧去奉天谒陵,连"祇谒"西陵的典礼也不曾参与。对于谒陵这样的大典,可以说毫无切身体验。于是,在《御香缥缈录》中出现了一个非常奇怪的现象。慈禧去奉天,"纯粹是为着要去谒陵"。但是,到了奉天之后,却没有任何谒陵的活动,只参观了一下盛京宫院中列朝帝主的遗物以及射圃等几处地方就匆匆回程了。

按照《御香缥缈录》的说法,慈禧去奉天之前,还不知道"坐火车究竟是怎样的一种滋味",她的奉天之行,就是"决意要想试一试"。事实并非如此。早在德龄入宫之前,慈禧就不只一次地领略过坐火车的滋味了。

光绪十四年(1888),慈禧为了领略坐火车的滋味,在西苑(三海:

中海、南海和北海）的紫光阁前铺设了铁路。12月8日，直隶总督兼北洋大臣李鸿章“以六火轮车进呈，五进上，一送邸”。上，指慈禧、光绪；邸，指光绪的父亲醇亲王奕譞。这是中国历史上最早的皇家专用火车。12月13日翁同龢在日记中写道：

观新进之火轮车，约长三四丈，狭长，对面两列可容廿八人，凡三辆。又观机器车，不过丈余。此天津所进。三辆留西苑，三辆交火器营收。昨日甫到也。

这里所说的火轮车，就是火车的车厢；机器车，就是火车头。我们虽然还没有发现慈禧在西苑坐火车的材料，但是，既然专门为她铺了铁路，备了火车，慈禧在光绪十四年已经坐过火车，应当是不成问题的。

如果说，在西苑坐火车，距离很短，还不能说是领略了坐火车的滋味。那么，慈禧从西安“回銮”，从正定坐火车到北京，就不能说是短距离了。

1900年，八国联军侵略中国的时候，慈禧和光绪仓皇出逃，先到太原，后又到了西安。1901年9月，清政府和帝国主义侵略者签订了丧权辱国的《辛丑条约》。10月，慈禧和光绪离开西安，返回北京。这时，芦汉铁路还没有通车。所以，慈禧在到了正定之后才改乘火车。1902年1月3日，慈禧坐火车从正定到保定。1月7日，又从保定坐火车直达永定门外的马家堡。

《清德宗景皇帝实录》卷四百九十说：

（光绪二十七年十一月）丙戌，上奉慈禧端佑康颐昭豫庄诚寿恭钦献崇熙皇太后自正定府御火车启銮，是日驻跸保定府，至己丑皆如之。

庚寅，上奉慈禧端佑康颐昭豫庄诚寿恭钦献崇熙皇太后自保定府御火车启銮，未刻至京师，诣正阳门关帝庙菩萨殿拈香。还宫。

以上的记载，虽然十分简略，但是，慈禧从正定坐火车到北京这一事实却是很清楚的。如果要进一步了解慈禧这一次坐火车的情况，可以看一看1902年8月伦敦《泰晤士报》关于这个问题的长篇通讯。这篇通讯，不仅报道了旅途的情况，而且介绍了这列特别的火车。这次列车，是由比利时铁路公司和清政府"铁路总理"盛宣怀负责预备的。"一车头带二十一辆列车"。其中有供慈禧、光绪、皇后和妃嫔乘坐的特等车三辆，供王公大臣及总管太监李莲英乘坐的头等车四辆，供侍从太监乘坐的二等车三辆，洋员杰多第事务车一辆，铁路办事人员乘坐车一辆，装货车九辆，运载仆役骡轿车一辆。三辆特别车，"皆以新奇之黄缎装饰"，并设有"宝座、睡榻、军机厅等"。妃嫔乘坐的列车，还备有"极厚重之帘幕"。但是，妃嫔等"皆愿眺观景物，故此等帘幕亦不大用之也"。

慈禧不仅坐过火车，也坐过火车谒陵。

光绪二十七年十一月二十二日（1902年1月1日）慈禧在返回北京的途中就曾发布懿旨说："东陵、西陵，自应亲行恭谒。"1902年4月，慈禧和光绪谒东陵。1902年10月19日，慈禧让军机大臣寄谕督办关内外铁路大臣直隶总督袁世凯：

明春择吉祗谒西陵。若由新城县之高碑店接造铁路，直达易州之梁格庄，往来简便，省地方供应之烦。着袁世凯速即派员核实勘估，克日赶办。限六个月内报竣，毋误要工。钦此。

袁世凯接到这道上谕，自然努力照办。

1903年4月5日，慈禧和光绪从紫禁城出发，"至永定门外御轮车"直达梁格庄，驻跸梁格庄行宫。4月6日谒陵。4月7日，自梁格行宫出发,"御轮车幸保定府",驻跸保定府行宫。4月15日,由保定府行宫出发,"御轮车"直达永定门外马家堡。先后在南苑新行宫、南苑旧行宫、团河行宫住了八九天,于4月13日返回紫禁城。

事实证明:《御香缥缈录》的一些素材,虽然来自作者清宫二年的生活。但是,书中的情节,则已经过作者的加工、改造和虚构。我们如果把它当作"实录",那就错了。

1934年,德龄的妹妹容龄在给《御香缥缈录》写的《前序》中说:"是编新奇热闹,只作小说看,为消闲释闷则可,若视为纪事,则半属镜花水月,虚而不实,且未免有伤忠厚。"我想,新近再版的《御香缥缈录》,如果能保留这篇《前序》,读者的误会也许会少一些的。

(原载《铁道知识》1981年第5期)

园林题咏欣赏小议

1981年4月14日,《北京晚报》发表了一篇题为《游园莫忘赏题咏》的文章。作者认为,游览园林,"如果咀嚼一下园林中的题咏,定能增加不少兴味"。这个意见,我是完全赞同的。但是,所举实例,却有一些问题值得商榷。

颐和园谐趣园内那副对联,悬挂在"涵远堂"的檐柱上。它告诉人们:这座园中之园,虽然视野并不宽阔,那一泓池水,却可以将远方的云霞倒映出来,"西岭烟霞生袖底,东洲云海落樽前",生动形象地点明题额"涵远堂"的用意。既写景,也写人,情景交融,耐人寻味。作者将"袖底"误作"池底",这一联就成为单纯的写景,兴味索然了。

根据有关文献资料的记载,北海和颐和园一样有额有联,只是北海的对联在摘下之后没有像颐和园那样又重新挂上,于是文章的作者就误认为"有额无联"了。

"湖天浮玉",是北海"碧照楼"下(今"仿膳饭庄"大门)的门额。从字面看,好像是说玉一般的琼华岛漂浮在水天相映的湖中,其实并非如此。

原来,江苏镇江的金山,又名浮玉。《大清一统志》引周必大《杂志》说:"此山大江环绕,每风四起,势欲飞动,故南朝谓之浮玉。"乾隆帝南巡,曾为金山行宫题额"紫金浮玉"。因为,琼华岛的北面,"楼台皆规金山之制",这里的景色,也"颇具金山江天之概"(均乾隆帝语)。所以,乾隆帝常常把琼华岛比作金山。不同的是,金山峙立于大江之中,琼华岛则是在御苑的湖内。北海远帆阁上曾有一联:"涌金何事称图画,浮玉端知在户庭",就是讲的金山和琼华岛。可见,"湖天浮玉",乃是对"江天浮玉"而言,如果把"浮玉"解释为"浮在水面上的一块玉",琼华岛北面的建筑和景物与金山相似这一重要特色就被忽略了。

文章说:"分凉阁额云:'柳色凉分柳外晴'暗含'雨'字。"完全是出于误会。这误会,可能和我有一点关系。

1976年1月,正当我们沉痛悼念敬爱的周总理的时候,仿膳饭庄的一位负责同志要我帮助他们落实周总理生前向他们提出的了解仿膳历史以及漪澜堂等处匾额的含意的指示。我查阅了有关的历史文献并做了实地考察之后,写了一篇《北海漪澜堂等处匾额试释》,供仿膳饭庄的同志们参考。根据我国古典园林中建筑物的题额往往来自古人诗文名句的惯例,我认为:"分凉"二字的来源,是元代诗人白珽的诗句"雨色凉分柳外晴"。意思是:在又晴又雨的夏天,雨色的清凉分减了柳外晴天的炎热。我还认为:倚晴楼和分凉阁东西对峙,遥相呼应,两个题额应有一定联系,倚晴楼明点一个"晴"字,分凉阁暗含一个"雨"字。如果说倚晴楼是最宜欣赏晴天景色的地方,分凉阁则是最宜欣赏雨天景色的处所。去年5月,中国旅游出版社出版了北京仿膳饭庄编的《仿膳菜谱》,该书在《概述》中采用了我的解释。不知什么原因,文章的作者将白珽的诗句误作分凉阁的题额,又将"雨"字误作"柳"字。这样,游人不仅无法找到这块题额,从这七个字,也体会不出它们是怎样"暗含'雨'字"了。

园林题咏,是我国古典园林艺术的一个有机的组成部分。好的园林题咏,不仅可以帮助人们领略园林胜景,而且可以丰富人们的历史文化知识。我想，像北海、颐和园这样蜚声中外的古典园林，如果有人能将它的匾额、对联、诗文做一番认真的研究和介绍，是一定会受到广大群众欢迎的。

（原载《北京史研究通讯》1981年第9、第10期合刊）

图书在版编目（CIP）数据

颐和园史事人物丛考/王道成著. -- 北京：北京联合出版公司，2022.12
ISBN 978-7-5596-5776-3

Ⅰ.①颐… Ⅱ.①王… Ⅲ.①颐和园—研究—文集
Ⅳ.① K928.73-53

中国版本图书馆 CIP 数据核字（2021）第 249209 号

颐和园史事人物丛考

作　　者：王道成
出 品 人：赵红仕
责任编辑：孙常凤
封面设计：王　鹏
出版发行：北京联合出版有限责任公司
　　　　　北京联合天畅文化传播有限公司
社　　址：北京市西城区德外大街 83 号楼 9 层
邮　　编：100088
电　　话：（010）64243832
印　　刷：北京富诚彩色印刷有限公司
开　　本：710mm×1000mm　1/16
字　　数：251 千字
印　　张：19.5
版　　次：2022 年 12 月第 1 版
印　　次：2022 年 12 月第 1 次印刷
ISBN 978-7-5596-5776-3
定　　价：89.00 元

文献分社出品
未经许可，不得以任何方式复制或抄袭本书部分或全部内容
版权所有，侵权必究